구원은 누가 받는 것인가?

구원은 누가 받는 것인가?

박운조 지음

복음을 받아들이지 않은 자들의 운명에 대한 고찰과

그들을 향한 선교학적 접근방식 연구

목차

추천사

한국사회는 다종교사회이며 그리스도인은 일상에서 사회나 직장, 심지어 가정에서 다른 종교인들과 더불어 살아간다. 그러나 현실은 한국교회가 다른 종교를 부정적으로 이해하고 단지 전도의 대상으로만 인식하기 때문에 올바른 관계를 갖기 어렵다. 박운조 박사는 이러한 문제인식에서 출발하여 종교에 대한 기독교의 이해와 접근방식을 객관적으로 연구하며 복음주의 신앙의 관점에서 종교가 계시와 구원의 가능성을 학문적으로 논술하면서 예수의 최종적 권위에서 기독교가 어떻게 증인의 역할을 해야 할 것인가를 잘 제시하고 있다.

한국일 교수 (장로회신학대학교 선교학 은퇴교수)

최근 글로벌 사회의 더욱 심각해진 종교적 분쟁을 보면서, 선교적으로 타종교에 대한 '배타와 포용'이란 전형적 질문을 어떻게 이 시대에 새롭게 이해할 것인지 더욱 고민하게 된다. 이런 시대적 상황 속에서 예수 구원의 유일한 궁극성을 통해 배타와 포용의 중심을 잡기 원하는 그리스도인들에게 박운조 박사가 이 책에서 보여주는 타종교에 대한 깊은 이해와 복음주의적 대화의 확신은 참신한 도전이 되리라 생각한다. 특히 종교 다원주의적 접근을 복음주의 종교 신학, 구원의 최종성을 통해 비평적으로 이해한 것은 선교적으로 중요한 의미가 있다.

남성현 교수 (장로회신학대학교 선교학 교수)

"비그리스도인들의 구원 여부는 어떻게 되는가?" 이 민감한 질문은 모든 인류를 향한 보편적인 하나님의 사랑과 정의를 신뢰하는 그리스도인들을 오랫동안 고뇌하게 했다. 이 책은 그 질문에 대하여 조직신학적으로 폭넓게 탐구하고 실제적인 답변을 모색한다. 하나님의 구원에 대한 저자의 선교적 제안은 자신의 신앙에 충실하면서도 비그리스도인들을 포용하려 하는 이중의 과제를 매우 균형 잡힌 시각으로 볼 수 있도록 한다. 또한 타 종교인들이나 비종교인인 이웃들을 향한 한국교회의 소통적 태도에 적지 않은 도움을 제공할 책이라 믿는다.

신옥수 교수 (장로회신학대학교 조직신학 교수)

  한국 교회가 신뢰받기 위해 개선해야 할 문제가 무엇이라고 생각하느냐에 대한 일반인들의 대답 중, 중요한 한 가지는 기독교가 가지고 있는 타종교에 대한 배타성이었다. 타종교에 대한 일방적인 배타성으로 인해 전도(복음전파)가 막히고 있다는 것이다. 타종교에 대한 배려가 전혀없는 무례한 한국 교회는 더이상 오늘의 사회 속에서 어울려 살 수 없음을 심각하게 받아들여야 한다. 그렇다면 한국 교회는 다원화된 세상 속에서의 선교를 위해 어떠한 접근이 필요하며 어떤 자세를 취해야 할 것인가? 이 책은 이에 대한 좋은 길잡이가 될 것이다. 일방적인 배척과 배타가 아닌 공공의 선을 위해 함께하는 동반자가 될 수 있는 방안을 잘 제시하고 있다.

김만준 목사 (덕수교회 위임목사)

프롤로그

기독교는 그 기원부터 전도의 열정이 강한 종교였다(눅 19:10, 막 16:16, 행 2:21, 4:12, 롬 5:9, 빌 3:20). 그래서 기독교인들은 모든 사람에게 예수 그리스도의 복음을 전파할 책임이 자신들에게 있다고 믿었다. 그러한 그들의 신념은 몇 가지 원칙에 근거한다. 가장 우선되는 원칙은 모든 사람은 구원을 받아야 한다는 것이다. 하지만 예수 그리스도의 복음에 근거하면 모든 인간은 죄인이다(롬 3:9). 인간에 대한 이러한 존재론적 처지는 구원의 본질에 관한 이해, 즉 예수 그리스도에 대한 믿음이 요구되고 그분이 누구인가에 대한 구체적인 사실들을 믿는다는 것을 의미한다.

그러나 위와 같은 원칙을 적용시킬 수 없는 영역들이 있다. 예를 들어, 일평생 복음을 접할 기회를 갖지 못한 이들의 운명에 대해서는 복음의 원칙 혹은 교리적 설명들을 직접적으로 적용하기가 쉽지 않다. 그렇다면 평생 복음을 접한 적이 없던 자들의 최후는 어떻게 되는 걸까? 다양한 종교와 사상이 공존했던 인류의 기나긴 역사, 인간사회의 복잡성 등을 고려한다면, 복음의 내용을 접목시킬 수 없는 영역들이 인간의 역사 속에 셀 수 없이 많았다는 것을 우리는 쉽게 알 수 있다. 그렇다면, 예수 그리스도의 복음과 동떨어져 있던 사람들에 대한 하나님의 구원 능력에 대해 우리는 신중하게 접근해야 할 것이다. 누구에게도 구속받지 않는 유일한 하나님은 인류를 향한 자신의 구원 계획을 과연 기독교인들의 삶의 영역으로만 제한하실까? 성령의 능력은 모든 사람을 부활의 신비 가운데 기독교인들의 동반자로 삼으며 그들에게 구원의 가능성을 제공할 수 있지 않을까?

최근 반세기 동안 위와 같은 주제는 상당히 뜨거운 주제였다. 서구 사회가 전근대사회에서 근대적 세계관으로, 그리고 20세기에 들어서면서부터는 포스트모던 세계관으로 이동하였고, 이러한 시대적 흐름 가운데 사람들의 종교적 관점은 굉장히 관대해졌다. 또한 기술의 발전은 기업, 시민사회, 구제 활동 등에서 글로벌 커뮤니티 형성을 가능케 하였고, 이런 상황을 바라보는 이 시대의 사람들은 과거 그 어느 때보다 세계에 존재하는 다양한 문화들을 깊이 이해하며 공감하고 있다. 그렇기에 문화적 다양성을 적절하게 인식하는 것은 매우 중요한 종교인들의 태도가 되었다. 종교는 세계 대부분 세계관의 중심적인 요소이다. 이러한 현시대의 시대적 상황은 서구권에서 발달한 기독교와 비서구권 문화에서 발달한 종교들 사이의 관계를 분명하게 하도록 요구받는다.

이러한 상황 가운데, 많은 사람은 기독교 복음을 받아들이지 않은 대다수 인류가 영원한 형벌을 받게 된다는 기독교의 주장에 의문을 제기한다. 기독교는 인류 역사에서 2000년 전까진 존재하지 않았으며, 그 이후 세대가 예수의 전도 명령(마 28:18-20)을 늘 따랐던 것도 아니다. 결국 전 인류 역사를 통틀어 예수 그리스도에 대해 들어 본 사람은 소수에 불과하다. 이러한 진실은 다음과 같은 중요한 질문을 던지며 기독교인들에게 신중한 답변을 요구한다. "기독교인들이 주장하는 것처럼 하나님은 사랑이시며 공의로우시다면, 단순히 복음을 듣지 않았다는 이유로 그 사랑과 정의의 하나님이 어떻게 자신의 창조물인 인간을 영원히 고통을 받게 하는 지옥에 보낼 수 있나?"

많은 사상가와 신학자들은 인간의 운명에 대한 예수 그리스도의 최종성과 예수에 대한 믿음이 구원에 필수적이라는 것에 의문을 제기해 왔다. 그들은 예수 그리스도가 유일한 구원자라는 것을 부인하며, 기독교인들에게 다른 종교의 영적 지도자들도 구원자로서의 특별함을 가지고 있다는 것을 인정하길 요청한다. 왜냐하면 그들은 기독교가 다른 종교들보다 우월한 단 하나의 참된 종교가 아니라고 생각하기 때문이다. 그들의 설득력 있는 주장은 많은 그리스도인들로 하여금 자신들의 구원론적 확신을 재고하도록 자극했다. 이러한 다원주의적 관점의 대표적인 신학자는 존 힉(John Hick, 1922-2012), 폴 니터(Paul Knitter), 레이문도 페니커(Raimundo Panikkar, 1918-2010), 그리고 스탠리 사마르타(Stanley J. Samartha, 1920-2001) 등이 있다. 이 중 특히 존 힉은 "궁극적 존재(the Ultimate)에 대한 서로 다른 인간의 반응들로 구성되었지만, 서로 동등하게 구원적인 다양한 종교 전통들의 다원성"(옮긴이 역)을 확신한다.[1] 누구든, 어떤 종교를 통하든, 모두 구원을 받게 된다는 것이다. 그러므로 다원주의자들은 타종교 신자들이 기독교로 개종하는 것에 관심이 있지 않고, 각 종교 공동체들의 대화, 이해, 존중, 도전, 협력, 평화, 사랑과 같은 주제에 관심을 둔다.

복음주의자들이라고 다 같은 목소리를 내는 것이 아니다. 미국의 트리니티 신학교(Trinity Evangelical Divinity School)의 선교학 교수 해롤드 네틀랜드(Harold A. Netland)는 복음주의자들 사이에서조차 예수 그리스도의 복음을 접한 적이 없는 사람들의 운명에 대해 상당한 의견 차이가 있음을 지적한다.[2] 기본적으로 모든 복음주의자들은 구원에 대한 문제가 성경의 분명한 가르침에 기초하여 판단해야만 한다는 것에는 동의한다. 성경의 명백한 가르침은 모든 인류는 죄로 인해 하나님 앞에서 정죄를 받기에 모든 사람이 궁극적으로 구원받는 것이 아니며, 하나님은 모든 인류를 전적으로 예수 그리스도의 구속적 사역에 근거하여 판단하신다는 것이다.

그러나 바로 여기에 앞서 설명한 인류의 각 상황과 문화와 시대에 따른 문제가 있다. 분명히 모든 인류가 예수를 알고 있는 건 아니다. 게다가 다종교적인 문화권에선 말 그대로 예수의 존재만 알고 있는 사람들도 수없이 많다. 그렇다면, 구원을 받으려면 실제적으로 예수 그리스도의 복음을 반드시 접해야만 하고 그리스도를 믿는 믿음으로 분명하게 응답을 어떻게 할 수 있는가? 예수 그리스도에 대해 전혀 들어본 적이 없는 사람도 그리스도의 구속적 사역을 통해 어떤 형태의 유익을 얻고 최종적으로 구원을 받을 수 있는 하나

---

1 John Hick, "A Pluralist View," in *More Than One Way? Four Views on Salvation in a Pluralistic World*, ed. Dennis L. Okholm and Timothy R. Phillips (Grand Rapids: Zondervan, 1995), 41.
2 Harold A. Netland, *Dissonant Voices: Religious Pluralism and the Question of Truth* (Grand Rapids: Eerdmans, 1991), 264–65.

님만의 방식이 존재할까? 여기에 대해 복음주의자들 가운데서도 다양한 설명이 제시되고 있기에 우리가 구원에 대해 생각할 때는 누가, 어떻게, 어떤 근거로 구원을 받는지에 대한 질문을 신중하게 신학적으로, 현상학적으로, 문화적으로 숙고할 필요가 있는 것이다.

1장 구원에 대한 다양한 시각

　전 세계적으로 현대사회는 서로 다른 종교 신념을 가진 사람들이 같은 도시에서 함께 살며 공공의 삶을 공유하고 있다. 세계의 많은 주요 도시들에는 힌두교, 불교, 무슬림, 기독교 및 기타 종교인들이 인도적 차원으로 혹은 공공의 이익을 위해 함께 협력하는 조직 및 기관들이 상당히 많다. 더욱이, 기독교인들의 열정적인 선교활동에도 불구하고 이슬람과 같은 다른 종교들 또한 지속적으로 번성하고 있는 세계적 상황을 우린 쉽게 볼 수 있다. 즉, 기독교인들은 다른 종교들이 영적인 활력에서 기독교와 대등하게 보이는 종교다원주의 세계에 살고 있는 것이다.

　이러한 종교다원적 사회는 포스트모던주의 사고로 인정되어 존중받아야 할 현상으로 여겨진다. 그 결과, 많은 현대인들은 단 하나의 신적 계시나 단일의 종교가 최종적이고 결정적인 진리라고 주장할 수 없으며, 모든 종교는 구원의 수단으로서 동등하며 유효하다는 신념으로 이어진다. 따라서 사람들이 하나님의 구원 은혜가 다른 종교의 전통들에도 포함될 수 있는지에 대해 긍정적으로 보는 것은 너무나 당연하다. 이러한 시대적 맥락 가운데, 20세기에 들어서면서부터 인류를 구원받은 자와 구원받지 못한 자의 두 진영으로 나누기보다는, 결국 모든 사람이 다양한 수단을 통해 구원받을 것이라는 견해가 대두된 것이다.

　바로 이 지점에 20세기부터 오늘날까지 복음주의 기독교인들이 시대적 문제를 지속적으로 새롭게 다루고 인간의 운명에 대한 신학적 이해를 갱신된 목소리로 내야 하는 선교학적 정당성이 있다. 복음주의적 견해를 지속적으로 말해야 하는 이유는 단순히 다원주의적 시대로 흐르는 시대적 흐름을 역행하는 것이 아니다. 시대가 지나도 변치 않는 진리인 하나님의 은혜에 대해 우리는 그 은혜를 믿는 사람으로서 과연 구원의 하나님은 어떤 사람을, 어떤 근거로, 어떻게 구원하는지에 대한 질문을 스스로 신중하게 고려하는 것은 우리의 삶에 대해서도 매우 중요한 과제이다.

1. '세 유형론' (the Threefold Typology)

1982년 영국의 사제이자 신학자인 앨런 레이스(Alan Race)는 비기독교인의 구원 문제에 대한 다양한 이견들을 공통으로 이해되는 범주로서 다원주의 (Pluralism), 배타주의(Exclusivism), 그리고 포용주의(Inclusivism), 이렇게 세 가지 유형으로 나누었다.[1] 이후 카톨릭 신학자 개빈 드코스타(Gavin D'Costa)가 그의 저서 『Theology and Religious Pluralism』에서 앨런 레이스의 세 가지 분류를 차용하며 대중화시켰고, 이후 수십 년간 이 '세 유형론'은 신학적 논의에서 널리 사용되어졌다. 우선 세 유형의 각 주장들을 간단히 살펴보고, 그 후에 각각의 주장이 어떻게 발전되어지는지 알아보고자 한다.

다원주의 (Pluralsim)

20세기 후반, 일부 기독교 신학자들은 구원의 본질과 범위에 대한 전통적인 교리를 재고하기 시작했다. 이들은 기독교가 구원에 대한 유일한 참 종교가 아니며, 심지어 문화적, 윤리적으로 다른 종교들보다 우월한 종교도 아니라고 주장하였다. 이러한 기독교 신학자들의 신학적 신념의 전환으로 인해 많은 기독교인들은 그들의 구원론적 확신(soteriological affirmations)을 재고하게

---

[1] Alan Race, *Christians and Religious Pluralism: Patterns in the Christian Theology of Religions* (Maryknoll, NY: Orbis, 1982); Harold A. Netland, *Encountering Religious Pluralism: The Challenge to Christian Faith and Mission* (Downers Grove, IL: InterVarsity Press, 2001), 46; Stanley J. Grenz, *Renewing the Center: Evangelical Theology in a Post-Theological Era* (Grand Rapids: Baker, 2000), 252.

되었다. 종교다원주의자들의 견해에 따르면, 기독교인들이 해야 할 것은 타종교 공동체들이 기독교로 개종하는 것이 아니라 서로 다른 종교를 믿는 사람들 간의 상호대화, 이해, 존중, 도전, 협력, 평화, 사랑, 그리고 정의 실현이다. 그리고 그러한 선한 노력을 하는 종교들은 결국 모두 같은 신에게 인도되어 구원을 받게 된다는 것이다.[2]

배타주의 (Exclusivism)

'제한주의'(restirictivism) 또는 '특별계시주의'(particularism)라고도 불리는 배타주의(Exclusivism)는 예수 그리스도만이 인류의 유일한 구원자이며, 모든 인간은 그리스도의 복음 안에서 하나님이 특별히 계시하신 사건을 믿어야만 구원을 받는다는 견해이다. 기독교인들은 전통적으로 구원은 오직 예수 그리스도를 통해서만 가능하며, 다른 종교적 방식을 따르는 모든 사람은 자신의 죄를 회개하고 예수를 삶의 주님이자 유일한 구세주로 인정해야 한다고 주장해 왔다. 따라서 하나님의 구원의 은혜는 다른 종교의 가르침, 관습 또는 제도를 통해 매개되지 않는다. 이러한 배타적 신념은 수 세기 동안 기독교 구원론의 중심이었다.

포용주의 (Inclusivism)

포용주의(Inclusivism)는 예수 그리스도가 다른 종교의 위인들보다 독특하고 우월하지만, 예수 그리스도를 기반으로 하는 하나님의 구원사역은 다른 종교를 통해서도 '어느 수준에서는' 가능하고 유효하다는 견해이다. 배타주의

---

2 다음 저서들 참고. John Hick, *God and the Universe of Faiths* (Basingstoke, UK: Macmillan, 1988); Paul F. Knitter, *No Other Name? A Critical Survey of Christian Attitudes towards the World Religions* (Maryknoll, NY: Orbis Books, 1985); S. J. Samartha, *One Christ—Many Religions: Toward a Revised Christology* (Maryknoll, NY: Orbis Books, 1991).

와 포용주의는 모두 예수만이 인류의 유일한 구원자이며, 예수 외에는 누구도 자신의 죄에서 구원받을 수 없다는 것을 인정한다. 그러나 포용주의자들은 배타주의자들과는 달리, 그리스도를 믿는 것이 인간이 예수의 죽음과 부활의 은혜를 누릴 수 있는 최선의 방법이지만 그렇다고 반드시 유일한 방법은 아니라고 말한다.

드류 대학교(Drew University)의 조직신학자 로버트 피터슨(Robert A. Peterson)의 설명에 따르면, 포용주의는 존재론적 측면에서 예수만이 구원한다는 배타주의의 주장에 전적으로 동의하지만, 인식론적 측면에서는 현세에서 예수의 이름을 듣지 못하거나 그 구원의 은혜에 적절히 반응하지 못한 사람들도 하나님의 자비에 의해 구원받을 수 있는 방식이나 수단이 있다는 것을 인정하면서 배타주의와 견해를 달리한다.[3]

2. 분류방식의 발전

1995년, 데니스 오크홀름(Dennis Okholm)과 티모시 필립스(Timothy Phillips)는 전통적으로 사용된 '세 유형론'이 묘사하는 내용에는 다양한 견해들이 가지는 진실한 신학적 의제를 간과하고 있고, 각각의 견해들이 가지고 있는 실체를 무시하는 수사적 의도가 다분하다며 그러한 분류 방식에 문제를 제기하였다.[4] 오크홀름과 필립스는 특히 '배타주의'라는 용어가 독단적이고 오만하게 비치는 부정적 의미를 내포할 수 있다는 이유로 이 용어의 사용에 반대하며, '특별계시주의'(Particularism)라는 용어를 제안하였다. 6년 후, 네틀랜드도 북미에서 널리 알려진 그의 저서 『Encountering Religious Pluralsim』에서 '배타주

---

3 Robert A. Peterson, "Introduction," in *Faith Comes by Hearing: A Response to Inclusivism*, eds. Christopher W. Morgan and Robert A. Peterson (Downers Grove, IL: InterVarsity Press, 2008), 12–13.
4 Dennis L. Okholm and Timothy R. Phillips, eds., *More Than One Way? Four Views on Salvation in a Pluralistic World* (Grand Rapids: Zondervan, 1995), 14–15; Cf. Morgan and Peterson, *Faith Comes*, 20.

의'라는 용어가 배타주의자들에 대한 오해를 불러올 수 있다고 말하며, 전통적인 유형론에 대한 신학자들의 문제 제기를 인정하였다.[5]

이렇듯, 세월이 지나며 '세 유형론'에 대해 이해하는 것이 상당히 쉬워졌음에도, 이 분류 방식이 다양한 견해들을 적절히 대변하지 못한다고 생각하는 신학자들은 이 분류 방식의 유용성에 대해 끊임없이 의문을 제기하였다. 구체적인 예를 들어, 영국의 신학자 레슬리 뉴비긴(Lesslie Newbigin)은 다음과 같이 자기 스스로를 묘사한다.

> 그러나 나의 입장은 예수 그리스도 계시의 유일성을 긍정한다는 의미에서 배타주의자이지만, 비기독교인들 구원의 가능성을 부정하는 의미에서는 배타주의자가 아니다. 하나님의 구원 은총을 기독교의 교회 구성원들에게만 국한시키지 않는다는 의미에서는 포용주의자이지만, 타종교들을 구원의 수단으로 간주하는 포용주의는 거부한다. 모든 인간의 생애에서 하나님의 은혜로운 역사를 인정한다는 의미에서 다원주의적이지만, 예수 그리스도 안에서 하나님이 행하신 일의 유일성과 최종성을 부정하는 다원주의는 거부한다. (옮긴이 역)[6]

위에서 뉴비긴은 의도적으로 세 유형론의 문제점을 보여준다. 그의 스스로에 대한 평가를 보면 단순히 세 가지 입장 중 하나로 그를 제한하긴 매우 어렵다.

이렇듯 세 유형론의 분류 방식으로는 신학적으로 다양한 견해들을 적절히 설명할 수 없다. 많은 복음주의 포용주의자들은 '포용주의'라는 명칭이 칼 라너(Karl Rahner)의 '익명의 그리스도인'(anonymous Christians)의 개념까지 수용할 수

---

5 Harold A. Netland, *Encountering Religious Pluralism*, 46–48.
6 Lesslie Newbigin, *The Gospel in a Pluralist Society* (Grand Rapids: Eerdmans, 1989), 182–83.

는 없다고 말하고, 세계 주요 종교들 또한 구원의 수단으로 여겨질 수 있다고 말하는 극단적인 포용주의자들의 주장에 대해 거부감을 느낀다. 이런 맥락에서 네틀랜드는 전통적으로 우리가 말해왔던 세 유형은 정교한 신학적 질문들을 적당히 혼합하여 다양한 이슈에 대한 연속성과 불연속성이 함께 존재하는 넓은 관점의 세 가지 포인트에 불과하다고 날카롭게 지적한다.[7] 그의 지적은 매우 타당하다. 신학적으로 각 유형 내에서도 하위 이슈에 대한 상당한 다양성이 존재하며, 시대가 지남에 따라 논의는 시대적 상황에 맞춰 점점 더 정교해지고, 그렇게 됨으로써 단순한 세 가지 범주 내로 특정 사상가들을 욱여넣기엔 매우 곤란한 경우가 많다.

네틀랜드의 지적 외에도 세 유형론에는 또 다른 문제점이 존재한다. 세 유형론과 같은 전통적인 분류법으로는 비기독교인들의 구원 자체에 대한 사안(subjects)과, 세계의 주요 종교들의 긍정적인 종교적 요소들, 이 둘을 구분할 수가 없다. 비기독교인의 구원 여부와 종교들의 영향력은 서로 연관되어 있기는 하지만, 분명 별개의 문제이다. 구원 여부와는 관계없이 각 종교들이 가지고 있는 활력과 인간사회에 끼치는 선한 영향들이 있기 때문이다.

이러한 이유로 많은 신학자들은 전통적으로 쓰이던 세 유형론의 사용을 비판하고 개선된 분류법을 제시하였다. 세 유형론에 관하여 신학적으로 보다 면밀하게 분류한 다수의 신학자들이 있지만, 여기서는 테런스 티센(Terrance L. Tiessen)과 크리스토퍼 모건(Christopher Morgan)의 분류 방식을 소개하겠다.[8]

캐나다의 조직신학자 테런스 티센은 전통적으로 사용되던 세 가지 유형을 교회중심주의(Ecclesiocentrism), 불가지론(Agnosticism), 접근가능주의(Accessibilism), 종교도구주의(Religious Instrumentalism), 상대주의(Relativism), 이상 다섯 가지 입장

---

7 Netland, *Encountering Religious Pluralism*, 47.
8 모건(Morgan)은 그의 책에서 각 입장을 대표하는 신학자들을 소개하지만, 그들을 해당 입장에만 국한시키지 않도록 주의를 한다. 그 이유는 신학자들이 항상 당면한 이슈에 대해서만 이야기하는 것은 아니며, 때로는 특정 질문에 직접적으로 답하기보다는 상대방의 주장에 대해 신학적으로 반박하기 위해 하는 말을 할 때가 있기 때문이다. 결국 그들을 단 하나의 입장으로만 분류하는 것은 단순하지 않다. 한 범주에 속하는 자가 다른 범주에 해당하는 요소에도 동의할 가능성을 절대적으로 배제할 수는 없다.

으로 분류한다. 이 다섯 가지 분류는 비기독교인의 구원 문제와 세계 종교들의 종교적 역할들을 모두 포괄하여 고려한 분류이다.[9]

 '교회중심주의'는 교회가 선포한 복음을 듣고 그것을 믿은 사람만이 구원을 받을 수 있다는 신념이다. 이는 구원의 가능성은 반드시 교회의 존재와 공존한다는 것을 전제하며, 교회는 하나님의 구원 사역에 필수적 역할을 한다는 것을 의미한다. 이 입장을 지지하는 사람들은 주후 3세기 주교 키프리아누스(Cyprian, 대략 200-258년)가 주장하였던 유명한 슬로건, "교회 밖에는 구원이 없다"(Extra Ecclesiam nulla salus), 알렉산드리아의 오리게네스(Origen of Alexandria, 대략 184-253년)가 주장하였던 "이 집, 즉 교회 밖에는 아무도 구원받지 못한다"라는 부류의 신념을 따른다.[10] 이러한 접근 방식은 기독교의 본질을 강조하지만, 그럼에도 구원의 정의에 대해선 여전히 모호하다. 이 점을 미국의 조직신학자 밀라드 에릭슨(Millard Erickson)이 교회중심주의가 구원에 대한 믿음과 행위의 상대적 위치를 설명하지 못하며, 성서가 말하는 구원에 대한 개념을 충분히 말하고 있지 않다고 적절하게 지적한다.[11] 교회중심주의는 성서 전반에 걸쳐 나타난 하나님의 자비와 일반계시를 포함하여 인간이 생애 가운데 마주하는 하나님의 계시들에 관한 설명이 부족하기에, 현대의 대부분 개신교 복음주의자들은 교회중심주의의 입장에 대해 비판적이다.

 다음으로, '불가지론'은 하나님께서 그리스도에 대해 듣지 않는 사람들을 구원할 수 있는 방식을 가지고 계시다는 것을 우리 인간이 확신할 수 없다는 견해이다. 이 입장을 지지하는 사람들은 신약성경이 구원을 이루는 예수 그리스도에 대한 명시적 믿음의 중요성을 강력하게 증거하고 있음을 인정하지만, 성경에 계시된 하나님이 그리스도에 대해 무지한 채로 생을 마감하거

---

9 Terrance L. Tiessen, *Who Can Be Saved? Reassessing Salvation in Christ and World Religions* (Downers Grove, IL: InterVarsity Press, 2004), 32–47.

10 Origen, "Homilies on Joshua 3.5," in *Patrologia cursus completes, series graeca*, ed. J. P. Migne, vol. 12 (Paris, France: Imprimerie Catholique), 841.

11 Millard J. Erickson, *How Shall They Be Saved? The Destiny of Those Who Do Not Hear of Jesus* (Grand Rapids: Baker Books, 1996), 48.

나 적절히 응답하지 못하고 생의 최후를 맞이한 사람들을 영원토록 정죄하실지에 대해서는 의구심을 갖는다. 쉽게 말해, 불가지론자들은 비기독교인의 운명에 대한 판단을 하나님의 손에 맡기는 것이다. 불가지론자의 이러한 입장을 전 세계 복음주의 운동을 이끌었던 신학자 존 스토트(John Stott)는 다음과 같이 설명한다.

> 나는 비기독교인의 구원 문제에 대한 가장 기독교적인 입장은 불가지론적인 태도를 취하는 것이라고 생각한다. 사실 하나님은 성서를 통해 복음에 응답해야 할 우리의 책임에 대해 가장 엄숙하게 경고하셨지만, 생애 복음을 들어 본 적이 없는 사람들을 어떻게 대할 것인지는 밝히지 않으셨다. 우리는 십자가에서 그분의 가장 온전한 특성을 나타내신 무한한 자비와 정의의 하나님 손에 그들의 운명을 맡겨야한다.[12] (옮김이 역)

위와 같은 불가지론을 주장하는 대표적인 신학자는 존 스토트 외에 크리스토퍼 라이트(Christopher J. H. Wright), D. A. 카슨(D. A. Carson), J. I. 패커(J. I. Packer) 등이 있다.

다음으로, '접근가능주의'는 예수 그리스도만이 하나님의 유일한 구원의 수단이며, 하나님께서 구원의 은혜를 베푸시는 과정 가운데 이스라엘 공동체부터 이 땅에 세워진 교회들과 맺은 언약관계는 특별하고 유일하다고 주장한다. 하지만, 이 입장을 지지하는 사람들은 복음을 듣지 않는 사람들에게도 구원의 가능성에 대해 우리가 희망을 가져야 할 성서적 근거는 충분히 있다고 믿는다. 그렇기에 그들은 하나님의 구원 사역을 기독교 신앙의 경계 안에 제한하지 않고, 하나님께서 복음을 듣지 못한 사람들과 그에 대해 적절

---

12 David L. Edwards and John Stott, *Evangelical Essentials: A Liberal-Evangelical Dialogue* (Downers Grove, IL: InterVarsity Press, 1988), 327.

히 응답하지 못한 사람들에게도 구원의 은혜에 '접근이 가능하도록' 기회를 주신다고 가정한다. 하지만 분명한 것은 접근가능주의자들은 타 종교 자체를 구원에 대한 길이나 수단으로 간주하지 않는다. 이 입장을 대변하는 대표적인 신학자는 카톨릭 신학자 개빈 드코스타(Gavin D'Costa), 클락 피노크(Clark Pinnock), 존 샌더스(John Sanders), 레슬리 뉴비긴(Lesslie Newbigin), 그리고 이 분류법을 제안하는 티센 자신이 있다.

'종교도구주의'는 앞서 설명한 접근가능주의적 주장을 넘어, 하나님의 구원 사역이 타 종교들에도(not only to) 가능한 정도가 아니라, 그 종교들을 통해서도(but through) 유효하다고 주장한다. 앞서 언급한 칼 라너의 '익명의 그리스도인' 개념이 이 범주에 속한다. 과거 세 유형론에 따라 많은 신학자들은 접근주의와 종교도구주의를 포함하여 '포용주의'라는 용어를 사용했는데, 티센은 그것이 적절하지 못하다고 생각하는 것이다. 종교도구주의자들은 하나님께서 예수 그리스도 안에서 자신을 결정적으로 계시하셨고 예수가 인류를 위한 하나님의 구원 제공의 중심이라고 주장하면서, 동시에 인간은 비기독교 종교들을 통해서도 하나님의 구원을 받을 수 있다는 것을 '기꺼이' 인정한다. 하지만 포용주의로 분류 되는 불가지론과 접근가능주의자들은 종교도구주의자들의 그러한 주장에 동의하지 않는다. 그렇기에 티센은 종교도구주의의 주장과 접근가능주의의 주장을 구별하기 위해 '종교도구주의'라는 용어를 선택한 것이다. 그는 접근가능주의자들은 하나님이 다른 종교를 믿는 사람들을 '하나님의 구원의 은혜에 접근 가능하게 인도할 수 있다'고 믿지만, 종교도구주의자들은 하나님이 그 종교 자체를 '구원의 도구'로 삼으신다고 말한다.[13] 이 입장을 대변하는 대표적인 신학자는 앞서 언급한 칼 라너 외에 한스 큉(Hans Küng), 마크 헤임(S. Mark Heim) 등이 있다.

마지막으로, '상대주의'는 구원이 하나님의 구원계획의 일부인 다양한 종교

---

13 Tiessen, *Who Can Be Saved?*, 34.

들을 통해 보편적으로 이루어진다는 견해다. 예수 그리스도를 통한 하나님의 구원 사역과는 별개로, 모든 종교는 그 자체로 '상대적인' 구원의 효력을 가지고 있다는 것이다. 이 입장을 지지하는 사람들은 그리스도의 최종성과 보편적 규범성을 인정하지 않는다. 티센이 '다원주의' 대신 '상대주의'라는 용어를 사용하는 이유는, '다원주의'는 사회문화적인 맥락에서도 널리 사용되는 용어이기 때문이다. 따라서 티센은 혼란을 피하기 위해 일반적으로 사용되는 '다원주의'보다 종교신학(Theology of Religions) 논의에 따라 '상대주의'라는 용어를 선호한다. 이 입장을 대변하는 대표적인 신학자는 존 힉(John Hick), 폴 니터(Paul F. Knitter), 사마르타(S. J. Samartha) 등이 있다.

이제 크리스토퍼 모건의 분류 방식을 살펴보고자 한다. 모건의 분류 방식도 티센의 방식과 크게 다르지 않다. 다만 모건은 티센이 제시한 다섯 가지 범주에서 몇 가지 신학적 차이를 추가하여 교회배타주의(Church Exclusivism), 복음배타주의(Gospel Exclusivism), 특별계시 배타주의(Special Revelation Exclusivism), 불가지론(Agnosticism), 일반계시 포용주의(General Revelation Inclusivism), 세계종교 포용주의(World Religions Inclusivism), 사후구원론(Postmortem Evangelism), 보편주의(Universalism), 종교다원주의(Pluralism), 이상 9가지 입장으로 분류한다.[14]

우선 '교회배타주의'는 티센의 교회중심주의와 동일하다. 모건이 말하는 두 번째 입장인 '복음배타주의'는 교회의 존재 또는 매개와는 상관없이, 사람들이 예수의 복음을 듣고 분명하게 그리스도를 믿으면 구원을 받을 수 있다는 견해이다. 카톨릭과 개신교가 '교회'에 대한 신학적 입장이 다르기 때문에, 오늘날의 개신교 배타주의자들이 이 입장에 있다고 볼 수 있다. 복음배타주의의 대표적인 지지자인 존 파이퍼(John Piper) 목사는 '구원받는 믿음(saving faith)'은 과거 이스라엘 백성들이 동물을 받치는 제사제도를 통한 하나님의 구속적 행위, 그리고 다가올 구원에 대한 예언자들의 예언을 통해 계시된 하

---

14 Morgan, "Inclusivisms and Exclusivisms," in *Faith Comes*, 26–39.

나님의 자비에 기반하고 있었지만, 이 천 년 전, 그 믿음의 근거는 모든 구속과, 모든 희생과, 모든 예언의 성취와 보증이신 한 분, 예수 그리스도로 확정되었음을 강조한다. 그러기에 2천 년 전부터 오늘날까지 유일한 '구원받는 믿음'은 그분의 영광, 즉 예수 그리스도의 복음뿐이다.[15] 이렇듯, 인간이 구원받는 믿음에 이르는 유일무이한 수단으로서 복음의 필수성을 강조하기 때문에, 모건은 위와 같은 입장을 '복음배타주의'라고 명명한다.

세 번째 입장인 '특별계시 배타주의'는 '복음배타주의'와 거의 차이가 없다. 둘 사이에 유일한 작은 차이점은 하나님께서 특정 사람들에게 특별한 계시를 통해서 구원을 가능하게 한다는 것이다. 이 입장은 하나님께서 이전에 복음을 듣지 못한 사람들에게 특별한 꿈, 환상, 기적 또는 천사의 메시지를 통해 자신을 계시하실 수 있음을 인정한다. 다만 그러한 사람들은 '극소수'에 불과하다는 것을 강조하며, 구원을 위한 하나님의 특별한 방식이나 소위 일반계시의 구속적 범위를 넓히는 것을 엄격하게 경계한다. 이러한 논리는 도리어 구원은 오직 예수 그리스도를 통해서만 가능함을 역설하는 것이다.[16]

모건이 제시하는 네 번째 입장인 '불가지론'은 티센이 말하는 것과 동일하다. 모건은 추가적으로 복음주의자인 D. A. 카슨이 로마서 2장 14~16절에 관하여 논평한 것을 인용한다. 카슨은 우리가 자신의 양심에 괴로워하는 이방인들이 창조주께 자비를 구하는 모습을 상상한다면, 그들의 창조주 하나님께서 그들을 향한 구원의 가능성의 문을 완전히 닫을 수 있겠냐고 물으며, 그에 대해 성경은 답을 하지 않는다고 말한다. 더 구체적으로 말해서, 이방인의 구원에 대한 이 난해한 사안에 대한 우리의 가장 현명한 판단은 복음을 전혀 듣지 못한 사람들이 그럼에도 불구하고 하나님의 은혜로 일반계시를 통해 하나님에 대해 알고 있는 것에 반응하고 믿음으로 하나님께 용서를 구

---

15 John Piper, *Let the Nations Be Glad! The Supremacy of God in Missions* (Grand Rapids: Baker, 1993), 163.
16 Bruce A. Demarest, *General Revelation: Historical Views and Contemporary Issues* (Grand Rapids: Zondervan, 1982), 259–62; Morgan, "Inclusivisms and Exclusivisms," 30쪽에서 인용됨.

할 가능성을 우리가 어떻게 배제할 수 있냐는 것이다. 그러나 카슨은 이러한 인정함을 넘어 그런 방식으로 구원받은 사람이 몇 명이나 될지 우리가 추측하는 것은 성경이 말하는 범위를 넘어서는 것임을 분명히 말한다.[17] 신약성경의 분명한 증언은 먼저 사람이 예수 그리스도의 복음을 듣고 하나님의 은혜로 그 복음에 응답하여 구원의 믿음으로 나아가는 것이다.

다음으로 모던이 제시하는 다섯 번째 입장은 '일반계시 포용주의', 즉 전통적으로 말하는 포용주의의 개념이다. 이 견해는 그리스도의 복음을 듣지 못한 사람들 중 일부가 자신이 받은 하나님의 계시에 반응하면 하나님의 심판대 앞에서 구원을 받을 수 있다는 견해다. 즉 하나님의 구원의 은혜가 자연이나 인간의 양심과 같은 일반계시를 포함하여, 인류의 역사 가운데 보이는 하나님의 섭리적인 역사를 통해 매개된다는 것이다.[18] 이 입장에 따르면, 타종교 자체는 구원의 수단이 될 수는 없지만, 그 종교를 믿는 개별적 신도들은 하나님의 일반계시를 통해 구원을 받을 수 있는 것이다.

여섯 번째 입장인 '세계종교 포용주의'는 세계의 주요 종교들이 인간을 구원하는 믿음으로 인도하는 충분한 수단이라고 말하는 티센의 '종교도구주의'와 동일하다. 다음으로 모건이 제안하는 일곱 번째 입장은 '사후구원'이다. 이 입장은 하나님의 사랑과 공의를 위해 생전이든, 생후든, 모든 사람에게 그리스도를 믿을 수 있는 기회가 주어진다는 견해이다. 이 입장을 지지하는 사람들은 구원은 분명 예수 그리스도를 의식적으로 이해하고 받아들여야 하지만, 그리스도의 구속사역에 대해 살아생전 들을 기회가 없던 사람들을 영원한 형벌로 정죄하는 것은 하나님의 정의일 수 없다고 주장한다. 이런 맥락으로 모건은 독일의 칼빈주의 신학자 J. P. 랑게(John Peter Range)의 말을 인용한다. 랑게는 성경이 어디에도 비기독교인으로 죽은 사람들의 영원한

---

17 D. A. Carson, *The Gagging of God: Christianity Confronts Pluralism* (Grand Rapids: Zondervan, 1996), 311; Morgan, "Inclusivisms and Exclusivisms," 30쪽에서 인용됨.
18 John Sanders, *No Other Name: An Investigation into the Destiny of the Unevangelized* (Grand Rapids: Eerdmans, 1992), 215.

저주를 설명하지 않음을 주목하며, 오히려 성경은 많은 구절들을 통해 그들의 죽음을 넘어 하나님의 자비가 가능할 수 있음을 암시하고 있기에, 하나님의 최종 결정은 개인의 죽음이 아니고 그리스도의 보편적 속죄사역이 전부 적용되는 '그리스도의 날'을 가리킨다고 말한다.[19]

모건이 제시하는 여덟 번째 입장인 '보편주의'는 하나님이 창조하신 모든 인간이 마침내 영원한 구원을 누리게 될 것이라는 주장이다. 이 견해에 따르면 지옥에서 영원한 고통을 받는 사람은 아무도 없다. 그리고 마지막 아홉 번째 입장은 '다원주의'다. 보편주의와 다원주의는 얼핏 동일해 보이지만, 둘 사이의 주요한 차이점은 기독교의 독특성을 인정하는가 그렇지 않는가에 있다. 모건에 따르면, 보편주의는 기독교의 유일성과 최종성을 유지하면서 모든 사람이 그 최종성에 의해 결국 구원받게 될 것이라고 가르치지만, 반면 다원주의는 모든 종교를 똑같이 구원에 대해 타당한 종교로 취급하기에 기독교의 유일성은 부정된다.[20]

3. 세 입장의 신학적 배경

앞서 구원에 관한 다양한 견해들이 세 가지 입장으로 최초 분류되었음을 언급하였다. 그리고 그 분류 방식이 신학자들의 판단에 의해 어떻게 세분화될 수 있는지도 살펴보았다. 이제는 분류의 방식을 떠나서, 구원 자체에 대한 이해의 증진을 위해 구원에 대한 세 종류의 관점들이 어떤 신학자들에 의해 주장되었고, 후에 어떤 신학적 근거가 더해지며 발전하였는지 구체적으로 알아보고자 한다.

---

19 John Peter Lange, *First Peter* (New York, NY: Scribner, 1868), 75; Morgan, "Inclusivisms and Exclusivisms," 35쪽에서 인용됨.
20 Morgan, "Inclusivisms and Exclusivisms," 36.

다원주의자들의 주장

힌두교 철학자 사르베팔리 라다크리슈난(Sarvepalli Radhakrishnan)은 모든 사람은 같은 신을 숭배한다고 주장한다. 모든 종교의 개념들과 접근방식의 차이점은 지역적 색채와 사회적 조정에 의해 결정될 뿐, 그 모든 종교적 표현들은 전부 동일한 신에게 속한다는 것이다.[21] 그와 유사하게 종교다원주의자로 잘 알려진 기독교 신학자 존 힉도 다음과 같이 말한다.

> 내가 세계 여러 종교들이 다양한 신(the Gods)에 대한 특정 개념을 통해 동일한 궁극적 실재(the same ultimate Reality)를 언급하고 있다고 가정하는 이유는 여러 종교전통에서 묘사되는 구원받고, 구속되고, 깨닫고, 지혜로워지고, 각성되고, 해방된 모습으로 변화된 인간의 상태에 대한 놀랍도록 유사한 표현들 때문이다. 그들 사이의 유사성은 구원받을 상태로의 변형에 관한 공통된 근원을 강력하게 시사하고 있다.[22] (옮긴이 역)

종교다원주의자들은 만약 우리가 사랑이신 한 분 하나님을 믿는다면, 그 사랑의 하나님은 모든 인간을 궁극적인 구원으로 이끄시고자 하는 의지를 가지고 있다는 것이 당연한 결론이라고 주장한다.[23] 하나님은 모든 지역과 모든 시대의 다양한 문화와 상황에 따라 그분의 구원사역을 시행하신다. 따라서 종교다원주의자들에게 종교 간의 차이는 단지 우연적이고 문화적 · 시대적 조건에 따른 것으로 간주된다. 모든 문화적 · 시대적 사건들의 배후에는 한 분이신 하나님이 계시기 때문이다.

---

21 S. Radhakrishnan, ed., *The Bhagavadgita: With an Introductory Essay, Sanskrit Text, English Translation and Notes* (New York, NY: Harper Colophon Books, 1973), 159; Cf. Netland, *Religious Pluralism*, 196.
22 John Hick, *A Christian Theology of Religions: The Rainbow of Faiths* (Louisville, KY: Westminster John Knox, 1995), 69.
23 Knitter, *No Other Name?*, 37.

위에서 말하는 '문화상대성'(Cultural relativity)은 다원주의에 대한 논의에서 자주 사용되는 개념이다. 사실 한 사람이 자신의 종교를 결정짓는 가장 일반적인 요인은 그 사람이 태어난 지리적 위치와 문화적 상황이다. 이집트의 무슬림 가정에서 태어난 대부분의 남자들은 평생 무슬림으로 살아갈 가능성이 거의 정해져 있다. 인도 힌두교 부모의 대부분 자녀들은 평생을 힌두교인으로 살아간다. 존 힉은 이러한 문화적이고 지리적인 조건에 따라 각기 다른 종교를 소유할 수 있는 상황을 이해해야 한다는 것이다. 그리고 이러한 상황을 하나님의 보편적인 주권과 연관시켜야 한다는 것이다. 이런 맥락에서 전 인류를 향한 하나님의 구원 활동이 이스라엘 땅에서 이스라엘 사람이 기록한 성경의 테두리 안에만 국한되어 있다고 주장했던 옛 신학은 이 점을 간과하고 있음을 지적한다.[24]

종교다원주의자인 기독교 신학자 폴 니터(Paul Knitter) 또한 그의 저서 『No Other Name?』에서 역사학자 아놀드 토인비(Arnold Toynbee)가 말하는 종교의 단일성에 대한 통찰을 인용하며 중교다원주의적인 주장을 매우 설득력 있게 전개한다. 역사학자인 토인비는 각 종교에 인간의 삶에 대한 본질적인 통찰과 진리들이 있고, 그에 따른 비본질적인 관행들과 명제들이 있는 것이라 말한다.[25] 즉, 우리가 각 종교의 비본질적 측면인 종교적 관행들을 들여다보면, 그 내면의 핵심은 모두 본질적으로 동일하다는 것을 알 수 있다는 것이다. 또한 토인비에 따르면, 모든 종교는 동일한 본질을 가지고 있기에 공통의 목적을 가진다. 인간의 삶은 '본질적인 한계와 불완전성'을 가지고 있기에, 모든 인간의 공통의 목적은 '자기중심성'을 바로잡는 것이다.[26] 토인비가 말하는 '본질적인 한계와 불완전성'은 기독교인의 입장에선 '원죄'에 해당하는 개념이다. 토인비의 주장은 다음과 같이 그의 진술에서 구체적으로 알 수

24 Hick, *God Has Many Names*, 61.
25 Arnold Toynbee, *An Historian's Approach to Religion* (New York, NY: Oxford University Press, 1956), 262; Knitter, *No Other Name?*, 35쪽에서 인용함.
26 Toynbee, *Historian's Approach*, 4; Knitter, *No Other Name?*, 40쪽에서 인용됨.

있다.

> 근대 서양의 기독교 문명이 지배적인 이 시대적 상황 가운데, 물
> 질적 · 정신적으로 존중받을만한 관습이나 지혜로 가득 찬 활력
> 있는 모든 고등 종교들은 서로를 향한 대결적인 태도를 버리고,
> 집단적 인간이 다수를 지배하려는 억압적 권력에 대한 숭배라는
> 진정으로 파괴적인 공동의 적에 맞서 서로를 향한 새로운 협력적
> 접근방식을 만들어야 한다.[27] (옮긴이 역)

　토인비 외에도 많은 철학자들이 종교의 평등에 관심을 가졌는데, 인도의
영적 지도자 마하트마 간디(Mahatma Gandhi)가 대표적 인물이다. 종교의 평등
은 간디의 가장 중요한 신념 중 하나였다. 간디는 다양한 형태의 신적 계시
와 그 계시에 대한 인간의 다양하고 진지한 종교적 반응에 관심을 가지고 있
었다. 그는 신적 계시는 어느 한 국가나 한 민족이 독점할 수 있는 것이 아니
라고 생각했다. 신적 계시는 모든 종교의 '정결한 경전들'(the clean Scriptures)에
동등하게 계시되어 있기에, 간디는 인류에게 필요한 것은 서로 다른 종교 신
자들을 향한 상호존중과 관용이라고 믿었다.[28] 요컨대, 간디에게 있어서 '종
교적 정신'은 단 하나이지만, 여러 종교 안에 다양한 형태로 담겨 있는 것이
다. 또한 모든 종교는 평등하다는 그의 신념은 모든 종교의 오류와 불완전성
을 인정한다는 것에도 기반하고 있다. 간디의 신념은 모든 종교적 진리들은
전부 옳지만, 또한 동시에 그 진리가 불완전한 인간에 의해 수행되기에 각
종교의 교리나 체계들은 불완전하다는 것이다.[29]
　존 힉은 자신의 다원주의적 주장에 종종 간디를 언급한다. 존 힉에 따르면,

27 Arnold Toynbee, "What Should Be the Christian Approach to the Contemporary Non-Christian Faiths?"
in *Attitudes Towards Other Religions*, ed. Owen C. Thomas (London, UK: SCM, 1969), 153–54.
28 M. M. Thomas, *The Acknowledged Christ of the Indian Renaissance* (London, UK: SCM, 1969), 203.
29 Thomas, *The Acknowledged Christ*, 203.

기독교는 그 가르침을 받아들이고 실천하는 사람들이 서로 영적 자질에 있어서 다소 차이가 있다 하더라도 기독교 자체는 참이지만, 그럼에도 이것이 개인적, 사회적 요인에서 기독교의 고유성을 확립하는 데는 거의 도움이 되지 않는다고 한다. 이에 대해 존 힉은 다음과 같이 말한다.

> 인간의 구원 또는 영적 해방이 이 세상의 모든 사람에게 구체적인 의미를 가져야 한다면, 그것은 간디를 포함하여 모든 종교의 위대한 성인들이 다양한 방식으로 주장한 인간 존재의 변형을 포함해야 한다. 이 변형은 당사자들을 통해 그들의 사회에 지대한 영향을 미치기에, 분명히 인간의 구원받을 상태로의 변형은 기독교라는 한 종교의 영역에만 국한되지 않는다. 결국 각 위대한 종교들 안에는 다양한 방식으로 하나님 또는 '궁극적인 실재'(the ultimate Reality)에 자신의 삶을 헌신하는 사람들이 있다는 결론을 내릴 수 있다.[30] (옮김이 역)

위와 같은 맥락으로 종교다원주의자인 폴 니터 또한 하나님이 다른 종교들을 통해서도 그 종교만의 '독특한(distinctive)' 진리를 계시할 수 있기에 예수 그리스도만이 '유일한' 구원자여야 한다는 것을 부정한다. 즉 기독교와는 다른 방식으로 각 종교의 신자들에게 생명을 주고 삶을 더 풍성하게 하는 나름의 구세주가 있다는 것이다. 그래서 니터는 기독교인들에게 예수의 독특함(the distinctiveness)을 그들의 종교적 신념 가운데 고수하면서, 동시에 부처나 무함마드, 공자와 같은 타종교의 성인들에게도 그와 같은 독특함을 인정할 것을 요구한다.[31] 종교다원주의자로서 니터는 기독교인들이 신약성경의 증언 의

---

30 John Hick, "The Non-Absoluteness of Christianity," in *The Myth of Christian Uniqueness: Toward a Pluralistic Theology of Religions*, ed. John Hick and Paul F. Knitter (Maryknoll, NY: Orbis Books, 1987), 24.
31 D'Costa, Knitter, and Strange, *Only One Way? Three Christian Responses on the Uniqueness of Christ in a Religiously Plural World* (London, UK: SCM, 2011), 72.

도에 충실하게 자신의 삶에서 예수의 메시지를 실천하고 다른 사람들에게 증언하는 것에 있어서 예수만이 '유일한' 구원자라고 주장할 필요성을 느끼지 않는 것이다.

종교의 평등 외에 종교다원주의자들이 말하는 또 다른 중요한 개념 중 하나는 '신중심주의(theocentrism)'다. 신중심주의는 모든 종교에는 하나의 '신적인 중심(a divine center)'이 있다고 가정하기에, 그 어떤 단일의 종교 신앙도 다른 종교에 대해 규범적일 수 없다고 말한다. 이 견해를 지지하는 사람들은 기독교나 다른 종교의 구별성(distinctiveness)을 존중하기에, 그리스도와의 관계라는 측면에서만 타 종교를 평가하는 태도를 비판한다. 이러한 신중심주의에 대하여 저명한 신학자 중 하나는 인도 신학자 S. J. 사마르타(Stanley Jedidiah Samartha)가 있다. 그는 다음과 같이 말한다.

> 그리스도의 주되심(the Lordship of Christ)을 고백할 때 우리가 종종 간과하는 사실은 신약성경 저자들의 증언은 그리스도 중심적(Christocentric)이지만, 예수 그리스도 자신은 신중심적(theocentric)이었다는 사실이다. 그분은 반복적으로 하나님을 '아버지'라고 말씀하셨다. 그는 그를 따르는 사람들을 위한 주(the Lord)로 묘사되기 전에, '하나님과 함께 있는 자'(the man with God), 그리고 '하나님을 위한 자'(the man for God)였다. 사실 "나와 아버지는 하나이니라"(요 10:30)와 같이 자신을 하나님과 동일시하는 말씀이 있는 건 맞다. 그러나 그는 또한 "...아버지는 나보다 크심이라"(요 14:28)라고도 분명하게 말씀하신다. [32]

사마르타는 예수 자신이 신중심적인 태도를 가지고 있었다는 것을 근거로

---

[32] Stanley J. Samartha, *Courage for Dialogue* (Geneva, Switzerland: World Council of Churches, 1981), 95.

들며, 기독교인들에게 타 종교 신자들을 향하여 기독교의 그 어떤 특수성이나 보편성을 주장해서는 안 된다고 말한다. 그의 주장은 하나님의 전적인 신비 앞에선 어떠한 종교적 위인이나 종교가 스스로를 최종적이고 완전하다고 할 수 있다는 그의 확신에 기초하고 있다.

하나님의 신비를 강조하는 것은 인간의 이성을 넘어서는 신학적 분석에 주목하게 된다. 즉 신비주의와 심미주의가 요구되는 것이다. 따라서 사마르타는 신의 신비는 우리가 이성적으로 해결해야 할 인식론적 문제가 아니라, 받아들여야 하는 인간의 존재론적 상태라고 말한다.[33] 다시 말해, 그것은 알고자 하는 사람의 지성의 문제가 아니고, 알고자 하는 대상의 본질 자체의 문제이며, 더욱이 신은 신비한 타자(the mysterious Other)이기 때문에 인간은 신의 신비를 정확하게 파악할 수도 없다. 사마르타에 따르면, 이 궁극적 타자는 다른 모든 것을 상대화하는데, 사실 그렇기 때문에 우리가 그러한 상대화를 기꺼이 받아들이는 것이야말로 궁극적으로 실재하는 존재를 만났다는 유일한 보증인 것이다.[34]

따라서 각 종교들은 그 종교를 따르는 신자들과 궁극적 존재인 '실재(the Real)' 사이에 있는 그들만의 중재자를 가지고 있으며, 그러한 중재자들은 그들의 종교에 결정적인 역할을 한다. 존 힉도 신앙의 세계에 대한 우리의 개념과 그 안에서 우리 자신의 종교가 차지하는 위치에 동일하게 급진적인 변화를 수반하는 이러한 신중심주의를 지지하며, 기독교인들에게 기독교 중심 또는 예수 중심에서 신 중심적 신앙의 모형으로의 패러다임 전환을 요구한다. 그렇게 되면 우리는 세계의 주요 종교들을 하나의 신성한 실재(the one divine Reality)를 향한 인간의 다양한 반응으로 볼 수 있게 되고, 서로 다른 역사적 · 문화적 환경에서 형성된 다양한 종교적 인식의 구현을 온전하게 볼 수

---

33 Stanley J. Samartha, "The Cross and the Rainbow," in *The Myth of Christian Uniqueness: Toward a Pluralistic Theology of Religions*, eds. John Hick and Paul F. Knitter (Maryknoll, NY: Orbis Books, 1987), 75.

34 Samartha, *Courage for Dialogue*, 151–152.

있다는 것이다.[35]

사마르타나 존 힉과 같이 신중심적 태도를 주장하는 사람들은 기독교인이
타 종교인들에게 구원에 있어서 그리스도가 반드시 유일하거나 규범적이라
고 주장할 필요 없이도 그리스도를 자신들의 유일한 구세주로 변치 않게 주
장할 수 있는 방식을 제시한 것이다.

배타주의자들의 주장

모든 성서적 사고의 변할 수 없는 기초는 하나님은 참으로 하나님이시며
인간은 피조물이라는 사실이다. 하나님은 거룩하시고 의로우시며 자비로
우신 주님이시고, 모든 피조물로부터 경배와 섬김을 받아야 할 분이다. 따
라서 인간은 그 존재의 본질상 하나님과의 일치를 실현하는 것을 삶의 목적
으로 삼는다. 그러나 인간의 실제적 상태는 타락했기 때문에 그러한 목적은
이룰 수 없는 모순적 상태에 놓이게 된다. 성서의 첫 부분이 이런 인간 존재
의 타락에 대해 설명한다. 배타주의자들의 주장은 이러한 전제들로부터 시
작한다. 성서가 증언하는 인간 타락의 결과로서, 인간은 자신의 주님이자
창조주인 하나님과의 관계가 결과적으로 반역적 관계에 놓여 있다는 것이
배타주의자들의 모든 주장의 기본 전제이다.[36] 인간의 타락으로 인해 '속죄
(atonement)'는 깨어진 관계를 회복할 수 있는 유일한 분이신 하나님께서 주도
적으로 행하시는 가장 온전한 방법이 된다. 즉 구원에 대한 복음의 메시지는
하나님께서 예수 그리스도 안에서 행하신 창조적인 속죄 행위를 통해 인간
의 죄를 그들에게 전가하지 않으시고, 그들로 하여금 자신과 화목하게 하셔
서 화해의 길을 직접 열어 놓으셨다는 것이다.

위와 같은 전제들을 가지고 배타주의자들은 삼위일체 하나님의 자기계시

---

35 Hick, *God Has Many Names*, 5–6.
36 Hendrik Kraemer, *The Christian Message in a Non-Christian World*, 3rd ed. (Grand Rapids: Kregel, 1956), 76.

인 그리스도만이 구원의 유일한 원천임을 믿는다. 하나님께서 참 사람이 되셨다. 이것은 기독교 신앙의 핵심이다. 네덜란드 신학자이자 선교사인 헨드릭 크래머(Hendrik Kraemer)는 배타주의의 대표적인 신학자이다. 그는 하나님이 인간이 되신 성육신은 주어진 역사의 한 순간에 기독교 신앙을 불가사의하게 가능케 하신 하나님의 계시의 행위이며, 이것이 구원 신앙의 원천이 됨을 분명하게 강조한다.[37] 계시된 것은 본질상 항상 신비로 남아 있는데, 이를 성육신보다 더 분명하게 보여줄 수 있는 방법은 없다는 것이다. 즉 하나님께서 사람이 되셨다는 진실은 언제나 인간이 이해할 수 없는 것으로 남아 있지만, 그럼에도 불구하고 그것은 구원의 신비이다.

신약성경은 예수를 모든 인간을 위한 유일한 구원자이신 성육신한 하나님으로 분명히 나타내며, 예수 그리스도를 통하지 않고는 그 누구도 하나님과 화목할 수 없음을 분명히 말한다(요 3:16, 3:36, 14:6, 행 4:12, 딤전 2:5). 이와 같은 근거를 가지고 스위스 신학자 칼 바르트(Karl Barth)는 예수는 하나님과 세상을 화해시키려는 인간의 모든 시도들, 즉 칭의와 성화, 회심과 구원을 위한 인간의 모든 노력을 대신하신다는 것을 강조한다.[38] 예수 그리스도 안에 있는 하나님의 계시는 우리의 칭의와 성화, 회심과 구원이 오직 예수 그리스도 안에서 단번에 이루어지고 성취되었음을 분명히 보여주는 것이다. 이러한 기독교 신앙의 배타적 관점에서 볼 때, 구원은 오직 예수 그리스도의 구원 사역을 통해서만 이루어진다.

이러한 주장에 의하면, 기독교만이 예수 그리스도 안에서 하나님의 구원 사역을 선포하므로 다른 종교는 구원을 제공할 수 없다는 결론으로 이어진다. 다른 종교들은 하나님에 대한 지식과 경배의 이유, 그리고 하나님과 인간의 화해가 이루어지는 진실을 부인하기 때문이다. 이에 따라 기독교만이

---

37 Kraemer, *The Christian Message*, 73–74.
38 Karl Barth, "The Revelation of God as the Abolition of Religion," in *Christianity and Other Religions: Selected Readings*, eds. John Hick and Brian Hebblethwaite, revised edition (Oxford, UK: Oneworld, 2001), 11.

구원의 종교다. 로마 가톨릭의 표현을 잠시 차용하자면, 그리스도는 성령의 능력으로 교회를 세우고, 교회는 세상을 향한 그리스도의 성례전적 몸이기에 온 세상을 위한 구원의 도구가 된다.[39]

영국의 대표적인 배타주의 신학자 다니엘 스트레인지(Daniel Strange)는 비기독교 종교들은 본질적으로 하나님의 계시를 우상숭배적으로 재구성한 것이기에 기독교 진리에 반한다고 주장한다.[40] 게다가 스트레인지는 정의나 평화, 또는 인류애를 위한 전 세계적인 세속화의 팽창을 설명하는 다양한 사회학적 분석과 제안들에도 불구하고, 타 종교들의 주장이나 진리는 인류의 정의나 평화에 대한 궁극적인 해결책이 될 수 없다고 말한다. 그 이유는 성경이 증언하는 인격적이고(personal) 독립적으로 계시며(self-contained) 스스로 계시하시는(self-revealing) 하나님과, 그 하나님의 충만으로서 이 땅에 육신으로 임하신 예수 그리스도보다 더 궁극적인 현실은 없기 때문이다. 이에 대해 스트레인지는 다음과 같이 말한다.

> 교회 안팎의 모든 사람은 우리가 원하는 세상은 인간의 존엄성, 관용, 포용, 정의와 평화의 세상이라고 말한다... 그러나 그 모든 것은 오직 십자가 사건(the scandal of particularity)과 기독교 메시지의 독특성(the uniqueness of the Christian message) 안에서만 실현되고 정당화될 수 있으며, 그 안에서 살아계신 하나님과의 평화와 인류 서로 간의 진정한 평화를 찾을 수 있다.[41] (옮김이 역)

더욱이 배타주의의 관점에서 볼 때, 다른 종교의 교리들은 기독교의 가르침과 완전히 다르기 때문에 권위 있는 진리가 될 수 없다. 네덜란드의 선교학자 J. H. 바빙크(J. H. Bavinck)는 타 종교들의 사상적 체계는 그 범위와 내적

---

39 D'Costa, Knitter, and Strange, *Only One Way?*, 17.
40 D'Costa, Knitter, and Strange, *Only One Way?*, 93.
41 D'Costa, Knitter, and Strange, *Only One Way?*, 94–95.

일관성, 그리고 체계적인 특성들이 정당하게 평가될 수 있고, 또한 인간적으로 말하면 그 종교들이 가지고 있는 아름다움과 위대함에는 진정 감탄할 만한 요소들이 분명 존재하지만, 그 안에서 기독교 진리와의 엄청난 차이점에 주목해야 한다고 말한다. 그러면 그 차이점을 상쇄하거나 보완할 수 있는 그 어떠한 방법도 존재하지 않음을 금방 알 수 있게 되고, 따라서 타 종교에서 기독교로의 전환에서 서로 이어지지 않는 간극을 어떤 방식으로든 위장하려는 것은 그리스도의 가르침과 본질을 부정하는 결과가 된다고 경고한다.[42]

바빙크의 주장과 같은 맥락에서 크래머는 타 종교의 가르침들을 '주관적 동기에 의한 우월성(the subjectively-motivated superiority)'으로 규정한다.[43] 하나님은 예수 그리스도 안에서 유일한 구원의 길과 진리, 진정한 생명을 계시하셨기에, 타 종교들이 말하는 구원의 길은 하나님의 의지를 배제한 주관적 해석이 되고, 때로는 그것을 자신들의 종교체계에 대한 만족이나 우월성으로 삼기도 한다는 것이다.

물론 배타주의의 지지자들은 지난 몇 세기 동안의 인본주의와 비교종교학의 발전에 따른 긍정적인 결실들을 인정한다. 그러나 또한 그들은 이러한 전 세계적인 혁명적 변화는 사람들이 인간에 대한 온전한 이해라고 자연스럽게 신봉하게 된 많은 잘못된 관념들 또한 만들어냈다고 믿는다. 따라서 배타주의자들에게 이 시대의 두드러진 특징은 모든 절대적인 요소들이 완전히 사라지고, 상대주의의 정신과 태도의 승리인 것이다.

기독교인에게 있어서 타종교와 기독교를 구분하는 유일한 기준은 예수 그리스도 안에서 하나님이 계시하시고 실현하신 진리이다. 이렇게 궁극적인 기준이 되는 그리스도는 모든 종교와 상대주의자들이 말하는 '경험적 기독교'에 대해서 '위기(the crisis)'가 된다. 즉 배타주의자들에게 있어서 모든 종교

---

42 J. H. Bavinck, *An Introduction to the Science of Missions* (Grand Rapids: Baker, 1960), 136.
43 Kraemer, *The Christian Message*, 107.

를 분석하고 평가하는 가장 확실하고 정당한 방법은 그리스도의 계시에 비추어 바라보는 것이다. 그렇기 때문에 크래머는 하나님이 계시하신 규범적이고 절대적 진리를 가진 그리스도인들은 악의 힘이 지배하고 하나님의 진노의 대상이 되는 이 세상에 대해 끊임없이 그 계시를 증언하도록 부름을 받는다고 말한다.[44]

이에 따라 배타주의자들에게 기독교 선교의 동기, 비기독교 종교에 대한 기독교인의 태도, 타종교인과의 관계, 이 모든 것들은 타락한 세상을 변화시키고 절대적이고 규범적 진리인 예수 그리스도로 '새로운 하나님의 질서'를 세우는 데 목적이 있다. 크래머는 그리스도인들이 예수 그리스도 안에 계시된 진리를 바르게 이해한다면, 세상과 인간의 삶의 경험적이고 불완전하며 유한하고 죄악된 질서 안에서 사람들은 그들의 삶이 그리스도와 그분의 사역에 의해 조명되어 그분에 의해 생명력 있는 현실이 된 새로운 삶의 질서에 기초하고 뿌리를 두고 있다는 것을 의식하게 될 것이라 주장한다.[45]

포용주의자들의 주장

제2차 바티칸 공의회(이후 '공의회'로 표기)는 인류의 일치를 강조하면서 포용주의적 입장을 카톨릭의 공식 입장으로 천명했다.[46] 공의회는 하나님의 구원의 신비에 대한 완전한 계시는 예수 그리스도 안에서 주어졌다는 확신을 분명히 하면서, 동시에 하나님께서 모든 민족을 하나로 창조하셨다는 사실도 분명히 하였다. 이런 맥락으로 공의회에서 공식적으로 발표한 교회와 비기독교 종교와의 관계에 관한 선언인 'Nostra Aetate'(NA)는 타 종교도 하나님의 구원의 역사 안에 있음을 선언하였다.

---

44 Kraemer, *The Christian Message*, 110.
45 Kraemer, *The Christian Message*, 25.
46 Second Vatican Council, "Dogmatic Constitution on Divine Revelation," in *Vatican Council II: The Conciliar and Post Conciliar Documents*, ed. Austin Flannery (Collegeville, MN: Liturgical Press, 1975), sec. 2.

토마스 스트란스키(Thomas Stransky)는 NA에 대해 평가하면서, 어떤 면에서(in some way) 한 개인이 부지불식간에 자신의 종교공동체의 신앙 안에서 구원을 받을 수 있는데, 이는 어떤 면에서(in some way) 그 종교들이 그리스도의 계시에 대한 초자연적 반응에 대한 충분한 '종교적 발단'(incepta religiosa)을 구현하기 때문이라고 말한다.[47] 공의회는 다른 종교를 믿는 사람들이 기독교의 가르침에 대해 더 분명한 깨달음과 자신의 종교에 대한 교정이 필요하지만 그럼에도 그들의 노력으로 하나님을 만날 수는 있다고 인정하는 것이다.

더욱이, 공의회는 카톨릭의 성령론 교리를 크게 발전시켰다. 공의회는 다음과 같이 공언한다. "그리스도께서 모든 인간을 위해 죽으셨고, 그 죽임으로 인한 인간의 궁극적인 소명은 사실상 하나이며 신성하기 때문에, 우리는 성령께서 하나님만이 아시는 방식으로 모든 사람에게 이 파스칼 신비(Paschal Mystery)[48]와 연관될 수 있는 가능성을 제공한다고 믿어야 한다."[49](옮김이 역). 즉 카톨릭은 공식적으로 성령께서 그리스도의 부활의 열매를 교회 밖의 사람들에게도 허용한다고 믿는 것이다.

공의회 이후 카톨릭 교권은 공의회의 가르침에 대한 과도한 오해를 방지하기 위해 '예수 그리스도와 교회의 단일성과 구원적 보편성에 관하여(On the Unicity and Salvific Universality of Jesus Christ and the Church)'라는 선언문을 발표하며 공의회의 가르침을 보다 선명하게 하였다. 이 선언문에 대해 카톨릭 신학자 개빈 드코스타는 비록 타 종교들이 성령의 감동에 의한 '부분적 진리와 선함'을 담고 있기에 그 종교들이 기독교의 교회들과 함께 종말론적인 하나님의 구

---

47 Thomas F. Stransky, "The Church and Other Religions," in *International Bulletin on Missionary Research 9*, no. 4 (October 1985): 157. 강조된 문구는 원문에도 되어 있는 부분임.
48 파스칼 신비(Paschal Mystery)는 구원의 역사에 관한 카톨릭 신앙의 핵심 개념 중 하나이다. 문자 그대로의 의미는 구약성서 출애굽기에 나오는 하나님의 죽음의 천사가 어린 양의 피가 표시되어 있는 문은 통과하여 유월(踰越, passover)하였던 것을 의미한다. 어린 양의 피라는 표식은 있지만 구원을 받은 그 원리는 인간의 추론으로 이해할 수 없는 사건이다. 이런 맥락 가운데 제2차 바티칸 공의회에서 공언한 이 파스카 신비는 단순한 인간의 지혜로는 이해할 수 없으며 오직 은혜로 하나님에 의해 계시되는 하나님의 유월절 종말론을 의미한다. 중세 신학자 토마스 아퀴나스가 말하였던 인간에 대한 구원의 신비의 연장선상에 있는 주장이지만, 예수 그리스도의 십자가가 중심인 개혁교회의 신앙과는 대치된다.
49 Second Vatican Council, "Dogmatic Constitution," sec. 16.

원을 향하고 있다 하더라도, 하나님이 세우신 교회를 대체하거나 실질적으로 교회와 동등한 것으로 여겨서 하나님의 구원의 말씀이 선포되는 교회를 구원의 단순한 한 방편으로 간주하는 것은 기독교 신앙에 반하는 것임이 분명하다고 말한다.[50]

물론 공의회에 기여하였던 모든 신학자들이 드코스타와 같이 생각하는 것은 아니지만, 드코스타는 타 종교들이 많은 긍정적인 교리를 담고 있음에도 불구하고 그 종교들 자체로 구원의 길로 이해될 수 없다는 확신을 보인다. 드코스타는 비기독교인을 위한 구원은 종말론적 사건이기에 존재론적으로는 하나님의 선하심에 맡겨지지만, 그러한 구원에 대한 인식론적 현실은 아직 일어나지 않았다는 확신을 보이는 것이다.[51]

제2차 바티칸 공의회에 대한 평가는 다양하겠지만, 분명한 것은 이 공의회가 기독론, 삼위일체론, 교회론, 하나님의 은총, 구원 등의 교리적인 문제와 기독교와 타종교의 관계를 다루는 종교신학적 평가를 위한 여러 시사점을 마련한 것은 분명하다. 공의회는 기독교 신학자들이 타종교에 대해 포용적인 시선을 가질 수 있는 계기를 제공한 것이다.

공의회가 선언한 내용들과는 별개로, 포용주의 지지자들은 하나님의 은혜를 보다 넓은 의미로 해석하며 배타주의가 잘 다루지 않는 몇 가지 신학적 논거들을 말하기도 한다. 첫째, 포용주의자들은 아브라함, 멜기세덱, 욥, 로마의 백부장 고넬료와 같이 성경에 등장하는 신실한 이방인들을 하나님의 구원에 대한 신학적 근거로 제시한다. 성경에 등장하는 이 인물들은 예수 그리스도의 복음을 아예 듣지 못했거나, 혹은 거의 이해하지 못한 채 구원의 신앙을 갖게 된 '거룩한 이방인(holy pagans)'이다.[52] 구약의 '신자(believers)'들은 확실히 그리스도의 죽음과 부활에 대한 인식이 없었지만 하나님의 구원의 역사를 경험하였다. 이에 대해 대표적인 포용주의자 존 샌더스(John Sanders)에

---

50 D'Costa, Knitter, and Strange, *Only One Way?*, 33.
51 D'Costa, Knitter, and Strange, *Only One Way?*, 18–19.
52 Walter C. Kaiser Jr., "Holy Pagans," in *Faith Comes by Hearing*, 123.

따르면, 포용주의자들은 구약의 신자들이 구원의 하나님이라는 오늘날의 기독교인들과 구우너에 대한 동일한 근원에 의존했기에, 동일한 방식, 즉 구원을 이루시는 하나님을 신뢰함으로써(by trust in God) 그들의 구원을 획득했다고 말한다.[53]

하나님의 구원의 은혜에 대한 포용주의자들의 주된 두 번째 논거는 구원의 은혜를 중재하기 위해 하나님께서 공급하시는 일반계시이다. 창조세계와 인간 양심에 나타난 일반계시는 그 근원이 전능하신 하나님이기 때문에 구원적(salvific)이다.[54] 이 하나님의 계시는 그들을 정죄할 수 있을 뿐만 아니라 동시에 구원하기도 한다. 따라서 인간은 하나님이 공급하신 일반계시에 긍정적으로 반응함으로써 예수에 대해 듣지 않고도 구원받을 여지가 있다. 분명 예수 그리스도의 십자가를 통해 드러난 하나님의 특별한 계시는 오늘날까지 살아온 모든 인류에게 전해진 것이 아니다. 그러나 일반계시는 다르다. 그 단어에서부터 알 수 있듯이, 하나님의 일반적인 계시는 모든 인류가 봤고, 느꼈고, 누렸다. 그렇다면, 모든 사람에게 가능했던 이 일반계시를 통해 특별계시를 받지 못한 일부 사람들은 하나님의 구원의 은혜를 누릴 수 있을까? 여기에 포용주의자들과 배타주의자들의 대답이 서로 다른 것이다.

셋째, 모든 포용주의자들이 동의하는 건 아니지만, 많은 포용주의자들은 구원에 있어서 삼위일체 하나님의 사역을 강조한다. 이에 대해 샌더스는 성부 하나님은 모든 인간을 사랑하시기에 모든 이의 구원을 원하시며, 성자 하나님은 그분의 구속사역을 통해 성부 하나님의 구원을 의지를 가능하게 하셨고, 성령 하나님은 길을 잃고 죄에 빠진 인류를 그 구원의 은혜로 이끄는데 보편적으로 관여하신다고 말한다.[55] 성령은 모든 시대에 걸쳐 인류의 모든 영혼에게 임하시는 하나님의 영이다. 이 성령 하나님은 분명 인류의 다양한 문화적, 시간적, 지리적, 심지어 종교적 맥락에서 보편적으로 자유롭게

---

53 Sanders, *No Other Name*, 226.
54 Sanders, *No Other Name*, 233.
55 Sanders, *No Other Name*, 236.

역사하실 수 있다. 포용주의자들에 따르면, 이런 모든 상황에서 성령은 인간들로 하여금 하나님이 주신 계시에 반응할 수 있도록 문을 열어주신다. 따라서 포용주의자들은 교회 밖에서도 하나님의 구원의 은혜를 긍정하는 데 주저하지 않는다.

하나님의 구원의 은혜에 대해 포용주의자들의 네 번째 논거는 각 종교들의 선한 가치를 통한 하나님의 은혜이다. 앞서 언급했던 '종교도구주의' 지지자들의 주된 입장으로, 이 입장의 대표적 인물로는 독일의 예수회 사제이자 신학자인 칼 라너(Karl Rahner)가 있다. 라너는 각 종교들의 고유한 가치를 동정하며 그 종교들의 구원에 대해 아주 긍정적으로 검토했다. 각 종교의 신자들은 그리스도의 구원을 향해 충실히 나아가고 있기에 복음의 메시지에 도달하지 않고도 구원을 얻는 '익명의 그리스도인들'이다. 구원을 위한 복음의 선포는 단순히 누군가를 그리스도인으로 만드는 것이 아니라, 이미 하나님의 은혜가 임한 '익명의 그리스도인'을 그가 지니고 있는 하나님의 은혜에 대한 깊은 성찰을 통해 그 자신의 내재된 은총을 깊이 감사하고 감동받는 자로 변화시키는 것이다. 그렇기에 결과적으로 비기독교인의 개인적 진실한 신앙 경험은 하나님의 구원을 가져올 수 있다. 하지만 이 주장은 현대 많은 포용주의자들에게 동의를 얻지 못한다. 세계 주요 종교들의 선한 가치를 인정하더라도, 그 종교적 가르침과 행위들이 하나님의 구원이라고 추정하는 것은 성서의 가르침을 한참 넘어서는 것이다. 많은 포용주의자들은 하나님의 구원의 방식은 분명하게 예수 그리스도의 십자가를 통해 계시되었기에, 그 예수 그리스도의 고난과 부활을 믿는 자들이 그리스도인이지, '익명의 그리스도인'이라는 것은 근거 없는 감성적 추론에 불과하다고 말한다.

이상 포용주의자들의 주장을 정리하자면, 포용주의자들은 오직 그리스도를 통해서만, 그리고 하나님의 보편적인 구원 의지에 따라 구원을 얻는다는 두 가지 신학적 논리 사이의 균형을 유지하려고 노력한다. 그들의 주장은 현재의 삶에서 하나님의 구원에 보편적으로 접근할 수 있는 가능성과 방식에는 무엇이 있는지 보다 넓게 신학적 사고를 할 수 있는 여지를 제공한다. 그들은 비기독교인들에게 하나님의 구원에 대하여 '넓은 소망(wider hope)'을 제시한다. 이들은 하나님의 구원 활동이 교회를 넘어 모든 인류에게 확장되기를 기대한다. 그러한 소망으로 그들은 그리스도를 믿지 않고 길을 잃은 사람들을 향한 하나님의 열정을 갖는다.

4. 맺는말

"현재의 삶에서 복음을 듣지 못한 사람들이 구원받을 수 있다는 희망은 근거가 있는가?"라는 질문에 대해 수십 년간 많은 신학자가 면밀하게 성경적이며 신학적인 조사를 해왔다. 하나님께서 사람들을 구원에 이르게 하기 위해 어떤 수단을 사용하시는지에 대한 그들의 주장은 다양했다. 신학자들은 그들의 논쟁의 범위를 세 가지 유형으로 분류하였고, 그 후에는 더 적절하고 구체적인 범주를 사용하여 유형을 재구성하였다.

하나님의 구원에 대하여 신학적으로 흔들리지 않는 단일의 소견을 가지고 있는 어떤 사람에게는 다양한 신학적 입장들을 검토한다는 것이 불편할 수도 있다. 하나님의 구원에 대해 여러 의견을 범주화한다는 것조차 못마땅할 수도 있다. 하지만 기본적으로 개념의 범주화는 효과적인 이해를 위한 도구가 된다. 예를 들어, 설득력 있는 설교자는 그의 설교에서 효과적인 역할을 하는 자료와 내용을 정리하기 위해 분류하여 설명한다. 훌륭한 작가 역시 자신의 주장의 핵심을 유형별로 정리하여 자신의 출판물에 기록한다. 그렇기에 신학자들도 하나님의 구원에 대해 가능한 충분히 설명하기 위해 다양한 의견들을 적절한 용어로 분류를 한 것이다. 자신이 단순히 특정 견해에 동의하지 않는다고 해서 그 견해에 대한 신중한 검토 없이 무시하는 것은 현명하지 못하다. 각 견해는 겸손하게 관찰되어 평가받아야 한다. 그렇기에 신학자들은 하나님의 구원이라는 민감한 주제에 대해 다양한 의견을 몇 가지 범주로 분류한 것이고, 본서에서 제시한 분류 방식들과 각 범주의 주장들은 우리가 존중의 태도로 각 견해를 이해할 수 있도록 도울 것이다.

지금까지 나온 견해들을 요약하자면, 티센의 교회중심주의와 모건의 복음 배타주의, 특별계시 배타주의, 그리고 이 모두를 포괄하는 용어 배타주의는 철저히 성서에 기초하여 기독교의 본질을 진지하게 고려한다. 구원의 길로서 자신의 유일하고 독특한 지위에 대한 예수의 말씀과, 바울과 다른 사도들이 비기독교 세계에 전파한 복음은 이 입장에 의해 가장 명확하게 설명된다. 그리고 불가지론, 접근주의, 종교적 도구주의를 포괄하는 용어 포용주의는 복음을 듣지 못한 사람들에 대한 깊은 연민을 보여준다. 이 연민은 분명 창조주 하나님이 느끼는 연민에 대한 공감일 것이다. 포용주의의 견해는 오직 그리스도를 통한 구원과 하나님의 보편적 구원 의지라는 두 가지 신학적 논제 사이에서 균형을 잡는 체계적이고 건설적인 신학을 제시한다. 다원주의 또는 보편주의는 광범위한 문화적, 지리적, 역사적 조건을 다루며, 타 종교들의 일부 신자들이 담지하고 있는 높은 수준의 도덕적, 영적인 삶을 긍정한다. 그러므로 이 장에서 설명한 여러 견해들은 우리로 하여금 복음을 듣지 못했거나 복음에 적절히 응답하지 못한 사람들의 운명에 관하여 보다 열린 마음으로 진지하게 성찰할 수 있도록 도울 것이라 기대한다.

2장 구원에 대한 성서적 이해

모든 주장과 견해는 그 타당성을 근거로 증명한다. 분명한 근거를 잘 설명할 때 주장하는 바가 설득력을 얻고 상대로 하여금 쉽게 이해시킬 수 있다. 따라서 우리는 구원에 대하여 사변적이고 형이상학적 추론을 하기 전에, 무엇보다 구원은 무엇이고 어떻게 이루어지는지 그 근거를 말하고 있는 성경을 면밀히 살펴봐야 한다.

반드시 죽을 수밖에 없는(mortal) 연약하고(weak) 타락한(fallen) 피조물로 살아가는 인간은 거의 무한한 욕구를 가지고 있으며, 그러한 욕구에 따라 끊임없이 어떤 형태의 구원을 갈망한다. 이런 인간의 끊임없는 구제의 필요성에도 불구하고, 하나님은 자신이 창조한 인간과 진실한 관계를 원하시기 때문에 인간을 사랑하고 돌보신다. 하나님은 인간을 구원하기를 원하시며, 성경은 그분이 그렇게 행하시는 다양한 방법을 보여준다.

성경이 하나님의 구원에 대해 말하는 상황의 범위는 참으로 광범위하다. 따라서 구원에 관한 성경적 언어의 평범하고 물리적인 것들을 제쳐두고, 형이상학적이고 초월적이며 영원한 것으로 간주할 수 있는 것들만 하나님의 구원의 의미로 보려는 것은 오히려 이원론적인 비성경적 해석에 빠질 수 있다. 물론 그리스도인들은 성경의 광범위한 구원의 의제들 안에서 성경의 우선순위를 분별해야 한다. 어떤 것은 분명히 다른 것보다 더 중요하다. 즉 성경은 하나님의 진노로부터 궁극적으로 구원받는 것이 육신의 질병이나 사회적 불의로부터 구원받는 것보다 더 중요하다는 것을 보여 주고 있다. 하지만 성경은 이 두 가지를 모두 하나님의 구원 사역의 범주에서 설명하고 있다. 그렇기에 그리스도인은 성경이 말하는 구원의 어휘들을 타락한 영혼에 대한 하나님의 구원이라는 한 측면에만 국한시킬 수 없다.

이 장에서는 성경에 나타난 하나님의 구원에 대한 다양한 신학자들의 논평을 참고한다. 그러나 "구원은 보좌에 앉으신 우리 하나님과 어린양에게 있다"는 요한계시록 7장 10절을 중심으로 구원에 대한 성경적 관점을 설명한 크리스토퍼 라이트의 『Salvation Belongs to Our God』을 주로 참고한다. 필자는 라이트의 주장에 동의하지만, 그러나 이 장에서는 성경해석에 대해 보수적이든 진보적이든 다양한 시각을 가진 신학자들의 견해를 살펴보며 성경의 증언 전체가 스스로를 대변할 수 있도록 최대한 노력 할 것이다.

1. 구원에 관한 일반적 설명

구약성서에서 동사 yāša('구하다', to save)와 그 파생 명사, 특히 yĕšûa('구원', salvation)는 동사 hiṣṣîl('구출하다', to deliver)과 함께 다양한 문맥에서 사용된다. 우선 구약성서에서 '구원'이라는 단어가 가장 많이 사용되는 것은 압제자나 적군으로부터의 구출이다. 이스라엘의 역사는 그런 상황에 맞는 하나님의 구원행위로 가득 차 있다. 이런 맥락에서 출애굽(Exodus)은 하나님의 가장 위대한 구원행위이자 이후 구원에 대한 이스라엘 백성들의 기대의 원형이 된다.

> 여호와께서 이르시되 내가 애굽에 있는 내 백성의 고통을 분명히 보고 그들이 그들의 감독자로 말미암아 부르짖음을 듣고 그 근심을 알고, 내가 내려가서 그들을 애굽인의 손에서 건져내고 그들을 그 땅에서 인도하여 아름답고 광대한 땅, 젖과 꿀이 흐르는 땅 곧 가나안 족속, 헷 족속, 아모리 족속, 브리스 족속, 히위 족속, 여부스 족속의 지방에 데려가려 하노라(출 3:7-8).

또한 이스라엘 백성들은 전투에서 하나님의 도우심이나 그들의 왕의 승리를 위해 기도할 때 하나님의 구원의 능력에 호소하였다.

> 여호와께서 자기에게 기름 부음 받은 자를 구원하시는 줄 이제 내
> 가 아노니 그의 오른손의 구원하는 힘으로 거의 거룩한 하늘에서
> 그에게 응답하시리로다. 어떤 사람은 병거, 어떤 사람은 말을 의
> 지하나 우리는 여호와 우리 하나님의 이름을 자랑하리로다. 그들
> 은 비틀거리며 엎드러지고 우리는 일어나 바로 서도다. 여호와여
> 왕을 구원하소서 우리가 부를 때에 우리에게 응답하소서(시 20:6-9).

구약성경에서 나타나는 하나님의 구원 사역에는 민족적인 측면뿐만 아니라 개인적인 차원도 존재한다. 시편의 상당수는 개인적 고뇌 속에서 써졌다. 여기서 말하는 고뇌는 중상모략, 법정에서의 부당한 비난, 노골적인 신체적 위협과 박해와 같은 한 개인을 향한 폭력이다. 다윗을 포함하여 이러한 고뇌를 겪는 시편 기자들은 개인적 복수에 의지하거나 율법에 따른 보복을 기대하지 않고 정의의 하나님께 자신의 처지를 맡겼다.

> 여호와 내 하나님이여 내가 주께 피하오니 나를 쫓아오는 모든
> 자들에게서 나를 구원하여 내소서. 건져낼 자가 없으면 그들이
> 사자 같이 나를 찢고 뜯을까 하나이다... 나의 방패는 마음이 정
> 직한 자를 구원하시는 하나님께 있도다(시 7:1-2, 10).

구약성경에서 나타나는 구원의 또 다른 의미는 질병의 치유다. 이사야 38장에는 히스기야 왕이 병에 걸려 죽음의 문턱까지 갔던 이야기가 기록되어 있다. 그의 눈물의 기도에 대한 응답으로 하나님은 그의 건강을 회복시켜 주신다. 질병의 치료 이후 히스기야의 감사 노래는 하나님을 찬양하기 위해 살

아 있는 것이 얼마나 중요한지를 강조한다. 히스기야에게 육체적 죽음을 면한 것은 그에겐 진정 하나님의 구원이었다.

> 여호와께서 나를 구원하시리니 우리가 종신토록 여호와의 전에
> 서 수금으로 나의 노래를 노래하리로다(사 38:20).

신약성경에 나오는 그리스어 동사 sōzō('구원하다', to save)와 관련된 명사 sōtēria('구원', salvation)도 구약의 의미와 비슷한 맥락으로 사용된다. 헬라어 '구원'의 어근의 기본적인 의미는 건강이 나빠지거나 풍랑과 같은 재난으로부터의 구출이다.[1] 그리스 철학자들은 때때로 이 단어를 무지한 상태나 혹은 잘못된 신념, 또는 미신으로부터의 해방을 의미하는 단어로 사용하기도 했다. 따라서 구약에서 구원이라는 용어가 민족적 또는 육체적 의미로 사용되다가 신약으로 넘어가면 영적이고 개인적인 것이 되었다고 말하는 것은 잘못된 해석이다. 구약의 맥락이나 신약의 맥락 모두 일반적인 용어로 구원에 대해 다루는 경우는 많다.

신약성경에 나오는 육체적 구원의 대표적인 예는 풍랑 가운데 구원하시는 예수의 이야기이다. 예수는 풍랑을 만나 익사 위기에 처한 제자들을 구원하셨고, 물에 빠진 제자 베드로를 구원하기도 하셨다.

> 바다에 큰 놀이 일어나 배가 물결에 덮이게 되었으되 예수께서는
> 주무시는지라. 그 제자들이 나아와 깨우며 이르되 주여 구원하소
> 서 우리가 죽겠나이다(마 8:24-25).

> (베드로가) 바람을 보고 무서워 빠져 가는지라 소리 질러 이르되 주
> 여 나를 구원하소서 하니(마 14:30).

---

1 Henry George Liddell, *A Greek-English Lexicon*, 8th ed. (Clarendon, England: 1901), 1521; Cf. Lois M. Wilson, president of both the Canadian Council of Churches (1976-1979) 그리고 the World Council of Churches (1983-1990).

물에서 베드로를 건져내는 사건은 분명 은유적인 신학적 해석이 가능하지만, 문자 그대로 베드로가 육체적 구원을 원했던 것은 분명하다. 그래서 크리스토퍼 라이트는 이 구절에서 베드로는 죽어서 천국에 가기 위한 구원을 구한 것이 아니라, 바로 그 자리에서 죽지 않기 위한 구원을 구한 것이라고 지적한다.[2]

마찬가지로 복음서 기자들도 예수의 치유 기적에 대한 많은 기록에서 같은 헬라어 단어 sōzō를 사용한다. 물론 어떤 경우에는 기적의 이면에 있는 영적인 차원을 강조하지만, 어떤 경우는 육체적 치유에 중점을 두기도 한다.

> 열두 해 동안이나 혈루증으로 앓는 여자가 예수의 뒤로 와서 그 겉옷 가를 만지니, 이는 제 마음에 그 겉옷만 만져도 구원을 받겠다 함이라. 예수께서 돌이켜 그를 보시며 이르시되 딸아 안심하라 네 믿음이 너를 구원하였다 하시니 여자가 그 즉시 구원을 받으니라(마 9:20-22, 세 번의 '구원' 모두 sōzō이다).

신약성경에서 구원 또는 구출은 위의 사례들과 같이 질병이나 장애의 치유를 의미하기도 하지만, 육체적 혹은 영적 위험으로부터의 구출에 대한 의미도 있다. 구원에 대한 풍부한 신학적 어휘를 구사하는 사도 바울은 시편의 언어와 매우 흡사하게 육체적 혹은 영적 위험과 적대감, 그리고 개인적인 공격으로부터 구출된 자신의 경험들을 묘사하기 위해 헬라어 용어 rhyomai ('구출', deliverance)를 사용한다.

> 우리는 우리 자신이 사형 선고를 받은 줄 알았으니 이는 우리로 자기를 의지하지 말고 오직 죽은 자를 다시 살리시는 하나님

---

2 Christopher J. H. Wright, *Salvation Belongs to Our God* (Downers Grove, IL: InterVarsity Press, 2007), 22.

만 의지하게 하심이라. 그가 이같이 큰 사망에서 우리를 건지셨고 또 건지실 것이며 이 후에도 건지시기를 그에게 바라노라 (고후 1:9-10, 여기서 3번의 '건지시다'의 원어가 모두 rhyomai이다).

2. 죄로부터의 구원

앞서 말했듯 구약성경과 신약성경 모두 하나님은 모든 종류의 필요, 위험, 위협으로부터 다양한 신체적, 물질적, 시간적 방법으로 그분의 백성을 구원하신다. 하지만 두 성경 모두에서 하나님의 구원 활동은 훨씬 더 풍성하고 심오하다. 이에 대해 라이트는 다음과 같이 말한다. "성경 이야기의 대부분은 하나님께서 이 땅의 '평범한' 고통, 궁핍, 모든 종류의 위험으로부터 사람들을 구원하기 위해 행동하시는 이야기들로 가득 차 있다... 그러나 성경은 하나님이 자기 백성을 구원하시는 행위는 인간 삶의 훨씬 더 깊은 무질서와 악으로부터의 구원임을 인식하고 있다."[3] (옮김이 역)

라이트의 주장은 명료하다. 적군, 질병, 억압, 거짓된 비난, 폭력, 죽음 등은 분명 하나님이 구원하시는 대상이지만, 그 모든 것의 가장 깊은 근원은 인간 마음속에 있는 하나님에 대한 반역과 죄의 결과이기도 하다는 것이다. 성경의 가장 초기 이야기, 즉 창세기의 '선악과 사건'에서 매우 분명하게 보여주듯이, 인간의 모든 문제의 가장 깊은 근원에는 바로 죄의 문제가 있다. 하나님에 대한 인간의 반역과 불순종의 결과는 인간성(human personhood)의 모든 차원, 인간 사회의 모든 차원, 그리고 현재도 진행 중인 인류 역사의 슬픈 사건들에 참혹한 영향을 끼친다. 이에 대해 바울은 로마서 5장 12절에서 "그러므로 한 사람으로 말미암아 죄가 세상에 들어오고 죄로 말미암아 사망이 들

---

3 Wright, *Salvation Belongs to Our God*, 24.

어왔나니 이와 같이 모든 사람이 죄를 지었으므로 사망이 모든 사람에게 이르렀느니라"라고 말한다.

성경에 나타나는 죄로부터의 구원

세례 요한은 예수의 오심과 그분의 사역을 준비하며 회개와 죄 사함의 메시지를 전했는데(마 3:6), 요한은 예수를 "세상 죄를 지고 가시는 자"(요 1:29)라고 인식하였다. 사도 마태는 '예수(yehoshua)'라는 이름에 대한 가브리엘 천사의 묘사를 기록한다. "자기 백성을 그들의 죄에서 구원할 자"(마 1:21). 사도 바울 또한 구원을 성육신의 중심이자 절정이라고 보는 복음서 기자들의 설명과 같은 맥락으로 말한다. 예수는 왜 이 땅에 오셨나? 더 정확하게 말하면, 하나님은 왜 인간의 육신을 입고 이 세상에 오신 건가? 바울은 이 중요한 질문의 대답에 대해 "모든 사람이 받을 만한 말"(딤전 1:15a)로서 다음과 같이 말한다. "그리스도 예수께서 죄인을 구원하시려고 세상에 임하셨다"(딤전 1:15b).

앞서 말했듯, 예수 그리스도의 속죄를 다룬다고 해서 죄로부터의 구원은 신약의 관점만은 아니다. 구약의 이스라엘 사람들은 죄의 근본적인 깊이에 대해 알고 있었으며, 그들의 제사 제도를 포함한 방식들이 도달할 수 없는 부분은 오직 여호와의 은혜만이 정결하게 해줄 수 있다는 사실도 알고 있었다.

> 허물의 사함을 받고 자신의 죄가 가려진 자는 복이 있도다. 마음에 간사함이 없고 여호와께 정죄를 당하지 아니하는 자는 복이 있도다(시 32:1-2).

> 하나님이여 주의 인자를 따라 내게 은혜를 베푸시며 주의 많은 긍휼을 따라 내 죄악을 지워 주소서. 나의 죄악을 말갛게 씻으시며 나의 죄를 깨끗이 제하소서(시 51:1-2).

마찬가지로 이스라엘 백성들은 그들의 죄를 완전히 제거하고 더 이상 기억하지 않는 하나님의 자비에 기뻐했다.

> 우리의 죄를 따라 우리를 처벌하지는 아니하시며 우리의 죄악을
> 따라 우리에게 그대로 갚지는 아니하셨으니, 이는 하늘이 땅에서
> 높음 같이 그를 경외하는 자에게 그의 인자하심이 크심이로다(시
> 103:10-11).

미가 선지자는 위 시편들에서 보이는 하나님의 영구적인 용서의 위업을 바다에 대한 은유로 표현한다.

> 다시 우리를 불쌍히 여기셔서 우리의 죄악을 발로 밟으시고 우리
> 의 모든 죄를 깊은 바다에 던지시리이다(미 7:19).

이사야 선지자는 고질적이고 도저히 고칠 수 없는 이스라엘의 지속적인 반역에도 불구하고 하나님께서 어떻게 그토록 자신을 화나게 한 죄악들을 없애겠다고(blot out) 확언하시는지 설명할 수 있는 것은 오직 하나님의 주권적인 은혜 외에 없다는 것을 깨닫는다.

> 나 곧 나는 나를 위하여 네 허물을 도말하는(blot out) 자니 네 죄를
> 기억하지 아니하리라(사 43:25).

하지만 그러한 은혜는 아무 대가 없는 은혜가 아니었다. 그 모든 죄(sin)와 죄악(iniquity)은 여호와의 종에게 짊어지게 되고, 그것이 그 종의 사명이다. 또한 실제로 그렇게 함으로써 자신의 목숨을 하나님 앞에 속죄 제물로 바친다(사 53:10-12). 이사야의 말과 같이 에스겔도 하나님께서 이스라엘을 그들의 죄

에서 깨끗하게 하시고 그들에게 새 마음과 새 영을 주실 날을 고대했으며(겔 36:24-28), 에스겔에게 그 변화의 날은 진정한 부활의 날이었다(겔 37장).

구약성경의 기자들은 죄의 내적인 영적 실체에 대해 알고 있었으며, 그 실체에 대한 해결책, 즉 이스라엘의 하나님 여호와 구원의 용서에 대해서도 깊이 인식하고 있었다. 따라서 미가 선지자가 자신의 이름('누가 여호와와 같은 신인가')의 의미를 보이며 다음과 같은 수사적 질문을 던지는 것은 당연한 결과다. "주와 같은 신이 어디 있으리이까" (미 7:18).

원죄를 긍정하는 이유

모든 사람이 죄를 지니고 태어나는 것이 아니라면, 어떤 사람은 죄를 갖고 있지 않으므로 그의 죄를 용서받을 필요가 없다. 하나님 앞에서 죄라고 정죄되는 것이 단순히 도덕적으로 죄를 의식하며 저지른 죄만 해당한다면, 인류의 상당수는 무죄로 간주될 수 있을 것이다. 그러한 자들의 예로는 영적·도덕적 책임을 깨닫기 전에 죽는 유아나, 정신적 문제로 인해 도덕적 구별을 할 수 없는 사람들이 포함될 수 있다. 이런 맥락으로 다원주의자들은 '모든 인간'에게 원죄가 있다는 것을 부정한다.

그러나 티센은 하나님이 계시하신 성경의 분명한 가르침은 모든 사람이 아담의 죄로 인해 사실상 유죄의 상태에 있으며, 따라서 의롭고 거룩하신 하나님 앞에서 죄를 용서받고 무죄를 선언 받아야 하는 당위로서 구원받아야 한다고 주장한다. 티센은 이에 대해 네 가지 근거를 제시한다.[4]

첫째, 성경은 율법을 지킴으로써 구원받을 수 있는 사람은 아무도 없다고 분명하게 말한다 (시 143:2, 롬 3:20, 행 13:39, 갈 2:16). 인간의 문제는 '죄를 향한 무서운 성향'을 가지는 존재적 타락으로 인해 율법을 온전히 지킬 수 없다는 것

---

4 Tiessen, *Who Can Be Saved?*, 74–80.

이다. 그러나 티센의 주장을 더 근본적으로 말하면, 우리 인간에게 '이미' 죄가 있고, 따라서 '이미' 정죄를 받았기 때문에 율법을 지킴으로써 구원을 받는 건 애초부터 불가능하다. 다시 말해, 인간이 타락한 결과로서 죄를 짓는 것이 아니고, 피조물인 인간은 존재적으로 불완전하여 죄를 지을 여지가 있기에 완전한 신인 거룩하신 하나님으로부터 멀어질 수밖에 없다는 것이다.

로마서 5장 12절은 모든 사람은 이미 아담 안에서 죄를 지었음을 말한다.[5] 인간은 단지 죄를 짓기 쉬운 존재가 아니라는 것이다. 존재 자체가 이미 죄성을 가지고 있는 존재이다. 이런 메시지는 로마서 3장 23절에서도 반복된다. 바울은 서신의 수신자들에게 "모든 사람이 죄를 범했다"(헬라어로 '아오리스트 시제')고 말하며, 따라서 "모든 사람은 하나님의 영광에 이르지 못하고 있다"고 말한다('현재 시제'). 크리스토퍼 라이트는 이 구절의 아오리스트(the aorist)는 예루살렘 역본인 성서를 제외하고는 거의 모든 번역본에서 보편적인 완료 시제('all have sinned', '모든 사람이 죄를 지었다')임에도 불구하고 어느 특정 한 순간을 나타낸다고 주장한다.[6]

또한 바울이 1:18-25와 7:7-12에서는 죄의 그늘 아래 숨어 있다가 5:12-21에서 빛으로 나아오는 아담의 모습을 의도적으로 그리고 있다고 라이트는 주장한다.[7] 바울의 이런 의도를 고려하면, 우리 모두는 아담 안에서 죄를 지었고 또한 계속 죄를 지음으로써 영광스럽게 창조된 하나님의 형상에 미치지 못하기에, 결국 모든 사람은 구원을 필요로 한다. 실제로 당시 유대 문학에서 '하나님의 영광을 잃는 것'은 아담의 타락과 밀접하게 연관되어 있으며, '아담의 영광을 되찾는다'는 의미는 고대하는 구원(the expected redemption)의 핵

---

5 이 포인트는 프란시스 튜레틴(Francis Turretin)이 처음 제기한 것이다. 롬 5:12가 말하는 죄는 습관적인 죄가 아니라 단 한 번의 죄를 가리킨다는 그의 주장은 루이스 존슨(S. Lewis Johnson), 레온 모리스(Leon Morris), 필립 휴즈(P. E. Hughes), 그리고 개혁주의 전통의 많은 신학자들에 의해 이어진다. 이에 대해선 다음 저서를 참고. Henri Blocher, *Original Sin: Illuminating the Riddle, New Studies in Biblical Theology* (Downers Grove, IL: InterVarsity Press, 1997), 72.
6 N. T. Wright, "The Letter to the Romans: Introduction, Commentary and Reflections," in *The New Interpreter's Bible* (Nashville, TN: Abingdon, 2002), 10:470.
7 Wright, "Letter to the Romans," 10:470.

심적 특징을 가진다.

이와 같이, 원죄는 인간의 본성을 결정하고 인간의 행동이 그에 맞춰 행동하게 한다. 우리는 죄인이기에 죄를 짓는다. 우리는 죄로 인해 하나님으로부터 멀어졌기에, 하나님과 교제하는 피조물들(동식물과 같은 자연)에게서 보이는 그러한 순수한 선함이 결여되어 있다.

티센이 원죄를 긍정하는 두 번째 이유는 로마서 5장 12~19절이 죄와 사망의 통로를 "한 사람"의 죄와 분명하게 연관시키고 있기 때문이다. 12~19절 사이에 바울은 "한 사람의 한 범죄"를 네 번이나 반복한다. 그리고 이 단 번의 불순종 행위는 그리스도가 행한 단 번의 의로운 행위와 대조된다. 이에 대해 프랑스 복음주의 신학자 앙리 블로쉐(Henri Blocher)는 로마서 5장 18절에서 바울이 모든 인간을 죄인으로 만든 단 한 번의 불순종 행위를 강조하기 위한 문체는 너무나 집요해서, 아담을 단순히 죄의 먼 과거의 원인 제공자 정도로만 생각하면 바울의 그 집요한 표현이 가진 의도와 일치하지 않는다는 매우 탁월한 통찰을 한다.[8] 12절의 "모든 사람이 죄를 지었으므로"라는 구절을 제외하게 되면, 바울은 그 어디에서도 인류의 실제적인 죄의 경향이나 행동을 정죄의 근거로 제시하지 않는다.

블로쉐의 주장과 같은 맥락으로 밀라드 에릭슨 또한 한 개인이 첫 번째 죄의 행위를 저지르기 전까지는 결백하고 죄책감에서 자유로운 상태로 보는 것은 타당하지 않다고 주장한다.[9] 오히려 옳고 그름의 현실을 의식하게 되는 순간, 그 사람은 더 분명하게 자신이 행한 과거의 행동들이 죄 가운데 있었다는 것을 깨닫게 된다. 그렇게 되면 인간은 자신의 죄에 대한 성향, 즉 죄의 본성(the sinful nature)을 가진 자신의 본질적인 타락(depravity)을 인식하게 된다. 그리고 이에 대한 적절한 반응은 혐오와 거부감이어야 하는데, 그 죄의

---

8 Blocher, *Original Sin*, 67.
9 Erickson, *How Shall They Be Saved?*, 250.

성향을 거부하지 못하면 자신의 죄를 묵인하거나 받아들이는 게 된다. 첫 인류인(혹은 인간 존재의 원형인) 아담이 그렇게 한 것이다. 그는 자신이 행한 죄를 거부하지 않고 묵인함으로서 내적 죄책감을 가진 채 자신의 본질적인 죄성을 묵인하였다. 이 지점에서 에릭슨은 놀라운 통찰을 제공하는데, 에릭슨은 아담의 이러한 죄 행위에 대한 묵인의 순간을 십자가 위에서 구원의 믿음을 태동시키는 그리스도의 모든 죄에 대한 묵인의 순간과 연결시킨다.[10]

구원에 관한 질문을 다루는 본서에서는 지각 능력이 없는 유아들의 구원 문제는 따로 깊이 다루지 않을 것이다. 그리스도에 대한 확실한 믿음의 고백을 하기 전에 삶의 마지막을 맞이한 유아들의 구원 문제는 별도의 긴 논의가 필요한 부분이기 때문이다. 그러나 잠시 언급을 하자면, 삶의 시간을 마치고 사후에 하나님의 은혜로 하나님 나라 백성이 된 모든 자들은 그리스도의 속죄 사역으로 인해 그곳에 있다는 것이 가장 중요한 신학적 전제이다. 따라서 유아 시기에 죽은 자들이 하나님 나라에 있다면, 그들은 아무리 스스로 죄를 지은 적이 없는 어린 아이였더라도 근본적으로 그리스도에 의해 구속된(redeemed) 죄인이어야 한다. 티센이 말하듯이, 그들의 죄와 그 구속의 필요성은 아담으로부터 시작된 전 인류의 죄의 관점, 즉 원죄의 관점에서 이해될 수 있는 것이다.[11]

모든 인류가 아담 안에서 죄인이라는 세 번째 이유, 바울이 아담과 그리스도를 비유(analogy)하며 말하고 있는 그런 속죄의 근거가 있어야만 인간의 행위적 의로움(works-righteousness)과 보편주의(universalism) 모두의 결정적인 오류를 피할 수 있기 때문이다. 바울이 비유한 아담-그리스도의 비유가 '자발적으로 전가된 타락'이라는 방식으로 진행된다면, 그저 그리스도의 모범을 따르는 실제적이고 자발적인 의에 의한 구원으로 이어지게 된다. 다시 말해, 우리가 자발적으로 죄를 저질러서 아담의 죄의 결과를 전유했기 때문에 죄

---

10 Erickson, *How Shall They Be Saved?*, 251.
11 Tiessen, *Who Can Be Saved?*, 79.

인이 된 것이라면, 우리가 자발적으로 의로운 행위를 함으로써 의인이 될 수도 있게 된다. 그리고 이런 의로운 행위가 바로 그리스도의 의에 합당한 믿음이 될 것이다. 그러나 우리가 이런 식으로 인식하며 믿음을 단지 의롭게 되는 행위로만 삼는다면, 그것은 인간의 구원에 필요한 하나의 공로적인 행위를 요구하는 믿음인 것이다. 죄인 아담과 구원자 그리스도에 대한 바울의 비유가 그런 식으로 이해된다면, 자발적으로 전유된 타락은 자발적으로 전유된 의로 인해 온전한 구속이 가능하다는 것인데, 이는 하나님의 구원의 은혜에 대한 치명적인 오해를 불러온다.[12]

원죄를 긍정해야 하는 마지막 네 번째 근거는 바울이 죄의 보편성이나 죄의 전파 방식을 설명하는 데 관심을 두지 않았다는 것이다. 모든 사람이 아담 안에서 죄인이라는 것은 나와 상관없는 누군가가 어떠한 죄를 지어 그 자가 죄인이 되었다는 것이 아니라, 나 자신이 그 아담의 죄에 대해서 개인적 또는 '적절한' 자(proper one)라는 것이다. 이 사실을 바울은 명확하게 설명하지 않지만, 모든 인간이 아담의 죄에 연루되어 있다는 사실을 확언하고 있는 것은 분명하다. 이에 대해 네덜란드의 신약학자 헤르만 리델보스(Herman N. Ridderbos)는 그의 유명한 책 『Paul: An Outline of His Theology』에서 다음과 같이 설명한다.

> 아담의 하나님으로부터 소외된 상태, 즉 존재가 타락한 아담의 상태는 아담 자신과 그의 후손들에게 하나님을 향한 불순종이라는 그의 첫 번째 죄를 즉각적으로 따른다. 다시 말해, 인간 존재의 원형을 나타내는 죄인 아담과의 관계로 인해 그의 후손들은 존재하기 시작할 때부터 영향을 받는다. 이것이 아직 겉으로 드러나지 않는 가장 배아적 형태(embryonic form)일지라도, 죄를 향한 의지

---

12 Tiessen, *Who Can Be Saved?*, 79.

의 성향을 내포하고 있다는 점에서 자발적인 것이며 결국 죄책이
있는 것이다.[13] (옮긴이 역)

리델보스는 어미의 배 속에 있는 태아는 그의 삶이 시작될 때부터 비록 자
의지가 발달되지는 않았지만 존재하고 있으며, 그러한 인간의 존재성은 앞
으로 필연적으로 발전할 고의적인 행위, 즉 죄책을 수반하는 하나님에 대한
적대감을 구성한다고 주장하는 것이다. 따라서 죄인으로 태어난다는 것은
형벌(penalty)이나 엄밀히 말해서 죄가 전이된 결과가 아니라, 아담 이후 인간
에게 실존적이고 영적인 진실이다.[14]

3. 하나님의 고유한 정체성

기독교인들은 구원에 대해 말할 때, '구원'이라는 단어를 성경에서 말하는
것과 같은 맥락에서 사용한다. 그들이 말하는 말의 근거가 성경이라는 것이
다. 마찬가지로, 기독교인들이 하나님에 대해 말할 때에도 성경이 말하고 있
는 '하나님'이라는 단어를 사용하는 것이다. 따라서 우리가 '하나님'이라는
단어를 사용할 때마다 성경에 계시된 하나님에 대해 말하고 있다는 점을 분
명히 인식하는 것은 매우 중요하다. 성경이 말하는 하나님의 정체성은 요한
계시록 7장 10절 "구원은 우리 하나님께 속한 것이니"에서 도출된 구원의 정
의에 영향을 미친다. 이 구절은 사도 요한이 구원의 영광을 누리고 있는 자
들이 누가 자신들을 구원했는지 정확히 알고 있다는 것을 매우 분명하게 보
여준다. 분명 '구원은 하나님의 것'이다. 이는 구원이 우리의 것이 아니라 '하
나님의 소유'라는 것을 의미한다. 하나님의 소유라는 의미는 하나님만이 전

---

13 Herman N. Ridderbos, *Paul: An Outline of His Theology* (Grand Rapids: Eerdmans, 1975), 95.
14 Ridderbos, Paul, 129.

적인 권한을 가지고 있으며 그분의 자유로운 결정에 속한다는 것이다. 즉, 하나님은 다른 신들은 될 수 없는 구원하시는 하나님(the saving God)이시기에, 구원은 하나님의 중요한 정체성이다.

하나님의 소유로서의 구원

크리스토퍼 라이트는 요한계시록 7장 10절에 나타난 찬가에 대해 유익한 설명을 제공한다. 이 구절의 형식은 히브리어의 문법적 특성이 잘 드러나는 구절로서 구약성경의 기자가 자신을 표현하는 방식과 유사하다. 라이트는 이에 대해 다음과 같이 설명한다.

> 요한계시록 7장 10절은 시편 24편의 첫 구절인 "땅과 거기에 충만
> 한 것과 세계와 그 가운데에 사는 자들은 다 여호와의 것이로다"
> 와 같은 구조로, 즉 땅은 여호와의 것이며 그분의 소유물이라는
> 뜻이다. 또한 신명기 10장 14절, "하늘과 모든 하늘의 하늘과 땅
> 과 그 위의 만물은 본래 네 하나님 여호와께 속한 것이로되"에 나
> 와 있는 수사적 구조와도 동일하다. 이것이 바로 구속받은 수많
> 은 사람들이 자신들의 구원에 대해 찬양하는 내용이다. 구원은
> 우주의 모든 것과 마찬가지로 하나님의 것이다. 구원은 하나님의
> 소유다. 그 누구도 그것을 소유할 수 없다.[15] (옮긴이 역)

라이트는 '구원은 하나님의 소유'라고 분명히 말하며 구원을 하나님께 속한 것으로 규정한다. 우리는 구원에 대해 우리 자신을 중심으로 생각하는 경향이 있다. 우리는 내가 어떻게 하나님의 구원을 소유하게(possess) 되었는지 다

---

15 Wright, *Salvation Belongs to Our God*, 38.

른 사람에게 말하고 싶은 유혹을 받는다. 그러나 구원은 어느 한 사람을 중심으로 말할 수 있는 것이 아니다. 하나님의 구원은 그 누구도 소유(own)할 수 없다.

성경의 증언에 따르면, 구원은 하나님의 은혜로 시작되고(엡 2:8), 하나님의 능력으로 이루어지며(롬 1:16), 하나님의 조건으로 제공되고(왕하 19:19), 하나님의 약속으로 보장된다(창 12:3). 성경은 하나님이 인간을 구원하는 행위의 주체임을 지속적으로 명확하게 보여준다. 구원은 종교들을 포함한 그 어떤 수단으로도 얻을 수 없다. 구원은 오직 하나님의 손에 달려 있는 것이다.

구원에 대한 위와 같은 성경적 관점은 구원을 인간이 노력해서 얻을 수 있는 것으로 여기는 종교들(간혹 그렇게 주장하는 기독교의 아류 포함)과 대조된다. 종교다원주의자들은 구원을 산 정상에 도달하는 것으로 자주 묘사한다. 각 종교들은 산을 오르는 서로 다른 길과 같으며, 그 길들의 끝에는 하나의 정상, 즉 하나의 공통된 신의 구원이 있다고 말한다. 우리는 모두 각기 다른 경로를 통해 구원에 도달하려고 노력하고 있다는 것이다.[16] 이 견해를 지지하는 사람 중 영향력 있는 신학자가 앞서 자주 언급된 존 힉이다. 존 힉은 세계 각 주요 종교들의 훌륭한 신앙들은 다양한 인간 존재 방식 안에서 '실재'(the Real)에 대한 서로 다른 인식과 개념, 그에 따른 서로 다른 종교적 반응을 구현하고 있고, 이를 통해 신자들의 존재 방식이 자기중심성에서 신중심성으로 변화하고 있는 것을 보여준다고 믿는다. 따라서 다양한 종교전통들은 인간이 구원, 해방, 깨달음을 발견하는 대안적인 구원론적 '공간' 또는 '길'로 정당하게 간주되어야 한다고 주장한다.[17]

힉의 주장대로 일반적으로 종교들은 구원에 대해 본질적으로 '공간'이나 '길'을 찾는 것과 같은 인간의 노력의 차원에서 설명한다. 하지만 성경은 그

---

16 다음 저서를 참고, Samartha, *One Christ—Many Religions*. 인도철학자 S. Radhakrishnan 역시 다음과 같이 말한다. "All historical religions are different forms of the true religion of the spirit at various stages of the march to the same mountain top of spiritual realization," in Thomas, *The Acknowledged Christ*, 159.
17 John Hick, *An Interpretation of Religion*, 2nd ed. (New Haven: Yale University Press, 2004), 240.

러한 모든 인간의 노력들이 구원에 관하여는 궁극적으로 기여할 수 있는 바가 없기 때문에 그러한 노력들의 긍정적 결과를 단호히 거부한다. 구원은 오직 하나님과 하나님이 예수 그리스도를 통해 친히 행하신 일에 근거하여 하나님이 주시는 사람들에게만 주어지는 것이다.

종교다원주의에 대한 논의에서 주로 나오는 논쟁적 사안은 '타 종교에도 구원이 있는가'이다. 타종교 구원의 가능성에 대해서는 4장에서 자세히 다루겠지만, 여기서는 당장 짚고 넘어가야 하는 지점만 언급하겠다. 타종교의 구원에 대한 앞선 질문의 형식 자체가 매우 큰 오해의 소지가 있다. 이 질문은 성경적으로 잘못된 가정을 하고 있다. 그 가정은 구원이 인간이 특정 종교나 어떠한 종교적 신념으로부터 얻어질 수 있다는 것이다. 심지어 일부 기독교인들도 죄의 결과로부터 구원받는다는 개념인 구원을 기독교라는 종교로부터 얻는다고 여긴다. 하나님의 주권적 영역인 구원을 특정 종교의 영역에 국한해서 생각을 하면 구원에 대한 더 깊은 차원의 논의의 여지가 없어진다. 따라서 더 본질적인 질문은 타종교 사람들이 '해당 종교로부터' 이 구원을 얻을 수 있는지의 여부이다.

성경에 따르면 종교는 그 누구도 구원하지 못한다. 하나님이 구원하시는 것이다. 이러한 맥락으로 칼 바르트는 종교에 담긴 하나님의 계시에 관하여 다음과 같은 흥미로운 통찰을 제공한다.

> 요한계시록은 교회(the Church)를 참된 종교의 진원지(the locus)로 지목한다. 하지만 그렇다고 해서 기독교 종교가 인간 종교의 완성된 본성(the fulfilled nature)이라는 의미는 아니다. 기독교 종교가 다른 모든 종교들보다 근본적으로 우월한 참 종교라는 의미도 아니다. 기독교 종교의 진리와 하나님 계시의 은혜 사이의 연관성은 아무리 강조해도 지나치지 않다. 우리는 교회가 하나님의 은혜를 통해 존재하며, 그러기에 교회가 참 종교의 진원지(the locus)라는

사실을 특별히 강조해야 한다.[18] (옮긴이 역)

교회를 종교의 진정한 진원지로서 신학적으로 다루는 것은 본서의 논의와 직접적인 관련은 없지만, 바르트의 이 통찰은 왜 기독교 자체가 구원의 원인이 될 수 없는지에 대한 유용한 설명을 제공하기 때문에 의미가 있다. 분명한 것은 기독교인이 제도적으로 기독교인이 되었고 기독교의 모든 종교적 의식을 수행한다고 해서 구원받는 것은 아니다. 하나님께서 그리스도 안에서 우리를 위하여 구원을 이루기 위한 행위를 하셨기 때문에 우리는 구원을 받으며, 그리스도는 우리에게 그분 안에서 행하신 하나님의 구원의 의지를 믿으라고 요청한다. 우리가 행하는 어떠한 종교적 행위도 구원의 수단이나 원인이 될 수 없다. 그러니 우리가 속한 기독교 종교는 구원의 주체가 아니라, 하나님의 구원 행위에 대하여 믿음과 삶으로 응답하는 수단을 제공하는 장소(the locus)이다. 하나님의 구원은 마치 우리가 어떻게든 우리 자신을 구원하는 데 스스로 조정할 수 있는 것처럼 우리의 종교적 활동에 의해 만들어지는 것이 아니다.

물론 성경에는 하나님의 대리인(human agency)에 의해 구원이 이루어진 사례가 상당수 존재한다. 즉, 사람들이 구원받는 과정에 특정 인물이 관여하는 경우가 있다. 그럼에도 불구하고 구원하는 힘과 능력의 근원은 여전히 하나님께 있다. 예를 들어, 사사기를 보면 기드온은 이스라엘을 구원하러 가라는 명령을 받는다. 기드온이 이스라엘의 구원자가 될 수 있었던 것은 오직 하나님이 그와 함께하셨기 때문이다.

> 여호와께서 그를 향하여 이르시되 너는 가서 이 너의 힘으로 이스라엘을 미디안의 손에서 구원하라 내가 너를 보낸 것이 아니냐

---

18 Barth, "The Revelation of God," 6.

하시니라(삿 6:14).

　하지만 기드온이 군대를 소집했을 때, 전쟁을 시작하기도 전에 군대의 숫
자가 일련의 사건들을 통해 체계적으로 줄어든다.

> 여호와께서 기드온에게 이르시되 너를 따르는 백성이 너무 많은
> 즉 내가 그들의 손에 미디안 사람을 넘겨주지 아니하리니 이는
> 이스라엘이 나를 거슬러 스스로 자랑하기를 내 손이 나를 구원하
> 였다 할까 함이니라... 여호와께서 기드온에게 이르시되 내가 이
> 물을 핥아 먹은 삼백 명으로 너희를 구원하며 미디안을 네 손에
> 넘겨주리니 남은 백성은 각각 자기의 처소로 돌아갈 것이니라 하
> 시니(삿 7:2,7).

　신약학자 수잔 니치(Susan Nidtch)는 위 구절에서 보이는 기드온 군대의 전투
력 축소를 야기한 일련의 사건들은 그 전투가 하나님이 직접 통제하는 거룩
한 전쟁에 속한다는 것을 보여주고 있는데, 전투의 승리는 오직 진정한 전사
인 하나님의 능력을 보여주기 위함이라고 말한다.[19] 다시 말해, 하나님께서
기드온 진영의 군세를 줄이신 목적은 승리의 진정한 근원은 군대의 규모가
아니라 하나님임을 알려주시기 위함이다.

　마찬가지로, 골리앗에 다윗의 대한 승리 또한 구원의 능력을 가진 신이 누
구인지 만천하에 보여주는 사건이었다. 다윗은 당시 이스라엘을 구원할 인
간 대리인(human agency)이었지만, 다윗은 다음과 같이 말하며 진정한 구세주
가 누구인지 선언했다. "여호와의 구원하심이 칼과 창에 있지 아니함을 이
무리에게 알게 하리라 전쟁은 여호와께 속한 것인즉 그가 너희를 우리 손에

19　Susan Nidtch, *Judges: A Commentary* (Louisville, KY: Presbyterian Publishing Corporation, 2011), 97.

넘기시리라(삼상 17:47).

하나님 정체성으로서의 구원

"구원은 우리 하나님께 속하였도다"(Salvation belongs to our God). 요한계시록 7장 10절에 나오는 구속받은 자들의 찬가 표현은 매우 구체적이다. 그들의 표현은 추상적이고 초월적인 개념으로서의 구원과 하나님 사이에 어떤 종류의 연관성이 있다는 것을 말하고 있지 않다. 이 구원의 증인들은 구원이 '우리'(our) 하나님, 즉 '성경의 계시와 구속의 하나님, 구약성서 속 이스라엘의 하나님 여호와, 우리 주 예수 그리스도의 하나님이자 아버지'에게 속해 있다고 자신 있게 외치고 있다.[20]

구원받은 그들의 표현대로, 하나님을 다른 모든 신들보다 특별하고 구별되게 만드는 것은 바로 하나님의 구원의 능력(saving ability)과 활동(activity)이다. 그분의 본성은 '구원하시는 것'이다. 그리고 그 구원의 하나님은 이스라엘 민족의 역사에서 그것을 증명하셨다.

> 네가 있기 전 하나님이 사람을 세상에 창조하신 날부터 지금까지 지나간 날을 상고하여 보라 하늘 이 끝에서 저 끝까지 이런 큰 일이 있었으냐 이런 일을 들은 적이 있었느냐. 어떤 국민이 불 가운데에서 말씀하시는 하나님의 음성을 너처럼 듣고 생존하였느냐. 어떤 신이 와서 시험과 이적과 기사와 전쟁과 강한 손과 편 팔과 크게 두려운 일로 한 민족을 다른 민족에게서 인도하여 낸 일이 있느냐 이는 다 너희의 하나님 여호와께서 애굽에서 너희를 위하여 너희의 목전에서 행하신 일이라. 이것을 네게 나타내심은 여

---

20 Wright, *Salvation Belongs to Our God*, 45.

호와는 하나님이시오 그 외에는 다른 신이 없음을 네게 알게 하
려 하심이니라... 그런즉 너는 오늘 위로 하늘에나 아래로 땅에
오직 여호와는 하나님이시오 다른 신이 없는 줄을 알아 명심하고
(신 4:32-35, 39).

여기서 모세는 이스라엘 역사의 위대한 사건들, 즉 시내산에서 받은 하나
님의 계시와 출애굽을 통한 하나님의 구원을 회상한다. 다른 어떤 민족의 역
사에서도 이와 같은 일들은 일어나지 않았다. 신명기 4장에서 모세가 선포
하고 있는 그때까지 구약의 이스라엘이 경험한 하나님의 구원은 전례가 없
었고(다른 어느 시대에도 없었던), 비교할 수 없는(다른 어떤 민족에게도 없었던) 것이었
다. 크리스토퍼 라이트는 이 점에 주목하며 모세는 이스라엘의 이 독특한 역
사적 경험이 그들의 유일한 하나님에 대해 증명한다고 말한다.[21] 즉 모세는
일련의 구속적 사건들을 통해 이스라엘 백성이 참되고 살아계신 하나님이
누구신지 정확히 알게 됨을 말하고 있는 것이다.

이스라엘 백성들은 그들을 향한 하나님의 구원 활동을 통해 하나님의 정체
(identity)를 알게 되었다. 그들은 하나님이 누구신지(who God is) 그분의 보여지는
활동을 통해 분명하게 인식했다. 살아계신 하나님은 자신을 여호와로 계시하
셨고, 이스라엘 민족의 역사 속에서 결정적으로 행동하신 하나님이었다.

성경에 나오는 이스라엘 민족의 추모 관습(the memorial practices)을 살펴보면
성경이 '하나님을 아는 것'을 강조하고 있다는 걸 알 수 있다. '하나님을 안다
는 것'은 단순히 신의 존재를 아는 것이 아니며, 성경에 나오는 신에 대한 진
리나 진술을(분명 그것은 진실임에도) 안다는 것을 의미하는 것도 아니다. 그보다
는 성경이 말하는 신이 누구인지, 즉 누가 진정한 신인지를 아는 문제이다.
참 하나님은 구원하시는 능력을 통해 그분의 정체성을 가장 명확하게 증명

---

21 Wright, *Salvation Belongs to Our God*, 46.

하셨다. 이스라엘 백성들은 여호와 홀로 그들을 구원하시기에 여호와만을 인정해야 했다. "애굽 땅에 있을 때부터 나는 네 하나님 여호와라 나 밖에 네가 다른 신을 알지 말 것이라 나 외에는 구원자가 없느니라"(호 13:4).

'구원하는 것(saving)'은 성경이 말하는 하나님(the biblical God)의 주된 활동이자 특징이다. 구약성서의 저자들이 "여호와는 구원이시다"라고 명료하게 말할 수 있을 정도로 구원은 하나님의 전형적인 특징이다. 예컨대, 시편에서 분명하게 여호와는 구원하시는 하나님이다. 여호와는 "나의 구원의 하나님, 나의 구세주"(시 18:46, 25:5, 51:14), "나의 구원의 뿔"(시 18:2), "나의 구원의 반석"(시 89:26, 95:1), "나의 구원이요 나의 영광"(시 62:6-7), "나의 구세주요 나의 하나님"(시 42:5)이다. 이스라엘 민족의 예배와 가르침은 끊임없이 하나님과 구원을 연결시켰다.

신약성경으로 넘어가면, 마태복음에서 하나님의 천사는 요셉에게 약혼자 마리아의 뱃 속에 있는 아이를 "그가 자기 백성을 그들의 죄에서 구원할 것"(마 1:21)이라는 뜻을 가진 '예수'라고 이름 짓도록 지시한다. 예수라는 이름 자체가 문자 그대로 '여호와는 구원'이라는 뜻이다. 미국의 신약학 교수 안나 케이스-윈터스(Anna Case-Winters)는 예수라는 이름이 여호수아라는 이름과 마찬가지로(둘 다 당시에는 흔한 이름이었다) '여호와가 구원하신다'는 의미이고, 이는 구원에 대한 신앙의 확신이기에 예수 이름 자체가 하나님의 정체성을 어떻게 조명하고 있는지 설명한다고 말한다.[22] 즉 구약에서 여호와로, 그리고 신약에서 나사렛 예수로 계시된 하나님의 속성은 그 무엇보다도 구원하시는 하나님이다.

또한 누가복음에서 누가는 나이 든 시몬이 아기 예수를 직접 만나는 장면을 묘사한다. 시몬은 하나님의 영을 통해 "주의 그리스도"(the Lord's Messiah, 눅 2:26)를 보기 전에는 죽지 않을 것이란 말을 들었다. 그러던 어느 날, 결국 그

---

22 Anna Case-Winters, *Matthew: A Theological Commentary on the Bible* (Louisville, KY: Westminster John Knox Press, 2015), 25.

는 아기 예수를 품에 안을 수 있었다. 시몬은 요셉과 마리아에게 아기의 이름을 물었고, 마리아가 아기의 이름을 알려주자, 그는 감격의 찬송을 부르며 하나님께 감사 기도를 올렸다. "이제 내 눈이 주의 구원을 보았나이다"(눅 2:29-30). 하나님의 구원은 시몬의 품에 안겨 있었다.

복음서뿐만 아니라 많은 바울서신에서도 하나님의 정체성을 구원하시는 분으로 정의한다. 평생 이스라엘의 하나님을 구세주로 섬겨온 유대인 바울은 디도에게 보낸 짧은 편지에서 세 개의 장에 걸쳐 "우리 구주 하나님"과 "우리 구주 예수 그리스도"라는 문구를 여섯 번이나 반복하며(딛 1:3, 4; 2:10, 13; 3:4,6), 자기 신앙의 토대를 예수 그리스도의 이름과 사역에 연결시켰다. 이처럼, 성경은 구약에서부터 신약에 이르기까지 전반에 걸쳐 하나님의 정체성을 끊임없이 구원의 관점에서 정의하고 있다.

4. 하나님의 언약 이야기

지금까지 "우리 하나님"을 지칭하는 것은 구약성경의 긴 역사적 여정, 그리고 신약성경의 다양한 묘사에 이르기까지 이스라엘 백성과 함께하신 하나님을 말하는 것임을 살펴보았다. 성경에 나오는 여러 언약에 대한 이야기들은 하나님의 이야기이다. 하나님은 실제 역사 속에서 실제 사람들과 관계를 맺으셨고, 성경은 그 관계에 대한 이야기이다. 또한 하나님의 모든 언약에는 구원이라는 하나의 통일된 주제가 있기 때문에 '구원의 이야기'이기도 하다.

언약의 진행

우선 하나님의 구원의 은혜는 노아와의 언약에서 분명하게 드러난다. 하나님은 인류의 죄악을 보셨다. "여호와께서 사람의 죄악이 세상에 가득함과 그의 마음으로 생각하는 모든 계획이 항상 악할 뿐임을 보시고, 땅 위에 사람 지으셨음을 한탄하사 마음에 근심하시고"(창 6:5-6). 그리고 하나님께서는 홍수를 일으켜 소수의 남은 자를 제외한 모든 인류를 멸망시키셨다.

대홍수 후, "노아가 여호와께 제단을 쌓고 모든 정결한 짐승과 모든 정결한 새 중에서 제물을 취하여 번제로 제단에 드렸더니"(창 8:20). 하나님은 노아의 제물에 대해서 이렇게 반응하셨다. "여호와께서 그 향기를 받으시고 그 중심에 이르시되 내가 다시는 사람으로 말미암아 땅을 저주하지 아니하리니 이는 사람의 마음이 계획하는 바가 어려서부터 악함이라 내가 전에 행한 것 같이 모든 생물을 다시 멸하지 아니하리니"(창 8:21). 그 후 하나님께서 노아와 그의 아들들에게 이렇게 말씀하신다. "내가 내 언약을 너희와 너희 후손과 너희와 함께 한 모든 생물 곧 너희와 함께 한 새와 가축과 땅의 모든 생물에게 세우리니 방주에서 나온 모든 것 곧 땅의 모든 짐승에게니라. 내가 너희와 언약을 세우리니 다시는 모든 생물을 홍수로 멸하지 아니할 것이라 땅을 멸할 홍수가 다시 있지 아니하리라"(창 9:9-11). 그리고 하나님은 다음과 같이 말씀하신다.

> 하나님이 이르시되 내가 나와 너희와 및 너희와 함께 하는 모든 생물 사이에 대대로 영원히 세우는 언약의 증거는 이것이니라. 내가 내 무지개를 구름 속에 두었나니 이것이 나와 세상 사이의 언약의 증거니라. 내가 구름으로 땅을 덮을 때에 무지개가 구름 속에 나타나면 내가 나와 너희와 및 육체를 가진 모든 생물 사이의 내 언약을 기억하리니 다시는 물이 모든 육체를 멸하는 홍수가 되지 아니할지라(창 9:12-15).

노아와 맺은 이 언약은 이 땅에서의 삶이 지속됨을 보장한다. 크리스토퍼 라이트에 따르면, 이 언약은 저주받은 지구에서 죄 많은 인류가 생존의 확신을 가지고 살아갈 수 있는 보편적인 기반을 제공하는 것이다.[23] 노아와 맺은 하나님의 언약은 가장 광범위한 언약으로, 그 언약 안에서 하나님은 지구 전체와 관련된 약속을 하셨다. 이 언약은 하나님의 구원의 은혜와 축복에 대한 하나님의 강한 의지를 보여준다. 이 언약은 지구와 인류를 위한 궁극적으로 희망찬 미래를 가리킨다.

그러나 하나님의 구원적 언약이라는 관점에서 보면, 성경에서 하나님의 구원 역사의 출발점은 아브라함과의 언약부터라고 말하는 것이 더 적절하다. 왜냐하면 아브라함과의 언약은 구원에 대한 현대적 이해를 교회론과 선교론으로 연결하기 때문이다. 교회론과 관련하여 아브라함은 구약성경에서 이스라엘 민족의 육체적 조상이며, 그리스도를 통해 구원받을 모든 민족의 영적 조상이다. 이와 관련하여 사도 바울은 아브라함의 신앙을 공유하는 모든 사람들의 본질적인 연합을 다음과 같이 설명한다.

> 그러므로 상속자가 되는 그것이 은혜에 속하기 위하여 믿음으로 되나니 이는 그 약속을 그 모든 후손에게 굳게 하려 하심이라 율법에 속한 자에게뿐만 아니라 아브라함의 믿음에 속한 자에게도 그러하니 아브라함은 우리 모든 사람의 조상이라. 기록된 바 내가 너를 많은 민족의 조상으로 세웠다 하심과 같으니 그가 믿은 바 하나님은 죽은 자를 살리시며 없는 것을 있는 것으로 부르시는 이시니라(롬 4:16-17).

선교론과 관련하여 간략히 말하면, 아브라함과의 언약에는 그와 그의 백성을 통해 모든 민족에게 축복이 확장될 것이라는 하나님의 약속이 포함되어 있다. 아브라함의 축복을 누리는 사람은 다른 사람에게 그 축복을 전하는 대

---

23 Wright, *Salvation Belongs to Our God*, 88.

리인이 되는 사명을 받은 사람이 된다. 그러므로 아브라함과의 언약에는 선교에 대한 강력한 근거가 들어있다.

다음으로 시내산 언약을 살펴보자. 모세를 통한 시내산 언약은 하나님의 강력한 구원행위인 출애굽의 결과로 구약의 이스라엘 민족 공동체를 여호와와 결속시켰다. 출애굽 사건과 관련하여 라이트는 하나님이 아브라함과의 약속을 기억하셨기 때문에 이스라엘을 이집트에서 구원하는 행위를 하셨다는 것에 주목한다(출 2:24, 3:6, 15, 6:2-8).[24] 성경은 출애굽이라는 하나님의 구원행위 자체가 아브라함과의 언약에 기초한 것임이 분명하다는 것을 보여주고 있는 것이다. 시내산 언약과 아브라함과의 언약을 분리할 수 없다는 라이트의 지적은 매우 유익한 통찰을 제공한다. 시내산 언약은 하나님께서 아브라함에게 약속하신 것의 일부가 성취되었으므로(즉, 그의 후손이 이제 큰 민족이 되었으므로) 그 약속을 강화하는 것이었다(출 1:7). 따라서 아브라함의 후손을 통해 열방을 축복하라는 하나님이 주신 이스라엘 민족의 사명은 변함없이 그대로 유지되었다.

그 이후, 오랜 역사가 지나고 하나님께서는 다윗과 언약을 맺음으로써 구원의 목적을 더욱 강화하셨다(삼하 7장). 하나님께서는 다윗에게 "네 수한이 차서 네 조상들과 함께 누울 때에 내가 네 몸에서 날 네 씨를 네 뒤에 세워 그의 나라를 견고하게 하리라"(12절)라고 말씀하셨다. 다윗과의 이 언약은 어떤 면에서 아브라함과의 언약과 매우 유사하다. 이를테면, 다윗의 언약은 한 개인과 맺은 것이지만, 아브라함과의 언약이 그랬던 것처럼, 그의 후손 전체에게 영향을 미쳤다.

12절의 다음 구절에서 하나님께서는 다윗에게 하나님의 언약을 지속시킬 아들을 약속하신다. "그는 내 이름을 위하여 집을 건축할 것이요 나는 그의 나라 왕위를 영원히 견고하게 하리라"(13절). 여기에서 라이트는 다윗과의 언

---

24 Wright, *Salvation Belongs to Our God*, 90.

약이 결국 구약에서 메시아적 희망(the messianic hope), 즉 하나님께서 하나님의 백성들을 그들의 모든 적으로부터 구원하고, 그들을 완전한 평화와 공의로 영원히 다스릴 참된 다윗의 아들을 일으키실 것이라는 기대의 기초가 되었다고 말한다.[25] 이에 대해 신약에서는 예수 그리스도께서 궁극적으로 '다윗의 참 아들'로서 하나님의 다윗과의 언약을 성취하셨음을 보여준다.

다윗 왕이 죽은 후, 이스라엘은 하나님을 거역하는 반역의 길을 걸었다. 이스라엘 백성들은 하나님의 율법과 언약을 무시했다. 얼마 지나지 않아 바빌론 제국의 느부갓네살에 의해 예루살렘은 멸망하고 이스라엘 민족은 포로로 끌려갔지만, 하나님께서 그들의 선조 아브라함과 맺은 언약은 결코 잊혀지지 않았다. 영원히 지키시는 하나님의 언약은 유배 이전의 많은 선지자들이 설교하였고, 바빌론 유배 기간 중에도 선지자들은 끊임없이 선언하였다. 가장 분명한 표현은 예레미야 31장 31~33절에서 볼 수 있다.

> 여호와의 말씀이니라 보라 날이 이르리니 내가 이스라엘 집과 유다 집에서 새 언약을 맺으리라. 이 언약은 내가 그들의 조상들의 손을 잡고 애굽 땅에서 인도하여 내던 날에 맺은 것과 같지 아니할 것은 내가 그들의 남편이 되었어도 그들이 내 언약을 깨뜨렸음이라 여호와의 말씀이니라. 그러나 그 날 후에 내가 이스라엘 집과 맺을 언약은 이러하니 곧 내가 나의 법을 그들의 속에 두며 그들의 마음에 기록하여 나는 그들의 하나님이 되고 그들은 내 백성이 될 것이라 여호와의 말씀이니라(렘 31:31-33).

예레미야 31장에 나오는 이 "새 언약"은 기존의 언약들과 근본적으로 다른 종류의 것을 가리키는 것이 아니라, 하나님과 그분의 백성 사이의 관계가 더

---

25 Wright, *Salvation Belongs to Our God*, 92-93.

욱 완전하게 누리게 될 것(complete enjoyment)을 약속하는 것이다.

예레미야 31장에 나오는 새 언약에 대한 이 예언은 신약에서 예수 그리스도에게 적용되어 재조명된다. 복음서는 예수를 하나님께서 아브라함과 맺으신 언약을 성취하기 위해 오신 분으로 묘사한다. 예수가 십자가에 못 박히시기 전, 유월절 식사를 하시며 제자들이 마시는 포도주에 대해 이렇게 설명하신다. "이 잔은 내 피로 세우는 새 언약이니 곧 너희를 위하여 붓는 것이라"(눅 22:20). 다시 말해, 십자가에서 흘리신 예수의 피는 구원과 용서를 가능하게 하는 하나님의 새 언약을 담고 있는 것이다.

그러므로 구약과 신약의 통일성은 근본적으로 하나님의 언약으로 이루어진다. 성경 전체의 모든 언약은 하나님의 구원의 은혜를 선포한다. 성경은 하나님의 구원이 단지 주관적인 개인적 경험이나 낙원에 대한 신화적인 미래의 상태가 아니라, 성경의 세계관을 형성하는 포괄적인 성서적 메타-내러티브(the all-encompassing biblical meta-narrative) 안에서 구성된다는 것을 분명히 보여준다. 즉 구원은 성경 전체를 관통하는 하나님의 언약의 역사 속 '하나님의 이야기'이다.

구원에 대한 다양한 시제들

크리스토퍼 라이트는 율법의 의미와 율법을 준수하는 동기는 구원에 대한 사실적 묘사들과 그에 관한 성경의 서사들에서 찾아야 한다고 주장한다.[26] 라이트의 주장은 성경 자체의 근거로 설득력을 얻는다. 구약성경에서 이스라엘 사람들은 출애굽 사건, 즉 이집트에서 탈출하는 과정의 서사와 그 해방의 의미를 자신들의 역사상 가장 위대한 구원의 사건으로 여겼다. 출애굽 이후, 그들은 매년 유월절에 이를 기념하고 회상했으며, 심지어 오늘날까지 그

---

26 Wright, *Salvation Belongs to Our God*, 99.

유월절 관습을 여전히 이어가고 있다. 또한 이스라엘의 조상들은 약속의 땅에 정착한 후 모세를 통해 시내산에서 하나님이 주신 율법을 자녀들에게 가르쳤다.

> 후일에 네 아들이 네게 묻기를 우리 하나님 여호와께서 명령하신 증거와 규례와 법도가 무슨 뜻이냐 하거든 너는 네 아들에게 이르기를 우리가 옛적에 애굽에서 바로의 종이 되었더니 여호와께서 권능의 손으로 우리를 애굽에서 인도하여 내셨나니 곧 여호와께서 우리의 목전에서 크고 두려운 이적과 기사를 애굽과 바로와 그의 온 집에 베푸시고 우리 조상들에게 맹세하신 땅을 우리에게 주어 들어가게 하시려고 우리를 거기서 인도하여 내시고 여호와께서 우리에게 이 모든 규례를 지키라 명령하셨으니 이는 우리가 우리 하나님 여호와를 경외하여 항상 복을 누리게 하기 위하심이며 또 여호와께서 우리를 오늘과 같이 살게 하려 하심이라. 우리가 그 명령하신 대로 이 모든 명령을 우리 하나님 여호와 앞에서 삼가 지키면 그것이 곧 우리의 의로움이니라 할지니라(신 6:2-25).

결국 하나님의 구원은 과거에 행하셨던 사실에 기초하며 그에 대한 현재의 순종이라는 의미를 담고 있는 것이다.

신약성경으로 넘어가면, 구원에 대한 신약의 묘사 또한 과거형으로 설명하는 부분이 많다. 에베소 교회에 보낸 서신에서 사도 바울은 일반적으로 과거에 일어났지만, 현재에도 계속 영향을 미치고 있는 것을 의미하는 형태(현재완료형)의 헬라어 동사를 사용하면서 우리를 구원하신 하나님을 설명한다. "너희는 그 은혜에 의하여 믿음으로 말미암아 구원을 받았으니(you have been saved through faith) 이것은 너희에게서 난 것이 아니요 하나님의 선물이라"(엡 2:8). 그러나 바울은 다른 구절들에서는 전적으로 과거에 있었던 일을 표현하는 시제(과거완료형)인 헬라어 동사 형태를 사용하기도 한다.

> 그뿐 아니라 또한 우리 곧 성령의 처음 익은 열매를 받은 우리까
> 지도 속으로 탄식하여 양자 될 것 곧 우리 몸의 속량을 기다리느
> 니라. 우리가 소망으로 구원을 얻었으매(we were saved) 보이는 소
> 망이 아니니 보는 것을 누가 바라리요(롬 8:23-24).

> 우리를 구원하시되(he saved us) 우리가 행한 바 의로운 행위로 말미
> 암지 아니하고 오직 그의 긍휼하심을 따라 중생의 씻음과 성령의
> 새롭게 하심으로 하셨나니(딛 3:5).

이와 같이 과거시제들뿐만 아니라 성경은 현재시제로도 구원을 분명하게
묘사한다. 구약의 시편 기자들의 가장 큰 확신은 '현재를 향한' 하나님의 구
원이었다.

> 내가 환난 중에서 여호와께 아뢰며 나의 하나님께 부르짖었더니
> 그가 그의 성전에서 내 소리를 들으심이여 그의 앞에서 나의 부
> 르짖음이 그의 귀에 들렸도다(시 18:6).

> 군대가 나를 대적하여 진 칠지라도 내 마음이 두렵지 아니하며
> 전쟁이 일어나 나를 치려 할지라도 나는 여전히 태연하리로다(시
> 27:3).

> 하나님은 우리의 피난처시오 힘이시니 환난 중에 만날 큰 도움이
> 시라(시 46:1).

신약성경도 현재시제로 구원을 자주 표현한다. 바울은 믿는 자들을 향해 '구원받고 있는' 사람들이라고 말한다. "십자가의 도가 멸망하는 자들에게는 미련한 것이요 구원을 받는 우리에게는 하나님의 능력이라"(고전 1:18). 이 구절은 구원이 현재 진행형이며, 삶의 다양한 상황에서 계속 일어나는 일임을 나타낸다. 삶의 상황으로서 현재적 '구원받음'을 어떻게 이해해야 할까? 이에 대해 미국의 신약학자 토마스 슈라이너(Thomas Schreiner)는 하나님의 능력을 삶의 상황과 통찰력 있게 연결한다.

> 우리는 바울이 십자가의 도가 첫 줄의 '어리석음'이라는 단어와 대조되는 '지혜'라고 말할 것이라 예상한다. 그러나 바울은 십자가의 도는 '하나님의 능력'이라고 주장함으로써 독자들을 놀라게 한다... 바울이 복음에 대한 '지혜'에 집중하지 않는 이유는 고린도 교인들이 인간의 영리함과 기교를 숭배하는 데서 벗어나기를 원하기 때문이다. 대신 바울은 고린도 교인들에게 십자가에 못 박힌 주님이신 예수에 대한 도가 그들의 삶을 변화시켰다는 사실을 상기시킨다.[27] (옮김이 역)

위와 같은 슈라이너의 통찰은 구원을 받았다는 것이 우리의 삶 안에서 역사하시는 하나님의 능력의 의미를 매일 실제 경험하며 살아가야 한다는 것을 의미한다는 점에서 매우 놀라운 시사점을 던져준다. 신약성경은 하나님의 구원이 우리의 삶과 생활의 방식에 적극적인 영향을 미치는 현재적 현실이라고 가르치는 것이다. 그에 따라 결국 구원은 단지 과거의 경험이나 미래를 향한 갈망으로 그치지 않고, 현재 우리가 이 땅에서 살아가는 실존적 조건이 된다.

---

27 Thomas R. Schreiner, *1 Corinthians: An Introduction and Commentary* (Downers Grove, IL: InterVarsity Press, 2018), 67.

이제 미래적 시제를 살펴보자. 구약과 신약 양쪽 모두에서 미래시제로 구원을 다룰 때면, 하나님께서 그의 백성뿐 아니라 열방을 위해 성취하실 다가오는 구원, 즉 종말론적 희망을 전한다. 구약의 선지자들은 하나님의 최후 심판을 가져올 '여호와의 날'에 대해 분명하게 선포한다. 그러나 그들이 그러한 선포를 할 때면 하나님의 심판 너머에 항상 희망이 있었다. 예를 들어, 스바냐 선지자는 두 장 반에 걸쳐 불타는 심판을 설명한 후, 그 이후에 벌어질 여호와의 날의 또 다른 차원, 즉 구원의 기쁨을 바라보았다.

> 시온의 딸아 노래할지어다 이스라엘아 기쁘게 부를지어다 예루살렘 딸아 전심으로 기뻐하며 즐거워할지어다. 여호와가 네 형벌을 제거하였고 네 원수를 쫓아냈으며 이스라엘 왕 여호와가 네 가운데 계시니 네가 다시는 화를 당할까 두려워하지 아니할 것이라. 그 날에 사람이 예루살렘에 이르기를 두려워하지 말라 시온아 네 손을 늘어뜨리지 말라. 너의 하나님 여호와가 너의 가운데에 계시니 그는 구원을 베푸실 전능자이시라 그가 너로 말미암아 기쁨을 이기지 못하시며 너를 잠잠히 사랑하시며 너로 말미암아 즐거이 부르며 기뻐하시리라 하리라 (습 3:14-17).

스바냐는 이스라엘 백성에게 하나님의 구원이 다가오고 있으므로 기뻐할 수 있다고 약속한다. 여기서 중요한 것은 스바냐가 미래의 구원에 대한 희망을 이스라엘 민족에게만 국한시키지 않았다는 점이다. 그는 이방 민족들도 장차 하나님의 구원받은 백성들의 정결한 연합에 동참할 것을 상상한다.

> 그 때에 내가 여러 백성의 입술을 깨끗하게 하여 그들이 다 여호와의 이름을 부르며 한 가지로 나를 섬기게 하리니 (습 3:9).

또 다른 선지자인 요엘은 훗날 신약의 베드로와 바울에게 영감을 주게 되는 하나님의 구원에 대해 하나님께서 모든 자에게 성령을 부어 주시면 "누구든지 여호와의 이름을 부르는 자는 구원을 얻으리니"(욜 2:32, 행 2:14-21, 롬 10:12-13 참조)라며 자신 있게 선포한다.

신약성경은 구원에 대해 기대할 때 구약성경보다 훨씬 더 미래의 소망을 바라본다. 많은 구절에서 하나님의 구원은 그리스도에 의해 십자가에서 성취되었고 그로 인해 그리스도인들은 현재 그 구원의 현실을 누리며 살아가고 있지만, 미래에 완성될 구원을 여전히 고대하고 있음을 보여준다. 사도행전에서 베드로는 예수의 재림을 기대하며 예루살렘에 있는 동료 유대인들에게 구세주의 재림에 대해 다음과 같이 말한다.

> 그러므로 너희가 회개하고 돌이켜 너희 죄없이 함을 받으라 이같
> 이 하면 새롭게 되는 날이 주 앞으로부터 이를 것이요 또 주께서
> 너희를 위하여 예정하신 그리스도 곧 예수를 보내시리니 하나님
> 이 영원 전부터 거룩한 선지자들의 입을 통하여 말씀하신바 만물
> 을 회복하실 때까지는 하늘이 마땅히 그를 받아 두리라(행 3:19-21).

베드로와 마찬가지로, 사도 바울 또한 그리스도인들에게 그들이 이미 경험한 것뿐만 아니라 미래의 구원을 바라며 살라고 권면한다.

> 그러면 이제 우리가 그의 피로 말미암아 의롭다 하심을 받았으니
> 더욱 그로 말미암아 진노하심에서 구원을 받을 것이니(롬 5:9).

위의 로마서 5장을 논평하며 신약학자 리처드 롱네커(Richard N. Longenecker)는 이 구절은 그리스도를 중심으로 표현된 하나님의 사랑과 희망의 주제를

담고 있다고 말한다.[28] 그리스도께서 이미 이루신 모든 것이 보장되는 미래의 날이 곧 우리가 마침내 구원을 받게 되는 날인 것이다.

5. 하나님의 주권 (The Sovereignty of God)

지금까지 살펴본 바와 같이 구원은 그 주권자이신 하나님의 속성이다. 하나님의 구원은 하나님의 주권 안에 있는 것이다. 그렇다면, 구원과 주권의 연결이 의미하는 바는 무엇일까? 크리스토퍼 라이트는 구원에 있어서 하나님이 주권을 가지고 있다는 것은 선교에 대한 기독교인의 이해와 열방의 종말론적 운명과 관련하여 고려되어야 한다고 말한다.[29]

하나님의 주권과 선교

"하늘과 모든 하늘의 하늘과 땅과 그 위의 만물은 본래 네 하나님 여호와께 속한 것이로되." 신명기 10장 14절은 이스라엘의 하나님 여호와는 우주 만물의 주인이라고 선언한다. 그리고 그 구절 다음부터 이스라엘 민족에 대한 하나님의 사랑(15절)과 이스라엘을 이집트에서 구원하신 하나님의 구속(19절)을 언급한다. 이스라엘 민족에 대한 하나님의 구속적 사랑은 만물에 대한 하나님의 주권이라는 맥락에서 설정되는 것이다. 그리고 신명기 10장 17절 상반절은 신명기 10장 14절의 선언을 보충한다. "너희의 하나님 여호와는 신 가운데 신이시며 주 가운데 주시오 크고 능하시며 두려우신 하나님이시라." 하나님은 온 우주를 창조하셨기에 온 우주만물의 소유주가 되실 뿐만 아니라, 하나님은 그 모든 피조물에 대한 모든 권세와 힘을 다스리는 최고의 권위자

---

28 Richard N. Longenecker, *The Epistle to the Romans* (Grand Rapids: Eerdmans, 2016), 396–404.
29 Wright, *Salvation Belongs to Our God*, 139–59.

가 되시는 것이다.

신약성경으로 넘어가서 보면 위와 같이 구약에서 선포하는 하나님의 권위
가 예수 그리스도에게 동일하게 부여된다. 신이라고 불리는 다른 신들 중 구
원을 이루는 다른 신은 없다. 이에 대해 사도 바울은 다음과 같이 말한다.

> 비록 하늘에나 땅에나 신이라 불리는 자가 있어 많은 신과 많은
> 주가 있으나 그러나 우리에게는 한 하나님 곧 아버지가 계시니
> 만물이 그에게서 났고 우리도 그를 위하여 있고 또한 한 주 예수
> 그리스도께서 계시니 만물이 그로 말미암고 우리도 그로 말미암
> 아 있느니라(고전 8:5-6).

다시 구약성경으로 돌아가면, 이사야서에는 매우 흥미로운 이미지가 묘사
되어 있다. 하나님에 대한 소용없는 반역과 도전에 불과한 다른 신들을 숭배
하는 사람들을 향해 하나님은 다음과 같이 외쳐 부르신다.

> 열방 중에서 피난한 자들아 너희는 모여 오라 함께 가까이 나아
> 오라 나무 우상을 가지고 다니며 구원하지 못하는 신에게 기도하
> 는 자들은 무지한 자들이니라. 너희는 알리며 진술하고 또 함께
> 의논하여 보라 이 일을 예부터 듣게 한 자가 누구냐 이전부터 그
> 것을 알게 한 자가 누구냐 나 여호와가 아니냐. 나 외에 다른 신이
> 없나니 나는 공의를 행하며 구원을 베푸는 하나님이라 나 외에
> 다른 이가 없느니라. 땅의 모든 끝이여 내게로 돌이켜 구원을 받
> 으라 나는 하나님이라 다른 이가 없느니라(사 45:20-22).

미국의 구약학자 월터 브루그만(Walter Brueggemann)에 따르면, 이사야의 위
구절은 시인이 여호와와 다른 신들 사이의 재판을 묘사하는 짧은 법정 논쟁

이다.[30] 이 재판에는 집회에 대한 소환장, 증언을 위한 초대장, 그리고 과연 진정한 구원자는 누구인지에 대한 매우 도전적인 질문이 들어있다. 이에 대한 분명한 대답은 이것이다. "나 여호와가 아니냐." 여기서 여호와는 도망간 민족들을 향해 자신에게로 돌아와 구원을 받으라고 권유한다. 그들이 섬기는 신들은 절대로 구원할 수 없다. 오직 여호와만이 구원의 근원이기 때문이다. 여호와는 이스라엘 민족뿐만 아니라 모든 민족에 대하여 주권적 구원자 (the sovereign savior)가 되신다. 브루그만의 말을 빌리면, 포로로 잡혀 있는 유대인들에게 제공되는 구원은 동일하게 이방인 세계에도 제공되는 구원이다.[31]

이러한 원리는 신약으로 넘어가 마태복음 마지막에 나오는 예수의 지상명령을 구성하는 기초가 된다. 부활한 예수 그리스도는 구약에서 하나님 자신만이 하실 수 있는 용어로 말씀하신다. "하늘과 땅의 모든 권세를 내게 주셨으니"(마 28:18). 그리고 이 주권적 왕권(the sovereign Lordship)이라는 토대 위에 "그러므로 너희는 가서 모든 민족을 제자로 삼아 아버지와 아들과 성령의 이름으로 세례를 베풀고"(마 28:19)라는 선교명령이 즉각적이고 불가분하게 뒤따른다. 우리의 선교는 신약성경이 증언하는 온 땅의 주인이자 통치자이신 여호와와 동일한 위치에 계시는 그리스도의 우주적 주권에서 비롯되는 것이다.

하나님의 주권과 모든 열방

이사야 45장에는 "열방 중에서 피난한 자들"(fugitives from the nations)이 등장한다. 이들은 구원의 하나님의 약속으로 인해 하나님의 집에 받아들여질 수 있는 축복을 받는다.

---

30 Walter Brueggemann, *Isaiah 40–66* (Louisville, KY: Westminster John Knox Press, 1998), 84.
31 Brueggemann, *Isaiah 40–66*, 84.

여호와께 연합한 이방인은 말하기를 여호와께서 나를 그의 백성 중에서 반드시 갈라내시리라 하지 말며 고자도 말하기를 나는 마른 나무라 하지 말라. 여호와께서 이와 같이 말씀하시기를 나의 안식일을 지키며 내가 기뻐하는 일을 선택하며 나의 언약을 굳게 잡는 고자들에게는 내가 내 집에서, 내 성 안에서 아들이나 딸보다 나은 기념물과 이름을 그들에게 주며 영원한 이름을 주어 끊어지지 아니하게 할 것이며 또 여호와와 연합하여 그를 섬기며 여호와의 이름을 사랑하며 그의 종이 되며 안식일을 지켜 더럽히지 아니하며 나의 언약을 굳게 지키는 이방인마다 내가 곧 그들을 나의 성산으로 인도하여 기도하는 내 집에서 그들을 기쁘게 할 것이며 그들의 번제와 희생을 나의 제단에서 기꺼이 받게 되리니 이는 내 집은 만민이 기도하는 집이라 일컬음이 될 것임이라(사 56:3-7).

위 구절은 어느 한 민족만이 아니라 각 이방인들과 거세를 당한 내시들, 즉 하나님의 백성에서 배제될 것을 두려워하는 집단을 대상으로 말하고 있다. 신명기 23장 1-8절에 따르면, 거세된 남성과 특정 부류의 이방인들은 실제로 이스라엘 백성들의 거룩한 모임인 총회에 참석할 수 없었다. 그들은 철저히 거부되었다. 그래서 이사야 56장 3절은 그러한 사람들을 구원받는 민족인 이스라엘 공동체로 들어올 수 없는, 즉 미래가 없는 절망적인 존재로 전락한 상태인 '마른 나무'로 묘사한다.

그러나 이사야 56장 4-5절에 나오는 하나님의 선언은 신명기 23장 1절과 이사야 56장 3절의 절망적인 가정들을 모두 뛰어넘는다. 비록 거세를 당했지만, 내시들은 어떤 가정도 줄 수 없는 '영광스러운 이름'을 갖게 될 것이며, 이방인들은 하나님의 거룩한 산으로 인도되어 그 땅 전체에 대한 정당한 지분을 갖게 될 것이다. 즉 그들은 구원받은 이스라엘의 온전한 시민권을 갖게 되는 것이다. 즉 이스라엘의 하나님께 기꺼이 헌신하고자 하는 내시들과 이방인들에게는 이스라엘의 예배자들에게 주어졌던 권리를 공유하게 되는 것이다.

라이트는 바울이 그리스도 안에서 성취되어 구원의 혜택을 받고 있는 이방인 신자들에게 편지를 쓸 때, 바울의 마음속에는 이사야 56장 3절이 보여주는 관계(the dynamic)를 염두하고 썼을 가능성이 높다고 주장한다.[32]

> 그 때에 너희는 그리스도 밖에 있었고 이스라엘 나라 밖의 사람이라 약속의 언약들에 대하여는 외인이요 세상에서 소망이 없고 하나님도 없는 자이더니, 이제는 전에 멀리 있던 너희가 그리스도 예수 안에서 그리스도의 피로 가까워졌느니라(엡 2:12-13).

위에서 바울이 예수를 이사야 56장 3절이 지칭하는 대상(the referent), 즉 모든 민족의 사람들에게 하나님 나라의 완전한 시민권을 부여하는 자로 규정하는 것은 라이트의 가정에 상당한 힘을 실어준다.

하나님의 집에 받아들여지는 것에 더해서, 시편 87편은 놀랍게도 하나님의 임재가 있는 시온성의 '명부 이미지(the imagery of a register)'를 사용하여 열방들도 그 안에 있음을 보여준다.

> 나는 라합과 바벨론이 나를 아는 자 중에 있다 말하리라 보라 블레셋과 두로와 구스여 이것들도 거기서 났다 하리로다. 시온에 대하여 말하기를 이 사람, 저 사람이 거기서 났다고 말하니 지존자가 친히 시온을 세우리라 하는도다. 여호와께서 민족들을 등록하실 때에는 그 수를 세시며 이 사람이 거기서 났다 하시리로

---

32 Wright, *Salvation Belongs to Our God*, 153.

다(시 87:4-6).

시온성의 시민으로 인정받는 국가들의 목록에는 역사상 이스라엘의 가장 큰 두 적국인 이집트(라합)와 바빌론은 물론, 주변의 작은 적국인 블레셋, 두로, 먼 지역의 구스 왕국까지 포함되어 있다. 시온성 시민의 개념이 재정의 되고 그 범위가 확장되고 있는 것이다. 이제 하나님의 성인 시온성은 더 이상 배타적인 특권을 의미하는 용어나 지명이 아니라, 모든 민족을 포용하는 진정한 고향이 되었다.[33]

시편 87편은 구원자인 예수를 믿는 사람들이 구원받은 민족인 이스라엘과 동등한 지위를 가진 하나님나라의 온전한 백성이 된다는 신약성경의 가르침을 분명하게 고대하고 있다. 아브라함의 자손이자 시온성의 시민이 되기 위해 유대인 혈통으로 태어날 필요는 없는 것이다. 유대인의 유산을 매우 소중히 여겼던 바울(롬 9:4-5)은 자신의 민족적 자격이 그의 구원에 어떠한 유익을 가지고 있다는 생각을 강력히 거부했으며, 오히려 십자가에 못 박히고 부활하신 메시아 예수를 아는 것과 비교할 때 "해로움"으로 여겼다(빌 3:2-11).

6. 맺는말

성서가 증언하는 구원은 하나님께 속한 것이다. 우리가 성취하거나 분배하거나 조작할 수 있는 것이 아니다. 우리는 누가 구원을 받을지 여부를 결정하는 존재도 아니다. 따라서 우리는 하나님이 그분의 뜻대로 구원을 허락하실 사람들에 대하여 그들의 구원을 위협하거나 빼앗을 수 없다. 구원은 우리가 아닌 하나님의 결정이자 하나님의 선물이다. 더욱이, 성서가 분명하게 알

---

33 Tremper Longman III, *Psalms: An Introduction and Commentary* (Downers Grove, IL: InterVarsity Press, 2014), 318.

려주는 하나님의 구원은 성경의 전체 흐름과 하나님의 여러 언약들에 걸쳐 인간의 역사 속에서 하나님이 행하신 위대한 행위를 통해 성취되었다. 성서적 구원은 하나님의 주권에 의해 보장되며 하나님의 주권적 은혜에 의해 결정되는 것이다.

이쯤에서 어떤 사람들은 성경의 증언에 근거하여 구원이 하나님께 속한다고 생각할 수는 있지만, 요한계시록 7장 10절의 전체 구절은 "구원은 보좌에 앉으신 우리 하나님과 어린 양에게 속한다"라는 것을 분명히 보여준다고 주장할 것이다. 물론 "우리 하나님", 즉 성서적 하나님과 그 하나님의 언약들은 하나님의 어린양에게도 독점적으로 속해 있다. 성경은 하나님의 구원의 은혜가 예수 그리스도를 통해 성취되었음을 확실하게 확언한다.

이 장에서는 아직 "어린 양"의 구원에 대한 차원을 다루지 않았다. 하나님의 구원 사역에 관한 예수 그리스도의 최종성에 대해서는 이후 5장에서 자세히 살펴보겠지만, 여기서는 이 성경의 분명하고도 확실한 증언을 간단히 짚고 넘어가겠다. 예수를 가장 먼저 따르던 제자들과 오순절 직후의 첫 신자들은 유대인이었다. 그들은 유대인이었기 때문에 여호와만이 구원의 하나님이며 지상의 신들 가운데 구원의 다른 근원이 없다는 것을 알고 있었다. 이런 점에서 그들이 예수에 대해 하나님의 구원과 동일한 확신을 가질 수 있었다는 점은 매우 주목할 만하다. 그들은 나사렛 예수가 그들의 하나님 여호와의 정체성을 공유한다는 확신이 있었기 때문에 그분에 대해 동일한 배타적인 구원의 언어를 사용할 수 있었다. 사도행전을 보면, 베드로는 성전 뜰에서 이제부터 구원은 오직 예수로만 이루어진다고 선언한다. 예수 십자가를 통해 모든 구원의 발생지(the locus)인 새 성전(the new temple)이 되셨기 때문이다.

이 예수는 너희 건축자들의 버린 돌로서 집 모퉁이의 머릿돌이
되었느니라. 다른 이로써는 구원을 받을 수 없나니 천하사람 중

에 구원을 받을 만한 다른 이름을 우리에게 주신 일이 없음이라 하였더라(행 4:11-12).

베드로와 바울은 사도행전 전체에서 이와 같은 일관된 메시지를 전한다.

베드로가 이르되 너희가 회개하여 각각 예수 그리스도의 이름으로 세례를 받고 죄 사함을 받으라 그리하면 성령의 선물을 받으리니(행 2:38).

너희가 나무에 달아 죽인 예수를 우리 조상의 하나님이 살리시고 이스라엘에게 회개함과 죄 사함을 주시려고 그를 오른손으로 높이사 임금과 구주로 삼으셨느니라(행 5:30-31).

하나님께서 살리신 이는 썩음을 당하지 아니하였나니 그러므로 형제들아 너희가 알 것은 이 사람을 힘입어 죄 사람을 너희에게 전하는 이것이며 또 모세의 율법으로 너희가 의롭다 하심을 얻지 못하던 모든 일에도 이 사람을 힘입어 믿는 자마다 의롭다 하심을 얻는 이것이라(행 13:37-39).

히브리서 또한 예수를 구원의 창시자(2:10), 우리의 영원한 구원의 근원(5:9), 그리고 그를 통해 하나님께 나아가는 모든 사람을 위한 온전한 구원의 중재자(7:25)로 묘사한다. 따라서 성서가 말하는 구원은 예수께서 자신의 인성(humanity) 안에 "여호와는 구원이시다"라는 자신의 이름의 진리를 구현하셨기에, 전적으로 그리스도를 통해 이루어진다. 이렇게 그리스도만이 구원의 최종성이 되는 근거에 대해서는 이후 5장에서 보다 자세히 다루도록 하겠다.

3장 일반계시에만 접근 가능했던 자들의 운명

　조선왕조(1392년경~1897년경)의 초기부터 유교는 대략 500년 동안 한국의 국가이념이었다. 오늘날에도 유교 정신의 뿌리는 한국 사회에 깊숙이 자리 잡고 있다. 가족을 다른 모든 사회적 관계보다 우선시한 공자의 핵심 가르침은 한국인들이 자기 가족을 숭배하다시피 하는 가족주의를 형성했다.[1] 유교적 가족주의의 중요한 한 축으로 자녀는 부모에게 복종해야 하고, 부모는 자녀를 전적으로 보호하고 복지를 제공해야 한다는 효(孝) 개념이 자리 잡고 있다. 살아서 행하던 효에 대한 책임은 제사와 같은 제도로 부모의 사후에도 계속된다. 그래서 결과적으로 조상숭배는 한국 문화와 한국 사회의 두드러진 특징이 되었다.

　한 서양인 선교사가 전통적인 한국인에게 하나님 구원의 복음을 전하면서 그리스도를 믿으라고 권유하고, 그리스도를 거부하면 영원한 정죄를 받게 될 것이라 경고한다고 가정해 보자. 그 한국인은 지금 선교사가 전하는 예수의 복음을 전혀 모르고 살다가 죽은 자신들 부모의 상태에 대해 그 선교사에게 묻는다. 자신의 부모는 전능한 하늘의 신에게 자녀들의 복을 위해 매일 아침 기도하였고, 평생 이웃을 도우며 선한 양심을 가지고 살았다고 한다. 그의 부모 운명에 대한 기독교인의 적절한 대답은 무엇일까? 선교사는 복음을 듣는 이들에게 그들의 부모들이 죄인인 상태로 죽었기에, 창조주 신을 인

1　Mary Yeo Carpenter, "Familism and Ancestor Veneration: A Look at Chinese Funeral Rites," *Missiology* 24, no. 4 (1996): 505.

지하고 있었고 더욱이 일평생 선한 양심을 가지고 살았더라도 그리스도를 영접하지 않았으니 모두 영원한 형벌을 받게 된다고 노골적으로 말할 수 있을까? 그리스도에 대해 전혀 모르는 사람들은 그들이 지은 죄에 대한 정당한 형벌로서 사후에도 하나님과 영원히 단절된다고 가르치는 것이 과연 성경적인가? 그 하나님은 진정 성경적 하나님이 맞는가? 만약 하나님의 자비와 사랑을 깊이 고려한다면, 그들 중 누구라도 그들이 받은 계시에 대해 진실한 믿음으로 반응하여 그리스도의 구속적 희생으로 사후(死後)라도 구원을 받을 수 있다고 가정할 만한 근거는 있을까?

 "일반계시로만 구원받을 수 있는가?"라는 질문에 대한 답은 특별계시주의(particularism, '배타주의'에 대해 보다 현대적 표현)와 포용주의(inclusivism) 사이의 중요한 분기점을 수반한다. 다원주의자들과는 달리, 특수주의자들과 포용주의자들 양쪽 모두 기독교 종교를 규범적이며 구원의 근거로 간주한다. 이는 하나님의 은혜를 받을 수 있는 신앙을 갖기 위해서는 기독교의 내용들, 즉 교리들에 대한 최소한의 지식이 있어야 한다는 것을 의미한다. 그렇다면, 여기서 문제는 일반계시(즉, 십자가라는 특별계시를 제외하고 하나님의 성품과 의지를 자연과 인간의 양심과 같은 것들을 통해 인류 역사에 자신을 계시하신 하나님)를 통해 기독교의 진리를 실제로 얼마나 알 수 있는가 하는 것이다.

 분명한 것은 2천 년 전 이스라엘의 골고다 언덕에서 계시된 특별계시는 과거 인류는 알지 못했으며, 심지어 그 후 2천 년간 오늘날까지 살아온 모든 사람에게 전달된 것이 아니다. 그러나 일반계시의 정의에서 알 수 있듯이, 모든 사람이 일반계시를 통해 창조주 하나님을 인식했다면, 특별계시를 받아들이지 못한 사람도 그 일반계시를 통해 구원받을 수 있을까? 필자는 이 장에서 일반계시를 객관적으로 정의하고 주관적인 적용점들도 살펴볼 것이다. 즉 "일반계시는 존재한다"와 같은 다른 계시적 사실들과 구원의 문제를 연관시키는 신학적 가정 아래서 탐구할 것이다. 다만, 위와 같은 질문에 대한 답을 복음주의 영역 내에서 제한적으로 제시할 것이다. 다원주의자들이 말하는 일반계시에 대한 담론도 굉장히 방대하고 상당한 신학적 체계를 갖추었다. 다만 그 모든 것을 다루기보다 그들의 주장에 대한 비판을 이 장에서는 하게 될 것이다.

이 장은 크게 세 부분으로 구성된다. 우선 복음주의적 관점으로 일반계시에 대한 두 가지 견해를 간략하게 설명할 것이다. 첫 번째는 일반계시만으로는 구원에 불충분하다는 신학적인 논거를 제시하고, 그리고 다른 하나는 하나님께서 특정 상황에서는 일반계시만으로도 구원하실 수 있다는 가능성을 인정하는 견해를 설명할 것이다. 이러한 두 가지 입장을 우선 설명한 후, 이 장의 두 번째 부분으로 일반계시를 주시는 하나님의 목적을 살펴볼 것이다. 그리고 마지막으로 일반계시의 가치를 평가할 것이다.

1. 일반계시에 대한 다양한 견해들

학자들은 수십 년 동안 일반계시에 대해 다양한 입장을 견지해 왔다. 밀라드 에릭슨은 일반계시를 통해 얼마나 많은 것을 알 수 있는지를 결정할 수 있는 유형을 몇 가지로 분류한다.[2]

첫 번째 유형은 하나님의 자비에 대해 일반적으로 설명하는 성경의 증언이다. 이 입장은 주로 시편 19편, 사도행전 17장, 로마서 1장 및 2장과 같은 성경의 구절들에 근거한다. 일반계시와 구원에 대한 관계를 고려할 때 분명 성경은 가장 권위 있고 결정적인 요소이다. 두 번째 형태의 유형은 특별계시를 전혀 모르거나 온전히 받아들이지 않았지만, 구원받은 사람들에 관한 성경적 사례연구이다. 이 영역에는 예수 그리스도를 알거나 믿지 않고 구원의 신앙을 갖게 된 '거룩한 이교도'(holy pagans)의 사례들이 포함된다(예: 구약의 아브라

---

2 Erickson, *How Shall They Be Saved?*, 145.

함, 멜기세덱, 욥, 신약의 고넬료 등). 많은 포용주의 신학자들은 이 두 번째 영역을 강조한다.

세 번째 유형은 주로 다원주의자들이 주장하는 유형으로, 모든 인간에게 구원의 수단이 주어져야 하는 것은 창조주인 하나님 사랑의 본질이고, 사람들이 단지 짧은 생애 동안 그 하나님을 인식하지 못했다는 이유로 정죄 받는 것은 하나님의 정의가 아니라는 발상으로부터 추론하는 것이다. 앞서 소개했던 폴 니터와 S. J. 사마르타 같은 다원주의 신학자들은 이러한 주장을 강조한다. 다원주의자들은 하나님께서 모든 민족과 모든 종교에 다양한 방식으로 하나님의 계시를 주셔서 모든 민족을 구원으로 이끄시려는 의지가 있다고 애초부터 신뢰하기 때문에, 그들은 일반적으로 신학적 담론에서 일반계시를 잘 다루지 않는다. 그렇기에 본서에서도 다원주의자들이 주장하는 일반계시에 대해서는 거의 다루지 않을 것이다.

위에서 언급했듯, 일반계시에 대해 우리가 판단할 때는 특별계시주의자들과 포용주의자들이 서로 일반계시의 구원 능력에 대해 의견이 일치하지 않는다는 점을 주목해야 한다. 이 장에서는 에릭슨의 분류를 활용하여 두 입장의 차이점을 주석적, 신학적 주장에 비추어 설명할 것이다.

특별계시주의자들의 견해

미국의 대표적인 복음주의 신학교인 풀러 신학교(Fuller Theological Seminary)의 창립 멤버 중 하나였던 해롤드 린드셀(Harold Lindsell)에 따르면 일반계시가 구원의 수단이 되려면 하나님이 인간과의 깨어진 관계를 회복할 수 있을 만큼 충분히 계시되었다고 주장해야 하는데, 그러나 특별계시의 본질은 하나님이 일반계시에서는 구원에 이르도록 계시하지 않으셨다는 진리를 포함한다는 것이다.[3] 결국 일반계시는 구원을 위한 수단으로 완전히 불충분하다는 사실은 너무나 분명하다.

이렇듯, 대부분의 특수주의자들은 특별계시 없이도 구원에 이르는 지식이 가능하다는 가정을 거부하며, 구원이 보편적으로 접근 가능하다는 개념에도 반대한다. 일반계시가 하나님이 누구인지에 대해 말하지 않는다는 것은 아니지만, 구원의 역할을 하는 것은 아니라는 것이다. 특수주의 지지자들에게 일반계시는 하나님의 주권적 목적에 중요한 역할을 하지만 그 자체로는 구원을 가져오기에는 분명히 불충분하다.

다니엘 스트레인지는 포용주의자들이 일반계시의 구원적 잠재력을 주장할 때 자주 인용하는 시편 19편에 대한 자신의 생각을 설명한다. 스트레인지에 따르면, 하나님의 영광을 강조하는 것은 분명 그 중요성을 갖지만, 이는 토라에 나타난 하나님의 특별한 계시에 나타난 그분의 영광과 반드시 대조되어야 한다. 우선 시편 19편 1-4절은 이렇게 말한다.

> 하늘이 하나님의 영광을 선포하고 궁창이 그의 손으로 하신 일을
> 나타내는도다. 날은 날에게 말하고 밤은 밤에게 지식을 전하니
> 언어도 없고 말씀도 없으며 들리는 소리도 없으나 그의 소리가
> 온 땅에 통하고 그의 말씀이 세상 끝까지 이르도다 하나님이 해
> 를 위하여 하늘에 장막을 베푸셨도다(시 19:1-4).

이 구절을 인용하면서 스트레인지는 하나님의 계시는 그 자체가 아니라, 그 계시를 매개하는 것이 중요하다고 주장한다. 그 이유는 바로 다음에 나오는 구절인 7-9절의 내용을 대조했을 때 그 앞부분을 보완하기 때문이다.

---

3 Harold Lindsell, *A Christian Philosophy of Mission* (Wheaton, IL: Van Kampen Press, 1949), 107.

여호와의 율법은 완전하여 영혼을 소성시키며 여호와의 증거는
확실하여 우둔한 자를 지혜롭게 하며 여호와의 교훈은 정직하여
마음을 기쁘게 하고 여호와의 계명은 순결하여 눈을 밝게 하시도
다. 여호와를 경외하는 도는 정결하여 영원까지 이르고 여호와의
법도 진실하여 다 의로우니(시 19:7-9).

스트레인지는 창조세계에 대한 하나님의 계시는 율법, 즉 성경이 증언하는
하나님의 계시와 일치해야 함을 강조한다. 이 두 가지 계시의 방식은 서로
분리될 수 없으며, 이러한 두 방식의 일치는 특별계시와 일반계시의 공생적
관계를 시사한다는 것이다.

일반계시에 대한 논의에서 가장 많이 다뤄지는 또 다른 성경구절은 로마
서 1장 18-32절이다. 특수주의자들은 이 구절을 볼 때, 인간과 하나님의 본
질적인 관계를 결정하는 두 가지 본성인 "하나님의 영원하신 능력과 신성"(20
절)을 강조한다. "영원하신 능력"이라는 용어는 하나님은 만물의 주관자이시
며, 인간은 하나님의 능력으로 살아가고, 하나님과 인간의 관계는 인간이 하
나님께 전적으로 의존하는 관계라는 사실을 가리킨다. 특수주의자들은 이
러한 맥락에서 하나님의 창조에 나타난 계시에 대한 인간의 반응을 판단한
다. 네덜란드 선교학자 J. H. 바빙크(J. H. Bavinck)는 일반계시의 이러한 인격
적이고 관계적인 특성을 강조하며, 우리가 '일반계시'라는 표현을 사용할 때,
그것으로부터 하나님의 존재를 단정할 수 있다는 의미에서 그렇게 해서는
안 된다고 말한다. 이것이 논리적으로는 가능할지 모르겠지만, 그렇게 되면
하나님이 구원에 대해서 단편적인 요인으로 해석하는 철학적 관념으로 이
어질 뿐인데, 이는 일반계시에 대한 성경적 개념이 아니라는 것이다. 여기
서 바빙크는 성경에서 일반계시에 대해 말할 때는 훨씬 더 인격적인 본질이
있음을 강조하며, 하나님이 주시는 일반계시에는 집단적으로나 개인적으로

인간에 대한 하나님의 관심이 표현된다고 한다.[4] 따라서 죄 많은 인간이 일반계시에 계시된 하나님의 영원한 능력을 무시한다면 변명의 여지가 없다. 만약 그렇다면 그들은 모두 인간에게 끊임없이 자신을 계시하시는 인격적인 하나님으로부터 정죄를 받을 때 핑계 댈 수 없는 것이다.

포용주의자들의 견해

특별계시주의자들의 주요 주장은 일반계시가 영원한 정죄에는 충분하지만, 구원을 이루는 지식에는 불충분하다는 것이다. 하지만 이러한 주장에는 다음과 같은 질문을 던지게 한다. "인간을 저주할 만큼의 지식은 주면서 구원할 만큼의 지식은 주지 않는 하나님은 과연 어떤 하나님인가?" 이 지점에서 포용주의자들은 특별계시주의자들을 비판한다. 즉 위와 같은 하나님이라면 그분은 진정으로 모든 사람이 구속되기를 바라지 않는 하나님이 되기 때문이다.

특별계시주의자들과 달리 포용주의자들은 하나님에 대한 지식이 일반계시가 나타나는 곳에만 국한되지 않는다고 주장한다. 더 정확하게 말해서, 하나님은 그분의 구원 은혜를 중재하시기 위해 일반계시를 사용하신다. 이에 대해 존 샌더스는 일반계시는 그것을 제공되는 근원이 구원하시는 하나님(the saving God)이기 때문에 구원적(salvific)이며, 일반계시는 그 자체로 구원하거나 정죄할 수 있는 것이 아니고 구원하시거나 정죄하시는 분은 오직 하나님이시라고 말한다.[5] 일반계시는 그분의 뜻에 따라 무엇이든 하실 수 있는 하나님의 사역인 것이다.

그러나 포용주의자들은 일반계시에 대해 긍정적으로 판단하려면 여러 가지 전제가 있음을 분명히 한다. 첫째, 그들은 예수 그리스도를 통한 하나님

---

4 J. H. Bavinck, *The Church Between Temple and Mosque* (Grand Rapids: Eerdmans, 1966), 120.
5 Sanders, *No Other Name*, 233.

의 계시를 결코 폄하하지 않는다. 다만 그들은 특별계시만이 하나님이 인류에게 자신을 드러내신 유일한 사례가 아니기에 일반계시를 통한 하나님의 뜻을 무시하면 안 된다는 것이다. 둘째, 일반계시를 통해 얻은 하나님에 대한 지식은 인간의 추론에 의한 어떠한 성취가 아니다. 인간이 하나님을 알 수 있는 것은 그분께서 인간에게 직접 드러내셨기 때문이다(롬 1:19). 셋째, 포용주의자들은 인간은 그 누구도 자신의 노력으로 구원받을 수 없다는 점을 분명히 한다. 넷째, 포용주의자들은 인류의 보편적인 죄성(the universal sinfulness of humanity)을 철저하게 인정한다. 그들은 로마서뿐만 아니라 신약의 여러 곳에서 증언하는 인간의 불경건함을 매우 심각하게 받아들인다.

앞서 언급했듯이, 포용주의자들은 하나님의 계시에 대해 말할 때 시편 19편을 자주 인용한다. 시편 19편의 가장 중요한 의미는 하나님에 관한 설명, 즉 하나님의 능력과 영광, 창조적이고 섭리적인 역사에 대한 내용이다. 에릭슨은 사도 바울도 로마교회에 쓴 편지에서 성도들에게 하나님의 구속적 은혜의 보편적 범위를 확인하기 위해 시편 19편을 염두에 둔 듯이 이렇게 말한다고 한다. "그러나 내가 말하노니 그들이 듣지 아니하였느냐 그렇지 아니하니 그 소리가 온 땅에 퍼졌고 그 말씀이 땅 끝까지 이르렀도다 하였느니라"(롬 10:18). 에릭슨은 여기서 두드러지는 특징이 바울이 하나님의 일반계시를 통해 사람들이 구원의 소리를 들었다고 말하는 지점인데, 그렇다면 구원에 대한 믿음의 본질은 특별계시가 없이도 인간에게 도달할 수 있음을 바울은 어느 정도 인정하고 있었다는 것이다.[6]

로마서 1장 18-32절은 포용주의자들이 일반계시에 대해 설명하는 주요 구절이다. 특히 19절은 "이는 하나님을 알 만한 것이 그들 속에 보임이라 하나님께서 이를 그들에게 보이셨느니라"는 구절이 대표적이다. 하나님에 대한 이해는 인류의 눈에 분명하게 인식할 수 있도록 알려졌다. 하나님의 계시는

---

6 Millard J. Erickson, "Hope for Those Who Haven't Heard? Yes, But...", *Evangelical Missions Quarterly 11* (August 1975): 124.

개방적이고(open), 숨김이 없고(plain), 자명하다(evident). 이러한 하나님의 계시에 대한 인간의 반응은 두 가지 그룹으로 나누어 볼 수 있다. 첫 번째 그룹은 계시를 받은 사람들이 그 계시를 보고 창조주 하나님께 영광을 돌리고 감사하는 것이다. 두 번째 그룹은 이 분명한 지식에 반응하지도, 받아들이지도, 인정하지도, 실천하지도 않는 것이다. 더 나아가 그들은 하나님이 주시는 계시의 현상들을 그들을 위한 우상으로 바꾸어 버린다(23절). 그래서 결국 하나님이 주신 일반계시에 대한 후자의 반응은 그분의 심판을 초래한다.

바울이 로마서 1장에서 하나님의 존재와 그분의 본성에 대한 징후가 모든 사람에게 분명하고 뚜렷하게 보였다고 가르치는 것은 분명해 보인다. 그러나 여기서 그의 진술은 그러한 계시에 대해서 인간들의 거부와 억압을 지적하고 있다. 하나님이 계시하신 진리 자체가 인간에 의해 왜곡되고 뒤틀려 있는 것이다. 바울의 진술에서 보이는 인상은 문자 그대로 하나님의 계시는 모든 사람이 반응하는 것은 아니지만, 그럼에도 보편적임을 분명하게 보여준다. 그러나 여기서 에릭슨은 우리가 간과해서는 안 되는 것이 있다고 지적한다. 로마서의 이 구절에서 생략된 것은 일반계시에 근거하여 참 하나님에 대한 지식을 구하는 사람들에 대한 언급이다. 하나님의 일반계시에 긍정적으로 반응하는 사람들이 있을 수 있지만, 바울은 적어도 여기서는 그들에 대해 언급하지 않고 있다.[7]

포용주의자들 견해의 또 다른 주요 요소는 앞서 언급한 바 있는 '거룩한 이방인'(holy pagans) 개념이다. 이는 일반계시(유일한 창조주 하나님)에 근거하여 결국 온전한 구원을 위한 특별계시(예수 그리스도의 십자가)를 주시는 하나님을 믿는 사람들이 있다는 개념이다. 이 주제는 초기 포용주의의 신학적 틀을 세웠던 클락 피녹과 존 샌더스의 신학에서 중요한 부분을 차지한다. 의로운 이방인 노아와 욥, 이방인이지만 하나님의 제사장이었던 멜기세덱, 하나님을 경

---

7 Erickson, *How Shall They Be Saved?*, 149.

외하였던 이방인 이드로, 다른 신들보다 하나님의 능력을 믿었던 나아만 장군과 같은 구약성경의 거룩한 이방인들은 '영생을 얻는 믿음'에 대해 배타적이지 않는 하나님에 대한 본보기인 것이다(롬 2:6-7).[8] 이렇게 '하나님을 찾는 사람들'(God-seekers)은 인류와 맺은 하나님의 우주적 언약의 일부로서 구원을 받았다. 피녹에 따르면, 그들이 그리스도에 대한 지식 없이도 그들의 믿음으로 구원을 받은 것처럼(히 11장), 오늘날에도 연대기적으로는 '그리스도 이후'(Anno Domini)의 시대이지만 영적으로는 '그리스도 이전'(Before Christ)인 사람들이 자신이 가진 하나님의 빛에 근거해 그 하나님을 신뢰할 수 있다고 주장한다.[9]

신약성경에서 '거룩한 이방인'의 아주 중요한 예는 로마의 백부장 고넬료이다. 포용주의자들은 고넬료의 이야기를 교회가 등장하기 훨씬 전에 하나님께서 이방인들에게 구원의 믿음을 주셨고 복음을 듣지 않은 이방인들도 그리스도에 대해 알지 못해도 그리스도에 의해 결국 구원받을 수 있다는 주장의 증거로 사용한다.[10] 즉, 고넬료에게 베드로가 왔을 때 이미 하나님을 경외하여 하나님께 항상 기도하던(행 10:2) 그는 하나님에 의해 '구원받은 의인'이지만 아직 그리스도인은 아니었던 것이다.

포용주의자들의 견해를 요약하면, 하나님의 은혜를 떠나서는 그 누구도 하나님을 찾을 수 없다는 것은 분명한 사실이지만, 성경은 하나님이 먼저 계시하신 것들을 통해 인간이 온 마음을 다해 유일하시고 창조주이신 하나님을 찾을 때 그분을 만나게 될 것이라는 약속으로 가득 차 있으며, 하나님은 그분을 찾는 자들에게 은혜를 베푸시는 분이라는 약속이다. 모든 사람은 죄로 말미암아 전부 멸망하지만, 그럼에도 불구하고 모든 사람은 믿음을 통해 하나님의 은혜로 구원을 받는다. 하나님은 일반계시를 받은 사람들에게 창조

---

8 Clark Pinnock, "Inclusive Finality or Universally Accessible Salvation," unpublished paper (Annual Meeting of the Evangelical Theological Society, San Diego, CA, 1989), 163; Cf. Sanders, *No Other Name*, 259.

9 Sanders, *No Other Name*, 259.

10 Sanders, *No Other Name*, 223.

주이자 공급자이신 하나님을 경외하고, 그분께 감사하며, 그분의 계시를 왜곡했음을 깨달았을 때 하나님의 자비에 자신을 맡길 것을 요구하신다.

2. 일반계시를 주시는 하나님의 목적

앞에서 우리는 복음주의적 범주 내에서 일반계시에 대한 두 가지 서로 다른 접근방식을 살펴보았다. 특별계시주의의 견해는 논의의 여지가 없이 분명하다. 일반계시는 구원을 수반할 수 없다. 하지만 또 다른 견해인 포용주의는 특정 조건 아래서 일반계시가 복음을 듣지 못한 사람들을 구원하는 충분한 수단이 될 수 있음을 말한다. 그렇다면, 일반계시가 구원의 수단이 된다면 그것을 계시하신 하나님의 목적은 무엇일까? 의심의 여지없이 일반계시는 하나님의 주권적 목적에 중요한 역할을 하며, 그 역할에 대해 이 지점에서 살펴보고자 한다.

하나님의 계시에 대한 인간의 긍정적 반응

하나님께서 자연과 인류 역사에서 그분의 은혜와 영광과 선하심을 드러내신다는 것은 매우 분명하다. 하지만 이 사실을 그 자체의 목적과 연관시키면 이에 대한 판단은 쉽지 않다. 하나님이 드러내신 일반계시의 목적은 무엇일까? 어떤 사람들은 성경 전반에 걸쳐 설명하는 하나님의 계시들을 통합하여 일반계시의 목적을 설명하려 한다. 현대 변증학의 창시자로 알려진 미국의 신학자 코넬리우스 반 틸(Cornelius Van Til)은 구원의 은혜가 자연에서 직접적으로 드러난다고 말할 수는 없지만, 자연을 통해 자신을 드러내시는 분은 구원의 은혜의 하나님(the God of saving grace)이심을 언급한다. 그런데 반 틸이 말하는 그 두 가지는 어떻게 조화를 이룰 수 있는 것일까? 반 틸은 이 문제에 대한 해답은 하나님은 영원하시고, 이해 불가능하며, 가장 자유로우시고, 가장 절대적이시라는 진리에서 출발해야 한다고 주장한다.[11] 그러므로 하나님이 자신을 드러내시는 계시는 절대적으로 자발적인 것이다. 바로 여기에 하나님의 계시의 다양한 형태가 서로 결합되어 있다. 자연을 통해 드러나는 하나님의 계시는 성경 전반에서 묘사하는 하나님의 계시들과 더불어 인간에게 자신을 계시하는 언약적 계시, 즉 하나님의 하나의 거대한 계획을 형성한다.

반 틸이 자연을 통해 드러나는 하나님은 구원의 하나님이라고 말하는 것처럼, 하나님의 창조 가운데 구원신앙을 깊이 관찰한 김정훈 박사도 창조세계는 하나님이 구원 행동을 펼치시는 은혜의 장소라고 주장한다. 우리는 '창조'와 '구원'을 구분할 수 있지만, 서로를 배제하지 않고 서로의 경계를 벗어나지도 않는 창조주이자 구원자 되시는 한 분 하나님의 일관되고 포괄적인 활동임을 인식할 수 있다는 것이다.[12] 그렇다면, 하나님의 창조는 구원을 열망하는 시원(始原)으로 작용하고, 선한 창조적 질서는 전능자가 섭리하는 인간의 역사 안에서 자연스럽게 하나님 영광을 드러낸다. 또한 나일건 박사도 창조 가운데 역사하는 하나님의 영을 근거로 들며, 구원으로 인도하는 하나님의 영은 토착민의 문화들을 중심으로 제기된 구원에 관한 질문들에 대해 하나님의 창조 원리에서 대답을 한다고 말한다. 창조 가운데 드러난 창조주에 대한 인간의 상상력을 통해서 성령의 새로운 경륜은 토착문화의 장벽을 극복하고 그들로 하여금 하나님에게로 귀순하게 한다는 것이다.[13]

하나님의 창조를 통해 구원의 하나님을 볼 수 있다는 주장들은 분명 유익한 통찰이다. 하지만 그럼에도 불구하고 일반계시의 그 목적을 파악하기엔 여전히 불분명하다. 반 틸은 특별계시와 별개로 일반계시의 목적을 독립적으로 고려하는 것을 피하는 듯하다. 그리고 김정훈 박사는 창조와 구원이 어

---

11 Cornelius Van Til, "Nature and Scripture," in *The Infallible Word: A Symposium*, eds. N. B. Stonehouse and Paul Woolley (Phillipsburg, PA: Presbyterian & Reformed, 1946), 266; Cf. Strange, "General Revelation," 69.

12 김정훈, "구약성서의 선교적 해석 고찰: 창조 및 구원신앙과 포로기/포로기 이후 이스라엘의 자기 이해를 중심으로"「선교신학」제69집(2023), 188.

13 나일건, "성령신학 관점에서 본 동아시아 토착화신학 연구"「선교신학」제71집(2023), 84.

떻게 일관되는지 구체적으로 설명하지 않는다. 같은 맥락에서, 나일건 박사도 하나님의 영이 어떻게 인간들로 하여금 하나님에게로 귀순하게 하는지 거기에 대한 구체적인 설명이 부족하다. 결국 하나님의 존재가 인간의 편에선 절대적으로 이해될 수 없고 그분의 뜻과 의지는 온전히 자유롭다는 것을 우리가 긍정한다면, 하나님의 계시의 목적 또한 절대적으로 이해될 수 없고 자발적이다. 그렇기에 창조 세계 가운데 활동하는 구원의 하나님이 어떻게 인간을 구원하는지 우리가 설명하기엔 매우 제한적이다. 또한 인간은 하나님의 창조에 담긴 하나님 구속의 은혜를 다른 형태의 은혜로 엮어낼 권리도 없다.

당연한 말이지만, 전 인류 역사에서 하나님이 창조 세계를 통해 주신 계시 외에 다른 계시(예수 그리스도)를 받지 못한 사람들은 무수히 많았다. 앞서 말했듯 특별계시주의자들은 로마서 1:18-23을 인용하여 창조에서 드러나는 하나님의 계시는 인간을 정죄할 수 있는 '충분한' 근거를 제공할 뿐, 그들을 구원으로 인도하기에는 '불충분'하다고 주장한다. 또한 인간은 자신의 마음에 새긴 율법을 어긴다(19절). 결국 창조 세계와 인간의 양심에 기록된 하나님의 계시는 그들의 죄를 씻을 수 있는 믿음을 불러일으킬 만한 지식을 제공하지 못하기 때문에 온전한 구원을 위한 특별계시의 필수성이 여기서 발견된다.

하지만 우리는 로마서의 저 구절에서 바울의 가르침을 과장하지 않도록 매우 조심해야 한다. 바울이 일반계시만 받은 사람 중 '그 누구도' 하나님을 창조주로서 공경하거나 하나님께 감사하지 않는다고 단호하게 말하고 있는 건가? 그렇지 않다. 로마서 1장 18절에서 바울은 "하나님의 진노가 불의로 진리를 막는 사람들의 모든 경건하지 않음과 불의에 대하여 하늘로부터 나타나나니"라고 가르고 있는 것이지, '모든 사람'이 궁극적이고 최종적으로 그렇게 한다고 표현하지 않는다. 바울이 분명히 말하고 있는 것은 하나님의 창조에서 드러나는 계시(creational revelation)의 진리를 억압하고 하나님을 하나님으로 공경하거나 감사하지 않는 사람들은 변명의 여지가 없으며, 이는 일반계시에 대한 죄악된 반응이라는 것이다. 하나님의 계시에 긍정적으로 반응하는 사람들이 있을 수 있지만, 로마서 1장에서 바울은 분명 이들에 대해선 언급하고 있지 않는다.

창조주 하나님에 대한 긍정적인 반응을 한 역사적 사례는 사실 많다. 캐나다의 선교사 돈 리처드슨(Don Richardson)은 그 유명한 페루의 마추픽추(Machu Picchu)를 건설한 15세기 잉카제국의 왕 파차쿠티 잉카 유팡키(Pachakuti Inca Yupanqui)를 예로 든다. 파차쿠티는 만물을 창조한 신 비라코차(Viracocha)를 숭배하였다. 이 신은 다음과 같이 묘사된다. "고대적이고, 멀리 떨어져 있고, 최고이며, 창조되지 않은 존재. 그는 타자로부터의 총체적인 만족을 필요로 하지 않는다... 그는 그의 '말씀'으로 모든 민족을 창조하셨다. 그분은 참으로 생명의 원리이다. 그분은 스스로 축복받은 존재이며 인간의 비참함을 불쌍히 여기신다. 그분만이 인간을 심판하시고 용서하시며 악한 세력에 맞서 싸울 수 있게 하신다."[14] 비라코차에 대한 이러한 묘사는 기독교의 하나님에 대한 묘사와 매우 흡사하다. 파차쿠티 왕은 창조 세계를 통해 드러난 하나님을 인식하고 그에 대한 긍정적인 응답을 한 것으로 볼 수 있는 지점이 있는 것이다.

또한 원주민들이 기존에 가지고 있었던 종교적 개념 또는 관습이 기독교의 복음을 받아들이는 데 중요한 역할을 하기도 한다. 이에 대해 리처드슨은 전 세계에서 아직까지 식인풍습이 존재하는 5-6개 부족 중 하나인 뉴기니(New Guinea)의 사우위(the Sawi) 부족을 대상으로 한 자신의 선교 경험을 소개한다. 이들에게는 흥미로운 관습이 있었다. 사우위 부족의 한 아버지가 타 부족과의 평화로운 관계를 위해 자신의 아들을 그 부족에게 '평화의 아이'(peace child)로 바치면, 두 부족 사이에 있었던 과거의 분쟁들은 해결되고 미래의 전쟁마저 예방할 수 있다는 것이다. 리처드슨이 사우위 부족에게 복음을 전하며

---

14 B. C. Brundage, *Empire of the Inca* (Norman, OK: University of Oklahoma Press, 1963), 165; Cf. Don Richardson, *Eternity in Their Hearts* (Ventura, CA: Regal, 1984), 38. 옮김이 역.

예수 그리스도의 의미를 그들이 본래 알고 있던 '평화의 자녀'로 설명하였을 때, 사우위 부족은 복음의 메시지를 금방 이해하였고 그들의 신앙으로 어렵지 않게 받아들였다.[15]

리처드슨은 우리가 기독교의 복음을 전할 때 원주민들의 종교 안에 있는 개념과 관습을 완전히 거짓되고 전적으로 버려야 할 것으로 치부하기보다 복음과의 접촉점으로 고려하는 것이 중요하다고 말하고 있는 것이다. 다시 말해, 일반계시는 인류의 역사를 통틀어 종교적 문화들에 내재된 구속의 비유(redemptive analogies)를 포함할 수 있으며, 기독교 복음을 받아들일 마중물 역할을 할 수 있다는 것이다.

리처드슨의 주장과 비슷한 주장을 하는 우리나라 학자들도 상당히 있다. 김지인 박사는 카톨릭 예수회의 중국선교 전략을 연구하며, 예수회의 '영적 이미지' 이론에 주목한다. 이 이론은 선교 현장에서 엠블럼과 삽화와 같은 예술적인 이미지를 활용하여 복음을 전한다면, 사람들의 마음에 복음을 특정 이미지를 통해 은유적으로 이해시키고 각인시켜서 하나님께 더 가까이 나아가도록 도움을 줄 수 있다는 이론이다. 그러면서 김지인 박사는 예수회 문인이자 엠블럼 이론가인 자콥 메이슨(Jakob Masen)이 하나님은 말씀 안에 자신을 계시하실 뿐 아니라 피조물 안에 있는 상징적인 언어로 피조물 안에 자신을 계시하신다는 말을 긍정하며, 하나님이 창조한 피조물인 자연과 인간의 마음에 계시된 하나님의 선과 아름다움을, 예술행위를 통해 하나님의 아름다움과 진리를 인식하도록 돕는다고 본다.[16]

김신구 목사도 김지인 박사와 비슷한 맥락으로 주장한다. 그에 따르면, 예술은 창조하는 것이 아니라 창조된 것에 인간의 정신과 감성을 불어넣는 과정에서 새롭게 생성되어 나타난다. 따라서 예술신학적 아름다움은 창조주의 미적 정신과 원뜻을 형상화하거나 실제화하는 모든 창의적 표현 및 활

---

15 Richardson, *Eternity in Their Hearts*, 111.
16 김지인, "예수회 예술신학이 중국선교에 미친 영향에 관한 고찰: 중국화 된 엠블럼 북들을 중심으로" 「선교신학」 제37집(2014), 83.

동과 연결된다. 김신구 목사는 이러한 관점을 '선교적 행위예술'이라 말한다.[17]

 타 종교 안에 있는 특정 관습이나 예술 작품이 하나님의 진리로 다가가게 할 수 있음을 긍정하는 주장들 외에도, 창조세계에서 드러난 하나님의 계시에 대한 인간의 긍정적인 반응은 다양하게 존재한다. 이 부분은 미국 선교학자 제럴드 맥더모트(Gerald McDermott)의 조나단 에드워즈(Jonathan Edwards)에 대한 역사적 연구에서 찾아볼 수 있다. 맥더모트는 에드워즈가 작성한 다양한 종교 신앙에 관한 메모들에 초점을 맞춘다. 에드워즈는 일반적이지도 않고('보편적이지 않기 때문에') 특별하지도 않은('그리스도를 통한 구원을 드러내지 않기 때문에') 또 다른 계시를 말한다. 에드워즈는 이런 유형의 계시를 기독교의 전통을 통해 여러 세대에 걸쳐 전해 내려온 '프리스카 신학'(prisca theologia)에서 유래된 '계시된 유형'(revealed types)이라고 부르는 범주에 속한다고 본다.[18] 맥더모트는 에드워즈가 프리스카 신학 안에서 다른 종교들을 어떻게 보았는지 다음과 같이 서술한다.

> 프리스카 신학(The prisca theologia)은 알렉산드리아의 클레멘트, 오리겐, 락탄티우스, 유세비우스와 같은 고대 신학자들에 의해 처음 발전되었으며, 그 이후 위대한 철학자들이 그 고대 신학자들의 지혜에 빚을 졌음을 보여준다... 에드워즈는 프리스카 신학에 대한 자신의 해석에서 이방인들은 하나님의 계시에 대해 점진적 과정을 통해 참 진리를 배웠다고 말한다. 세계의 "첫 시대"(first ages)에 각국의 위대한 교부들은 하나님으로부터 직접적 또는 간접적으로 종교적 진리에 대한 다양한 계시를 받았다. 그 이후 이

---

17 김신구, "행위예술의 관점에서 본 예수의 비언어적 표현들: 선교적 행위예술의 신학적 규정을 위한 한 시도," 『선교신학』 제71집(2023), 39.
18 Gerald McDermott, *Jonathan Edwards Confronts the Gods* (New York: Oxford University Press, 2000), 94–95.

러한 진리들은 기독교내에서 하나의 전통에 따라 한 세대에서 다음 세대로 전해졌다. 그러나 안타깝게도 인간이 유지하는 종교에는 인간의 유한함 때문에 무질서도 작용한다. 인간의 유한성과 죄성은 필연적으로 하나님의 계시를 왜곡하여 미신과 우상숭배를 초래한다… 에드워즈는 이방인 종교들과 철학이 '많은 부조리'(many absurdities)를 포함하고 있다는 사실을 항상 눈여겨보았다. 그러나 그는 프리스카 신학을 통해 부조리한 것들 가운데서도 구원의 길을 보여줄 수 있는 '진리의 조각'(scraps of truth)도 충분히 있다는 것을 배웠다.[19] (옮김이 역)

위와 같은 맥락에서 피녹은 상당히 유익한 통찰을 제공한다. 피녹에 따르면, 타 종교들도 인간의 삶을 더 품위 있게 만드는 데 도움을 주기에 하나님의 공통된 은총의 선물로 볼 수 있지만, 그러나 동시에 종교는 불행히도 인간 세상의 권력과 마찬가지로 사람을 무언가의 노예로 만들고, 속이고, 하나님으로부터 멀어지게도 한다. 그렇기에 예수 그리스도가 필요한 것이다. 예수는 다른 신들을 포함한 모든 권세를 다스리는 주님이시며, 모든 이름 위에 높임을 받으셨다. 그러므로 그분은 모든 종교에 도전할 수 있고 그 종교들이 가지고 있는 악에 대해 책임을 물을 수 있다.[20]

로마서 1장으로 돌아가서, 요점은 하나님의 계시에 긍정적으로 반응하는 사람들이 있을 수 있다는 것이다. 여기서 중요한 것은 특별계시와 마찬가지로 일반계시에 응답하는 인간의 책임이다. 로마서 1장 20절은 "창세로부터 그의 보이지 아니하는 것들 곧 그의 영원하신 능력과 신성이 그가 만드신 만물에 분명히 보여 알려졌나니 그러므로 그들이 핑계하지 못할지니라"라고 말한다. 그러므로 그들은 변명할 수 없다. 에릭슨이 지적하듯, 그들이 받은

19 Gerald McDermott, *Jonathan Edwards*, 95.
20 Clark H. Pinnock, *A Wideness in God's Mercy: The Finality of Jesus Christ in a World of Religions* (Grand Rapids: Zondervan, 1992), 121.

계시가 있음에도 하나님을 신뢰하지 않았기에 정죄 받아야 한다면, 이 계시를 통해서도 어떤 방식이든 그분의 요구사항을 충족시킬 수 있었음에 틀림없다.[21] 그렇지 않다면 책임과 정죄는 모두 무의미하다. 한 개인이 내면의 율법에 근거하여 자신의 죄와 죄책감, 하나님을 기쁘시게 할 수 없음을 깨닫게 된다면, 그 율법은 또한 그를 구원의 은혜로 인도하는 영향도 분명히 있는 것이다.

하나님의 은혜에 대한 증거

사도 바울은 로마서 2장 14-16절에서 하나님의 모세를 통해 유대인들에게 준 율법에 대해선 알지 못하지만 본질적으로 그 율법의 내용들이 요구하는 것을 행하며 살아가는 이방인들에 대해 이야기한다. 그러한 이방인들은 유대인이 소유하고 있는 율법이 없더라도 그들 스스로에 대한 율법이 있다. "율법 없는 이방인이 본성으로 율법의 일을 행할 때에는 이 사람은 율법이 없어도 자기가 자기에게 율법이 되나니"(14절). 이 말씀의 의미는 무엇일까? 바울은 어떤 이방인들은 모세의 율법이 없더라도 그들이 양심에 근거한 행위들로 모세의 율법의 요구 사항들을 충족하여 결국 구원받을 수 있음을 시사하는 것일까?

로마서 3장 20절과 28절, 로마서 4장 5절, 갈라디아서 2장 16절, 3장 11절과 같은 바울의 또 다른 진술들에 의하면, 그러한 단순한 결론을 내릴 수 없다. 예를 들어, 로마서 3장 20절은 "율법의 행위로 그의 앞에 의롭다 하심을 얻을 육체가 없나니 율법으로는 죄를 깨달음이니라"고 분명히 말한다. 바울은 모세의 율법을 가진 사람이든 자신의 내면에 가진 사람이든, 율법을 지키려는 노력을 통해서는 그 누구도 구원받을 수 없다고 일관되게 말한다.

---

21 Erickson, *How Shall They Be Saved?*, 194.

그렇다면 로마서 2장 14절은 예수 그리스도를 받아들여 회심을 한 이방인 그리스도인들을 언급하고 있다는 해석은 어떨까? 이런 맥락으로 미국 트리니티 신학교의 신약학 교수 더글라스 무(Douglas Moo)는 로마서 2장을 주석하면서 사람들이 선을 행하거나 율법에 순종함으로써 구원을 받는다는 바울 말의 진정한 의미는 그들의 선한 행위 자체를 의미하는 것이 아니라 선을 행함으로써 나타나거나 증명되는 그들의 믿음으로 구원을 받는다는 것이라고 주장한다.[22] 분명 믿음을 강조하고 있는 더글라스 무의 주장은 설득력이 있으나, 그러나 하나님 심판의 기준에는 행위 그 자체도 포함된다고(롬 2:6) 말하는 바울의 설명과는 상충된다. 믿음과 행위 사이에서 일종의 딜레마가 생기는 것이다.

이에 대해 에릭슨은 탁월한 통찰을 제공한다. 그는 우리가 하나님의 심판에 대해 고려할 때는 반드시 마태복음 25:31-46의 소위 '대심판 장면'(the scene of the great judgment)을 염두에 두며 모든 것을 동일선상에 두고 질문을 해야 한다고 말한다.[23] 만약 거기서부터 출발하지 않는다면, 우리는 행위로 구원받는 사람은 아무도 없다는 바울의 분명한 진술과 직접적으로 모순될 수가 있기 때문이다. 단순하게 말하면, 모든 판단은 하나님의 뜻에 달려있다는 것이다.

로마서 2장에 묘사된 율법의 진정한 목적이 구원이 아니라면 그럼 무엇을 말하고 있는 것일까? 갈라디아서 3장 24절의 바울에 따르면, 율법은 우리를 그리스도께로 인도하기 위해 주어진 것이다. 그렇다면, 이것이 로마서 2장에 나오는 율법의 본질이라면, 내면에 기록된 도덕적 양심인 율법도 모세의 율법과 같은 기능을 하는 것이다. 다시 말해, 그 내적 양심 또는 선을 향한 충동은 인간의 부족함을 드러내어 회개를 이끌어내는 역할을 하는 것이다. 이런 의미에서 에릭슨은 율법이 요구하는 것은 완전한 순종이며, 그것이 결

---

22 Douglas Moo, "Romans 2: Saved Apart from the Gospel?" in *Through No Fault of Their Own? The Fate of Those Who Have Never Heard*, eds. William V. Crockett and James George Sigountos (Grand Rapids: Baker, 1991), 141.
23 Erickson, *How Shall They Be Saved?*, 150-151.

여된 상태에서는 회개라고 말한다.[24] 모세의 율법이든 인간 내면의 율법이든 모두 하나님 은혜의 필요성을 인식하게 하고, 하나님의 자비에 자신을 맡기도록 하는 것이다.

바울은 로마서 2장에서 누가 실제로 회개하는 상태에 이르렀는지에 대해서는 언급하지 않는다. 바울은 단지 그들의 양심이 증거하는 것, 즉 '그들을 서로 고발하거나 스스로를 변호하는 생각'(15절)에 대해 이야기할 뿐이다. 그리고 그는 결정적으로 "하나님이 예수 그리스도로 말미암아 사람들의 은밀한 것을 심판하시는 그날"을 강조한다(16절). 분명 어떤 사람들은 자신의 선한 생각이나 양심에 의해 자신의 처지를 정당하게 변호할 수 있겠지만, 바울의 진술에 따르면, 그렇다고 그들 스스로의 변호가 하나님의 심판 앞에서 진정한 칭의를 가져오는지의 여부는 명확하지 않은 것이다.

결론적으로 성경은 결코 일반계시 자체가 인간을 구원의 길로 안내한다고 말하지 않는다. 따라서 우리는 자연과 인간 양심을 통한 하나님의 계시 목적이 무엇인지 자신 있게 밝힐 수 없다. 인간의 추론의 영역일 뿐 하나님의 주권에 맡길 수밖에 없는 것이다. 다만 그럼에도 우리가 분명하게 말할 수 있는 진리는 하나님 자신이 창조세계에서 자신의 능력과 영광을 드러내셨고, 사도 바울이 하나님의 구속적 은혜의 보편적 범위를 확증하고 있다는 사실이다(롬 10:18). 이런 맥락으로 칼뱅(John Calvin)은 로마서를 주석하며 일반계시에 관하여 매우 유용한 통찰을 제시한다. "주께서 그분의 언약 은총을 이스라엘에게만 국한시키셨을 때에도 이방인들에게 여호와 자신을 알 수 있는 지식을 거두지 않으셨으며, 그들 가운데 그 지식에 대한 불꽃을 계속 일으키셨다."[25] 일반계시에만 접근할 수 있는 사람들 가운데서 "불꽃"이 일어나는 것은 하나님의 영광과 그분의 자비에 자신의 삶을 드리는 죄인들의 삶 가운데 하나님의 은혜로운 역사를 보여주는 강력한 증거가 된다.

---

24 Erickson, *How Shall They Be Saved?*, 152.
25 John Calvin, *Romans* (Edinburg, UK: The Calvin Translation Society, 1849), 233; Cf. Tiessen, *Who Can Be Saved?*, 143 옮김이 역.

3. 일반계시의 가치에 대한 평가

앞서 설명한 대로, 모든 인간이 일반계시에 동등하게 접근할 수는 있지만 모두가 긍정적으로 반응하는 것은 아니다. 인간은 각자의 행위에 따라 심판을 받게 된다(계 20:12-13). 안정적이던 교수직을 사임하고 미국 스탠포드대학(Stanford University)에서 수년간 기독학생회를 이끌며 세계 40여 국가를 돌아다니면서 탁월한 저서를 많이 남긴 미국의 신학자 다니엘 클렌데닌(Daniel Clendenin)은 우리가 일반계시의 은총을 판단할 때 가장 궁극적인 기준은 하나님의 계시(자연계시와 특별계시 모두)에 대한 인간의 반응, 즉 하나님의 은혜와 그 은혜를 받아들일 인간의 자유 사이의 '상승적 만남'(the synergistic encounter)에 있다고 말한다.[26] 클레데닌의 통찰을 고려하며, 이제 이 장의 마지막 부분으로서 성경에서 하나님의 은혜를 매개하였던 일반계시 사례들의 가치를 평가(assessment)해 볼 것이다.

노아와 맺은 하나님의 우주적 언약

앞서 우주적 차원의 하나님 은혜에 대해 살펴본 바 있다. 우주적 차원의 하나님 은혜로서 가장 대표적인 사례는 노아와 맺은 하나님의 언약일 것이다. 왜냐하면 노아와 맺은 언약은 전 인류와 맺은 언약이기도 하기 때문이다. "내가 너희와 언약을 세우리니 다시는 모든 생물을 홍수로 멸하지 아니할 것이라 땅을 멸할 홍수가 다시 있지 아니하리라"(창 9:11). 안드레아스 J. 쾨스텐버거(Andreas J. Köstenberger)와 피터 오브라이언(Peter O'Brien)은 노아와 그의 가족이 하나님의 언약을 위임받는 이 장면을 보면서, 인간에게 죄가 계속 존재함에도 불구하고 하나님은 창조질서, 즉 인간과 그의 세계와의 언약을 유지하

---

26 Daniel Clendenin, *Many Gods, Many Lords* (Grand Rapids: Baker, 1995), 57.

려는 하나님의 의지가 뚜렷하게 보인다고 말한다.[27]

하나님께서 노아와 맺은 언약을 단지 육체적 보존의 언약으로만 여기고 구속의 언약은 아니라고 여길 수 있다. 하지만 이는 단순히 홍수로부터 한 가족을 보존하는 것 이상의 약속이다. 대홍수 후, 하나님께서는 노아에게 구름 위의 무지개를 보여주시며 모든 민족(또는 모든 창조세계)을 향한 언약을 세우시는 장면을 보면 알 수 있다. "하나님이 노아에게 또 이르시되 내가 나와 땅에 있는 모든 생물 사이에 세운 언약의 증거가 이것이라 하셨더라"(창 9:17). 이 언약을 고려하며 피녹은 다음과 같이 말한다.

> 우리는 이 언약을 통해 하나님께서 역사의 한 가닥이 아니라 지구상의 모든 민족을 포함한 인류의 전 역사에 관심을 갖고 계시다는 것을 알 수 있다. 하나님께서는 이 언약을 통해 자신의 구원 목적이 선택된 한 국가뿐 아니라 노아 안에서 공동의 조상을 공유하는 모든 민족 사이에서 이루어질 것임을 선포하고 계시다.[28]
>
> (옮긴이 역)

우리는 흔히 온 인류를 향한 하나님의 보편적 구원의 언약을 생각할 때 아브라함과 맺으신 언약을 떠올린다. 이는 성경 전반에서 하나님의 구속적 은혜를 설명할 때 '아브라함의 하나님'이라는 수식어가 붙기 때문일 것이다. 분명 하나님께서 아브라함과 언약을 맺으실 때도 온 세상에 대한 관심을 보이셨다. 하지만 그와 맺은 하나님의 언약 패턴은 이전에 노아와 맺은 그 언약과는 사뭇 다르다. 하나님은 땅의 모든 족속이 아브라함 안에서, 그리고 그를 통해 복을 받도록 아브라함을 부르셨다(창 12:3). 이는 성경의 나머지 부분

---

27 Andreas J. Köstenberger and Peter T. O'Brien, *Salvation to the Ends of the Earth: A Biblical Theology of Mission, New Studies in Biblical Theology*, ed. D. A. Carson (Downers Grove, IL: InterVarsity Press, 2001), 28.

28 Pinnock, *A Wideness in God's Mercy*, 21.

에서 지속적으로 나오는 패턴, 즉 하나님께서 구속적 은혜의 근원이 되는 한 사람을 따로 선택하여 많은 사람을 구원하시는 패턴의 시작임은 분명하다. 이와 같이 하나님께서 노아와 맺으신 언약에서 하신 구체적인 약속과 이후 아브라함과 하신 언약 사이에는 상당한 유사점이 있지만, 노아와의 언약에는 '피조물 전체'에 대한 하나님의 관심이 확연하게 보인다. 따라서 아브라함과의 언약보다 더 보편적이고 더 넓은 범위의 구속의 은혜는 노아와의 언약이고, 아브라함의 언약은 그 노아와 맺으신 언약을 이행하는 것이 된다. 다시 말해, 노아에 대한 하나님의 약속은 아브라함을 통해 모든 민족의 축복을 위한 길을 준비하시는 것이다.

거룩한 이방인들의 현실

'거룩한 이방인'(holy pagnas)이라는 개념은 하나님의 구원계시의 관점에서 클락 피녹과 존 샌더스의 사상에서 핵심적인 역할을 한다고 앞서 언급한 바 있다. 두 신학자 모두 멜기세덱, 아비멜렉, 이드로, 고넬료와 같이 언약의 민족 이스라엘의 외부에서 온 '신자들'(believers)은 하나님의 일반계시에 근거하여 구원을 받았다고 주장한다. 확실히 동의가 되는 부분이 있고, 하나님의 보다 넓은 구속적 은혜에 대해 긍정적으로 고려할 때 도움이 되는 주장이기도 하다. 그러나 그들의 주장에는 한 가지 심각한 문제점이 있다. 하나님의 넓은 구원을 말하기 위해 '거룩한 이방인'의 예를 활용하기엔 우리가 그들의 증언들에 의해 그들의 영혼이 구원받은 상태가 되었다고 확언할 만큼 그들에 대해 충분히 알지 못한다는 점이다.

피녹과 샌더스는 멜기세덱에 관하여 말할 때, 그가 일반계시를 통해 하나님에 대한 구원의 지식을 소유했다고 말하지만, 이에 대한 증거는 제시하지 않는다. 앗수르나 바빌론과 같은 이방 나라들을 불의한 이스라엘을 심판하고 결국 그들을 구원하기 위한 수단 또는 도구로 사용하시는 경우는 얼마든지 있다(사 10:5-6, 렘 25:1-14). 이러한 경우는 그 이방 국가들에 대한 구원을 말하고 있는 것이 아니다. 이스라엘을 향한 하나님의 특정한 목적이 있는 것이다. 그러니 멜기세덱이 가지고 있었던 여호와에 대한 지식이 하나님의 특정한 목적을 위해 자신을 계시하고 있는 하나님의 특별한 방법이 아니라, 그 자체가 일반계시를 통한 구원의 지식이라고 어떻게 확신할 수 있나? 피녹과 샌더스의 주장은 하나님의 은혜에 근거하고 있지만, 성경 본문에는 멜기세덱이 하나님의 은혜로 '구원받았다'는 명확한 증거는 없다. 그러니 그들의 주장은 분명 많은 부분 공감은 되지만, 하나님의 자비에 기대는 가정에 그칠 수밖에 없다.

신약의 고넬료에게도 같은 문제점이 적용된다. 피녹과 샌더스와 같은 일부 포용주의자들은 고넬료가 일반계시에 근거하여 하나님에 의해 '구원받았다'는 결론을 내린다. 샌더스는 심지어 고넬료가 베드로와 대화하기 전에 '이미' 구원받은 사람이었다고 주장하는데, 이는 의인이며 하나님을 두려워하였던 고넬료와 하나님과의 경건한 관계를 고려한 판단으로 보인다.[29]

에릭슨은 이와 같은 샌더스의 주장에 대해 세 가지를 지적한다. 첫째는 성경에서 고넬료를 묘사하는 데 사용된 '하나님을 두려워하는 자'(God-fearing man)라는 용어이다. 이 용어는 당시 사도행전에서 유대인의 회당에는 나오지만, 완전히 예수 그리스도의 복음을 받아들이지는 못한 이방인을 지칭하는 용어였다.[30] 베드로가 유대인의 회당에서 예수 그리스도의 복음을 전할 때 그 복음을 들었던 유대인들과 같은 입장인 것이다. 즉, 고넬료는 유대인 그리스도인들과 동일한 특별계시를 받았으며, 그것을 그 유대인들과 같이 구원의 근거로 삼았던 사람이다. 따라서 고넬료를 구약의 '신자들'(believers)과 인식론적으로 동일하다고 말할 수 있다. 이런 맥락에서 에릭슨은 그리스도 이전에 하나님의 은혜로 구원받은 유대인이 있었다고 말하려면 그 유대인

---

29 Sanders, *No Other Name*, 223.
30 Erickson, *How Shall They Be Saved?*, 155.

들과 마찬가지로 고넬료 또한 일반계시에 근거한 구원은 아니라고 말해야 할 것이라 주장한다.

에릭슨의 두 번째 지적은 고넬료가 베드로와 대화하기 전에 하나님의 사자가 그에게 나타났다는 것에 관한 점이다.[31] 피녹과 샌더스는 하나님이 보낸 천사의 출현은 그가 구원받은 자로서 받아들여졌다는 것을 의미하며, 이는 분명 특별한 계시의 예가 될 수 있다고 주장한다. 그러나 이 주장은 주장의 합리화를 위해 너무나 단순한 사실들을 간과한다. 성경에서 이방인에게 하나님이 보내신 사자가 특별히 나타나는 사건이 아주 전례가 없는 일은 아니다. 하나님의 사자가 이방인에게 나타난 사례는 꽤 많이 찾아볼 수 있다. 따라서 고넬료를 일반계시를 통해서만 구원받는 신앙의 범주로 보기에는 무리가 있다.

고넬료에 대한 피녹과 샌더스의 해석에 관한 에릭슨의 마지막 지적은 천사가 고넬료에게 전한 메시지에 대한 베드로의 보고이다.[32] 베드로는 예루살렘 교회에 자신이 고넬료를 만났던 것을 다음과 같이 보고한다. "그가 우리에게 말하기를 천사가 내 집에 서서 말하되 네가 사람을 욥바에 보내어 베드로라 하는 시몬을 청하라. 그가 너와 네 온 집이 구원받을 말씀을 네게 이르리라 함을 보았다 하거늘"(행 11:13-14). 앞의 13절 '그'는 고넬료이다. 고넬료는 베드로를 초청한다. 그리고 14절의 '그'는 베드로이다. 베드로는 '구원받을 말씀'을 전한다. 고넬료가 이미 구원받은 상태였다면 베드로를 초청하는 의미는 없다. 베드로가 전한 말씀은 말 그대로 '구원받을 말씀'이었지 구원을 받은 자에게 주는 말씀이 아니었다. 즉 구원을 받을 수 있는 믿음의 상태와 구원받은 믿음은 엄연히 다른 것이다.

이러한 에릭슨의 세 번째 지적은 존 스토트의 통찰과도 상통한다. 스토트는 천사가 고넬료에게 "네 기도와 구제가 하나님 앞에 상달되어 기억하신 바

---

31 Erickson, *How Shall They Be Saved?*, 156.
32 Erickson, *How Shall They Be Saved?*, 156.

가 되었으니"(행 10:4)라고 말한 지점을 주목한다. 하나님께서 의로운 사람인 그의 기도와 선행을 기억하셨다는 것이 반드시 구원으로 연결되는 것은 아니란 것이다. 베드로는 나중에 예루살렘 교회에 자신과 고넬료 사이에 일어난 일을 설명할 때, 고넬료에게 베드로가 받은 하나님의 약속, 즉 '네가 고넬료에게 구원받을 메시지를 선포할 것이다'(행 11:14)라는 말씀을 구체적으로 보고한다. 그리고 예루살렘 교회는 베드로의 보고에 대해 "하나님께서 이방인에게도 회개하면 생명을 얻게 하신다"(행 11:18)라고 반응을 했다. 그렇다면, 어떤 의미에서는 하나님께서 '받아들일 만한'(acceptable) 사람이었지만, 회심하기 전의 고넬료는 '구원'(salvation)도 '생명'(life)도 없었다는 것이 분명하다.[33]

그러므로 '거룩한 이방인'과 관련하여, 성경에는 일반계시에만 반응하여 구원받은 자로서 진정한 '신자'(believers)라고 우리가 판단하기에는 너무 불분명한 사례들이 존재한다. 또한 성경에는 구약과 신약 양쪽 모두 하나님의 특별한 현현에 영감을 받았음에도 불구하고 '신자'가 되지 못한 사람들에 대한 모호한 사례들도 있다. 성경은 그들이 어떤 식으로 구원에 이르렀는지, 혹은 이르지 못했는지 설명하지 않는다. 우리는 멜기세덱과 같은 인물들에 대해 알 수 있는 정보가 너무 적기 때문에 그들의 믿음이 일반계시의 결과인지, 아니면 하나님의 특별한 종류의 계시에 노출되어 유도된 것인지 알 수가 없다.

바울의 아테네 사람들과의 논쟁

사도행전 17장 24-30절에서 바울은 아테네 사람들에게 하나님께서 한 조상으로부터 인류를 창조하시고 모든 민족을 섭리적으로 통치하신 것은 '그들이 하나님을 찾고 더듬어서 하나님을 찾게 하려는 것'(행 17:27)이라고 말한다. 바울의 이 주장을 고려하면 인류를 향한 하나님의 섭리적 통치 가운데 하나

---

33 존 스토트, 크리스토퍼 라이트, 『선교란 무엇인가』(서울: IVP, 2018), 126.

님의 목적 중 하나는 사람들이 하나님을 알도록 인도하는 것이다. D. A. 카슨은 바울의 주장에 대해 매우 탁월한 통찰을 한다. 사람이 하나님을 찾고자 더듬어서 찾고자 한다면. 어떤 경우에는 하나님께서 사람들의 눈을 열어 창조주의 존재와 은혜를 인식하게 하고 회개와 믿음으로 하나님을 향하여 자비를 간구하도록 하실 수도 있다는 것이다.[34] 카슨이 보기에는 아테네 사람들이 그런 사람들이다. 복음주의자인 카슨은 특별한 언약적 계시를 벗어난 하나님의 구원 사역을 다루는 데 매우 신중하지만, 바울이 아테네 사람들 앞에서 하나님의 우주적 계시에서 하나님의 은혜로운 목적에 대한 설명을 제시했음은 인정을 하고 있는 것이다.

하나님의 은혜로운 목적을 인정한다고 하더라도, 사도행전 17장 24-30절에서 바울이 그들과 나눈 논쟁에서 온전히 확실한 것은 바울이 이 구절을 통해 아테네인들의 구속적 지위(the redemptive status)를 확언하고 있지 않다는 것이다. 비록 하나님께서 일부 이방인들의 눈을 열어 전심으로 그분을 찾게 하셨더라도, 하나님께서는 그들로부터 예수 그리스도라는 올바른 결론을 이끌어 내는 것을 목표로 하신다. 바울은 이러한 하나님의 소망을 가지고 그리스도를 선포할 근거를 마련하였고, 실제로 "몇 사람"은 그 복음을 믿게 된다. "몇 사람이 그를 가까이하여 믿으니 그 중에는 아레오바고 관리 디오누시오와 다마리라 하는 여자와 또 다른 사람들도 있었더라"(34절).

4. 맺는말

예수 그리스도가 이 땅에 오기 전이든 그 이후든, 인류의 대부분은 일반계시에만 의존하며 살아왔다. 그리스도께서 그러한 사람들을 위한 구속의 길

---

34 Carson, *The Gagging of God*, 309.

을 제공하셨다고 가정한다면, 그 구속은 어떻게 그들에게 효력을 발휘할 수 있을까? 하나님께서는 분명히 그들의 죄에 근거하여 그들을 심판하실 주권적 권리가 있다. 그러나 또 다른 진실도 존재한다. 하나님께서는 일반계시를 통해서도 그들이 그분의 구속적 은혜를 알기를 원하신다는 것이다.

이 장에서는 성경을 통해 하나님께서 일반계시라는 매개를 통해 자신을 알리신 사람들에게 기대하시는 믿음의 종류를 살펴보았다. 그러나 일반계시를 통해서만 분명하게 구원받은 사람에 대한 성경적 예는 찾아볼 수 없다. 따라서 멜기세덱이나 이드로와 같은 구약의 위인들, 그리고 심지어 구원받을 만한 믿음을 가지고 있었던 고넬료와 같은 사람들을 하나님의 구원을 받은 자로 섣불리 판단하는 것은 성경의 범위를 넘어서는 소망적 추론의 영역이다.

그럼에도 불구하고, 티센은 일반계시를 통해 구원받은 사람들에 대한 성경의 예가 부족하다는 점을 지나치게 강조할 이유는 없다고 말한다. 왜냐하면 그리스도께서 그러한 사람들을 위해 구속을 제공하셨는지도 우리가 확실하게 알지 못하기에 그러한 주장은 배타성 혹은 그 주장을 하는 사람들의 신앙적인 우월감과 같은 제한적 가치를 가질 뿐이기 때문이다.[35]

더 나아가, 에릭슨은 일반계시를 통해 얻을 수 있는 '복음의 본질적 특성'(the essential nature of the Gospel message)을 구성하는 다섯 가지 요소를 제시한다.[36] 이 다섯 가지 요소는 일반계시가 하나님을 알지 못하는 사람들을 구원하는데 어떻게 작용할 수 있는지 이해하는 데 매우 유용하다.

(1) 선하시고 권세를 가지신 한 분 하나님에 대한 믿음
(2) 인간은 하나님의 율법에 대해 완벽한 순종을 하지 못한다는 빚을 하나님 앞에 가지고 있다는 믿음

---

35 Tiessen, *Who Can Be Saved?*, 149.
36 Erickson, "Those Who Haven't Heard," 125.

(3) 죄 많은 인간은 결국 하나님 율법의 기준에 부합하지 못하므로 죄책감과 정죄를 받고 있다는 의식

(4) 인간이 하나님께 드릴 수 있는 그 어떤 것도 이 죄와 죄책감을 보상할 수 없다는 깨달음

(5) 하나님은 자비로우시며 그분의 자비에 의지하는 사람들을 용서하고 받아들이신다는 믿음

에릭슨은 이러한 요소들을 종합하여 일반계시만 알고 살아가는 한 사람이 이 일련의 믿음을 가지고 있다면, 그가 그 조항의 세부 사항들을 의식적으로 알고 이해하든 그렇지 않든 간에 하나님과 구속적으로 관련이 되어 그리스도 희생의 은혜를 받을 가능성이 있음을 긍정적으로 보자고 제안한다.[37]

창조세계를 통해 하나님에 대해 인간이 알 수 있는 것은 그분의 능력, 영광, 선하심이다. 하나님께서 특정 개인들에게 일반계시만 주셨다면, 하나님의 구속적 은혜는 그들이 받은 그 지식에 따라서만 믿고 순종할 것을 요구하는 것이다. 그러나 하나님의 은혜는 인간의 양심이든 창조세계든 그 안에서 발견될 수 있는 것들과 구별되며, 사람의 깊은 사색과 영감을 통해 자신의 도덕적, 영적 상태를 창조주 앞에서의 죄로 이해할 수 있다. 이러한 이유로 사도 바울은 모든 사람에게 특별히 계시된 예수 그리스도의 복음을 전할 것을 촉구한다(로마서 10장). 또한 성경에서 복음을 접하지 않았지만, 하나님을 어느 정도 믿는 사람들에 대한 우리의 이해와 판단은 그들이 복음을 받아들일 준비가 되어 있고 여전히 복음을 필요로 하는 사람으로 간주하는 것이다. "그리스도는 모든 믿는 자에게 의를 이루기 위하여 율법의 마침이 되시니라"(롬 10:4).

마지막으로, 이 장에서 일반계시에 대해 깊이 있게 살펴본 것들은 포용력

---

37 Erickson, "Those Who Haven't Heard," 125.

있는 진정한 선교적 동기로 연결이 된다. 여기서 제시한 제안들과 결론들은 일반계시를 구원으로만 관련하여 생각하는 기독교인들에게 보다 넓은 신학적 지경을 제공할 것이다. 이러한 지경은 교회 울타리 밖을 바라보며 배타적인 마음과 태도를 보이고 있던 기독교인들이 세상을 바라볼 때 구원받은 자로서 우월한 위치에 있다는 경직된 시선이 아닌, 하나님의 경이로움과 하나님의 측량 못 할 넓은 구원의 소망을 기대할 수 있게 도울 수 있다.

4장 타종교 안에서 구원의 가능성[1]

1 본 장은 학술지 「선교신학」에 기고된 적 있는 저자의 논문 내용이다. 박운조, "타종교 구원의 가능성에 대한 복음주의적 고찰 「선교신학」 제71집(2013).

2006년 미국중앙정보국(CIA)의 보고에 따르면, 무슬림 인구가 다수인 국가들에서 이슬람 신자들이 2006년도에만 1.8%의 성장했다.[2] 2011년, 워싱턴 D.C.에 위치한 미국의 초당파적 통계기관인 '퓨 리서치 센터'(the Pew Research Center)는 2011년 기준 이후로 20년간 전 세계의 무슬림 인구는 비무슬림 종교들보다 2배는 빠르게 증가할 것이라고 예상하였다.[3] 또한 2022년 '한국선교연구원'(Korean Research Institute for Mission)에 따르면, 현재 세계 인구의 약 13%인 10억 7,378만 4천 명이 힌두교인들이라고 보고하였다.[4]

다양한 종교들의 번영에 더불어, 서양에서는 비종교화가 급격히 증가하였다. 대표적인 기독교 국가인 영국의 경우, 2021년도 영국정부의 공식적인 인구 조사에서 불과 43%의 인구만이 스스로를 기독교인이라고 규정하였는데, 이는 조사 시점 기준 20년 전인 2001년도 통계의 72%에서 매우 급격하게 줄어든 수치이다. 이에 비례해서 2021년 같은 해 '종교 없음'이라고 밝힌 인구는 영국의 전체인구에서 46.5%나 되었다.[5] 미국의 선교학 교수 데이비드 구스타프슨(David M. Gustafson)에 따르면, 전통적으로 기독교 국가였던 덴마크, 독일, 프랑스, 스웨덴에서는 고작 5%도 안 되는 매우 적은 인구만이 매주 일

2 Central Intelligence Agency, "Averaging of Individual Country Figures," The World Factbook, Accessed March 20, 2021, https://www.cia.gov/the-world-factbook/ (2023년 4월 27일 접속)
3 "The Future of the Global Muslim Population," Pew Research Center, January 27, 2011, https://www.pewforum.org/2011/01/27/the-future-of-the-global-muslim-population/ (2023년 5월 10일 접속)
4 한국선교연구원, "세계선교통계", https://krim.org/세계-선교-통계 2022년/ (2023년 5월 10일 접속)
5 Office for National Statistics, https://www.ons.gov.uk/peoplepopulationandcommunity/culturalidentity/religion/bulletins/religionenglandandwales/census2021/ (2023년 5월 10일 접속)

요일 지역교회에 참석하고 있는 실정이다.[6] 우리나라의 기독교인 비율도 서양의 전통적인 기독교 국가들의 상황과 전혀 다르지 않다. 한국갤럽 조사에 의하면, 2004년 한국 내 기독교인 비율은 24%였는데, 2021년에는 16%로 대폭 하락하였다.[7] 이와 같은 현상들을 고려하면, 현대의 많은 기독교인들은 타종교인들 혹은 비종교인들과 함께 같은 지역사회에서 그들의 공적인 삶을 공유하며 살아가고 있는 것이다.

분명 기독교 선교는 수 세기 동안 전 세계에 걸쳐 활발히 이루어져왔다. 하지만 기독교 선교가 활발히 이루어졌던 지역들에서 동시에 다른 종교들 또한 번성했다는 사실 또한 간과할 수 없는 역사적 사실이다. 그 종교들이 인식하는 신에 대한 관점은 기독교가 말하는 삼위일체 하나님이나 십자가와 같은 기독교의 가르침들과 명백하게 상충되지만, 불교의 자비사상 또는 유교의 덕에 대한 가르침과 같이 기독교의 가르침과 내용상 일치하는 부분들도 존재한다.[8] 따라서 우리는 스스로 물어야 한다. 타종교들은 기독교와 공유하는 지점이 분명히 있음에도, 그들을 완벽하게 우상숭배적이고 악마적이라고 볼 수 있는가? 타종교들의 교리와 가르침과 관습들에는 하나님에 대한 그 어떠한 특성도 존재하지 않는가? 우리가 비기독교인들과 교제할 때 마주하는 그들의 특수하고 종교적인 사고구조에는 창조주 하나님께 영감을 받아 구원의 근거가 될 만한 어떠한 형식도 존재할 가능성은 없는가?

이 장에서는 인간과 세상, 그리고 하나님에 관하여 우리가 알 수 있는 진리인 성경에 권위를 두며 복음주의적 관점으로 위와 같은 질문들에 접근할 것이다. 구원은 오직 죄인 된 인간들로 하여금 하나님을 믿고 그들 스스로 하나님의 자비에 의탁하게 하는 하나님의 은혜의 활동에 의해서만 성취된다.

---

6 David M. Gustafson, *Gospel Witness: Evangelism in Word and Deed* (Grand Rapids: Eerdmans, 2019), 2.
7 한국갤럽, 갤럽리포트, "한국인의 종교 1984-2021 (1) 종교현황," 2021년 4월 7일, http://www.gallup.co.kr/gallupdb/reportContent.asp?seqNo=1208 (2023년 5월 10일 접속)
8 제럴드 맥더모트, 한화룡 역, 『기독교는 타종교로부터 무엇을 배울 수 있는가?』 (서울: IVP, 2018) 참고.

하나님의 이러한 은혜는 십자가에 못 박히고, 죽임당하고, 장사되신 예수 그리스도 안에 온전히 계시되었다. 인간의 죄를 사하기 위해 그리스도는 죽음을 이겼고 결국 모든 인간이 무릎을 꿇게 되는 자가 되셨다(빌 2:10). 그 어떤 종교도 인류의 역사 가운데 인간이셨던 이 예수 그리스도를 전하지 않기 때문에, 타종교의 가르침들은 기독교가 말하는 종말론적 진리를 제공할 수 없다. 이러한 분명한 전제를 가지고, 이 장에서는 타종교들 안에 있는 구원의 가능성에 대해 살펴보고자 한다.

1. 다양한 이견들

교회의 역사에서 구원에 대한 정통교리에 반대하는 견해들은 주기적으로 제기되곤 했다. 그러한 견해들은 전 인류를 두 부류로, 즉 구원받은 그룹과 구원받지 못한 그룹으로 나눌 수 없고, 하나님이 허락하시는 다양한 수단을 통해 모든 인류는 결국 전부 구원을 받게 된다고 주장한다. 요컨대 하나님의 구원은 모든 사람에게 실제적으로 적용되기 때문에 '보편적(universal)'이다. 오늘날 이러한 견해들을 통칭하여 '다원주의(Pluralism)'라 부르곤 하는데, 엄밀한 의미에서 보다 넓은 의미인 다원주의와 보편주의(Universalism)는 정확하게 동의적 의미를 갖지는 않는다. 하지만 구원이라는 주제에 국한하여 논의하는 본서에서는 편의상 보편주의를 다원주의와 동의적 의미로 사용하겠다.

보편주의

'보편주의'의 기본적 정의는 결국 모든 사람은 하나님의 은혜로 용서를 받고 구원을 받게 된다는 것이다. 따라서 보편주의자들은 하나님의 사랑과 은혜, 그리고 그분의 주권으로 인해 모든 인류의 미래를 낙관하는 신념을 공유한다. 보편주의를 지지하는 신학적 주장은 하나님의 무한한 사랑, 하나님의 전능성과 영원성, 이러한 하나님의 본성들에 초점을 맞춘다.[9]

보편주의자들은 하나님을 모든 사람을 사랑하시며 그분의 피조물과의 완벽한 교제를 원하시는 신으로 인식한다. 따라서 신약성경이 묘사하는 하나님은 구원의 하나님이자 동시에 벌하시는 하나님이 아니라, 온전히 구원의 하나님인 것이다.[10] 주목할 만한 보편주의자는 영국 성공회 주교였던 존 A. T. 로빈슨이다. 로빈슨에게 보편주의는 하나님의 사랑뿐만 아니라 그분의 전능함에서 연역적으로 인식이 됨을 다음과 같은 진술로 표현한다.

> 결국 모든 사람을 구원하려는 하나님의 의지를 그분이 스스로 수정하는 것은 자신의 외부적 힘에 대해 물러선다는 결론이 된다... 그 힘은 결론적으로 하나님보다 더 강하다는 것을 보여 주는 것이며, 이는 하나님 사랑의 전능성을 의심케 만든다. 하나님이 단 한 명을 구원 못하든 수백만 명을 구원 못하든, 그렇다면 하나님의 전능한 사랑의 힘은 어떠한 외적인 힘에 의해 무참히 실패하게 되는 것이다. 이 실패가 단순히 그분의 전능한 사랑의 한계로 표현되든, 아니면 사랑 이외의 다른 힘에 의지하든, 그것은 아무런 차이가 없다. 두 경우 모두 하나님의 존재 안에서 모순이 일어난다. 단순하게 말하면, 하나님은 전능한 하나님이기를 중단하는 것이다.[11] (옮김이 역)

하나님의 신성한 영원성에 비추어 볼 때, 보편주의자들에게 있어서 인간은 시간이나 공간에서 하나님의 지속적인 사랑에서 벗어날 수 없는 존재이

---

9 John Sanders, *No Other Name*, 89.
10 William Dalton, *Salvation and Damnation* (Butler, WI: Clergy Book Service, 1977), 81.
11 John A. T. Robinson, *In the End, God: A Study of the Christian Doctrine of the Last Things* (Cambridge, UK: James Clarke & Co., 1968), 117–18.

다. 하나님의 사랑은 이 땅의 시간에 의해 제한될 수 없기에, 사후세계에서는 하나님께서 끝내 우주적 구속계획을 성취하실 수 있는 무수한 영겁의 시간(countless eons)이 존재할 수도 있는 것이다. 그러면 그 영원의 시간을 통해서 하나님을 거부하던 자들을 포함하여 결국 모든 사람은 구원을 받게 되는 것이다.[12]

또한 보편주의자들의 관점에서 볼 때, 하나님의 정의는 그분 사랑의 표현으로 이해된다. 많은 보편주의자들은 "도대체 어떤 신이 인간을 직접 창조해 놓고서 그들이 영원히 벌 받는 것을 기뻐하겠는가?"라고 묻는다. 즉 보편주의자들에게 하나님의 정의는 그분의 사랑에 의해 피조물을 무한히 벌하지 않는 것이다.[13]

복음주의자들의 다양한 반응

1장에서 살펴보았듯이 복음주의자들 사이에서도 타 종교인들의 운명에 대한 명확한 합의는 없다. 1장의 내용을 다시 간략히 살펴보자.

교회중심주의자들(Ecclesiocentrists)이 타 종교에 대해 판단할 때 명확한 근거는 오직 성경의 가르침이다. 특히 이들이 가장 강조하는 성경 구절은 사도행전 4장 12절이다. "다른 이로써는 구원을 받을 수 없다니 천하사람 중에 구원을 받을 만한 다른 이름을 우리에게 주신 일이 없음이라." 이들은 예수의 이름을 믿어야 구원을 받는다는 구원의 요건이 보편적이라고 믿는다.[14] 따라서 비기독교 종교들에도 구원의 수단이 있을 수 있다는 가능성은 전면 부정한다.

---

12 John Hick, *Death and Eternal Life* (Louisville, KY: Westminster John Knox, 1994), 258.
13 Michael Paternoster, *Thou Art There Also: God, Death and Hell* (London, UK: SPCK, 1967), 155.
14 Douglas R. Geivett and Gary W. Phillips, "A Particularist View: An Evidentialist Approach," in *More Than One Way? Four Views on Salvation in a Pluralistic World*, ed. Dennis L. Okholm and Timothy R. Phillips (Grand Rapids: Zondervan, 1995), 230.

불가지론자들(Agnosticists)은 교회중심주의자들의 주장에 전반적으로 동의하지만, 복음을 듣지 못하였거나 그 복음에 적절히 반응할 기회를 갖지 못한 사람들을 하나님께서 구원할 수 있다는 가능성을 전면적으로 부정하지는 않는다. 하나님은 분명히 모든 사람을 구원하실 수 있지만, 모든 사람에게 하나님의 풍성한 축복과 무한한 자비를 인간인 우리가 보장할 수는 없기에, 하나님이 모든 자를 구원하시는지 여부는 알 수 없다는 것이다.

접근주의자들(Accessibilists) 주장의 어조는 불가지론자들의 주장과 매우 유사하지만, 한 걸음 더 나아간다. 그들은 다른 종교의 신자들이 비록 그 종교가 오류를 범하고 있고, 체계적으로도 하나님을 찾는 사람들에게 비생산적이라는 사실에도 불구하고 개별적으로는 하나님과 구속적 관계에 '있을 수 있다'(may be)는 것을 인정한다.[15] 접근주의자들은 예수 그리스도만이 하나님의 유일한 구원의 수단이지만 타 종교인들이 구원을 받을 가능성이 있다는 희망을 가져야 할 성경적 근거는 분명히 있기 때문에 하나님의 구원사역을 기독교라는 종교의 울타리 안에만 국한시켜서는 안 된다고 주장한다.

복음주의 범주에서 가장 급진적인 입장인 종교적도구주의자들(Religious instrumentalists)은 예수가 어떤 의미에서는 여전히 유일하고 규범적인 존재로 여겨지지만, 비기독교 종교들을 통해서도 각 신자들은 하나님의 구원을 받을 수 있다고 주장한다. 하나님은 각 종교들을 통해 그분의 존재를 인식하고 받아들인 모든 자를 구원하시기에 구원의 수단으로서 세상의 종교들을 사용하신다는 것이다.

---

15 Tiessen, Who Can Be Saved?, 33.

2. 타 종교 안에 있는 하나님의 계시

특별계시주의자라고 불리는 배타주의자들은 타 종교에서는 그 어떠한 진리도 발견될 수 없으며, 그렇기에 하나님의 계시에 대한 반응이 있을 수도 없다고 여긴다. 반면에, 다원주의 기독교인들은 교회에 대한 하나님의 자기 계시와 타 종교들 사이에 근본적인 유사성이 있다고 주장한다. 성경의 절대적 권위를 인정하면서 동시에 하나님의 은혜를 깊이 고려한다면, 하나님이 타 종교 안에서도 자신을 계시하신다는 명제에 대해 우리는 어떠한 신학적 틀을 가져야 할까?

우선 일반계시에서 우리가 '일반적'이라고 규정하는 것들은 전 세계 많은 종교인들의 종교적 활동의 주요한 요소이다. 모든 사람은 각자의 양심을 가지고 있으며, 인간은 기본적으로 그들이 살아가고 있는 이 물리적 세계의 본질과 기원에 대해 나름의 고민을 한다. 사도 바울은 인간의 양심에 하나님의 도덕적 법칙에 대한 신성한 증거가 담겨 있음을 인정하며, 이방인들도 "그 양심이 증거가 되어 그 생각들이 서로 혹은 고발하며 혹은 변명하여 그 마음에 새긴 율법의 행위를 나타내느니라"(롬 2:15)라고 말한다. 종교개혁자 존 칼뱅도 창조세계는 하나님의 임재와 본성, 속성을 보여주는 거울이 되며, 이 창조세계의 질서에 대한 성찰을 통해 인간이 창조주 하나님을 인식할 수 있다고 말한바 있다.[16] 따라서 우리는 타 종교 안에도 하나님의 계시가 존재함을 그저 간과하기는 어렵다.

그러나 각 종교들에는 진정 보편적이지 않기 때문에 '일반적'(general)이지도 않고, 죄와 죽음으로부터 구원의 길을 밝히기 위해 주어진 규범적 계시라는 의미에서 '특별'(special)하지도 않는 종교적 형태들도 존재한다. 예를 들어, 불교에서 말하는 '윤회'와 '전생'의 개념은 하나님의 속성을 보여주는 방식으로

---

16 John Calvin, *Institutes of the Christian Religion*, ed. John T. McNeill (Philadelphia: Westminster, 1960), 1.5; Cf. Gerald R. McDermott and Harold A. Netland, *A Trinitarian Theology of Religions: An Evangelical Proposal* (New York: Oxford University Press, 2014), 91.

서 '일반적'이지도 않고, 그렇다고 죄와 사망을 끊어내는 예수 그리스도를 가리키는 방식으로서의 '특별한' 의미를 가지고 있지도 않다. 즉, 종교들이 가지고 있는 다양한 '계시들'은 하나님께서 이 세상을 위해 특별한 언약 관계를 맺은 백성을 세우실 때 주신 계시와 일치하지 않는다. 그러므로 우리가 타종교들 안에 있는 하나님의 계시를 분별하고 평가하는 것은 매우 신중해야 한다.

비기독교 공동체들에 대한 하나님의 특수한 계시

인도 북동부의 원주민인 산탈(the Santal)족은 '타쿠르 지우(Thakur Jiu)'라는 신에 대해 구전되어 내려오는 종교전통을 가지고 있다. 19세기 그 부족을 선교하던 스칸디나비아 기독교 선교사들은 산탈족의 신을 깊이 연구하였다. 그리고 결론적으로 '타쿠르 지우'는 성경에 나오는 창조주 하나님과 그 속성이 동일하다는 판단을 내렸다. 또 다른 사례로는, 에티오피아의 원주민 게데오(Gedeo)족은 '마가노(Magano)'라는 자비롭고 전지전능한 창조주 신을 믿고 있었다. 1948년, 기독교 선교사 앨버트 브랜트(Albert Brant)와 글렌 케인(Glen Cain)은 게데오족에게 복음을 전했는데, 이미 그들이 지니고 있던 유일신에 대한 개념이 기독교 복음에 대한 이해를 도와, 복음을 받아들인 지 30년 만에 게데오 부족의 사회에는 평균 200명 이상의 교인이 출석하는 교회가 200개 이상 세워졌다.[17]

하나님은 그 분의 자유로운 의지와 은혜를 통하여 특정 종교전통 안에 있는 개인들에게 그 분의 속성을 계시하면서 그들의 종교적 신념과 가치, 윤리, 그리고 상징적 언어들을 형성하시고 재조정하신다는 것을 우리는 전면적으로 부인하기가 어렵다. 그들의 종교전통에서 하나님은 절대로 어떤 형

---

17 Don Richardson, *Eternity in Their Hearts,* 56.

태로든 활동할 수 없다고 인간인 우리가 어떻게 자신 있게 단언 할 수 있는가? 하나님께서 그들에게 그분의 성품과 속성을 드러내시고 하나님의 완전한 계시인 예수 그리스도의 복음을 전할 자들이 도래할 때까지 그들을 준비시킬 능력이 없는가? 하나님의 구원사역이 타종교인들의 생애 가운데 아직은 실현되지 않은 약속된 하나님의 은혜의 실현에 대한 소망을 가지고, 그것을 고대하는 그들의 마음속에서 이미 시작되었을지 우리는 알 수가 없다.

기독교인으로서 복음이 전해지기 전에는 아무도 실제적 구원을 받지 못한다고 생각하기 쉽다. 그러나 그렇게 함으로써 우리는 우리에게 종교적으로 익숙하지 않을 뿐, 하나님의 소중한 피조물인 사람들을 향한 하나님의 자비에 대해 무지해 질 수 있다. 분명 우리는 하나님의 영의 은혜로운 행위로 인해 죄인들의 마음에 생긴 선함과 창조주를 향한 경외심을 하나님께서 의롭다고 받아들일 수 있음을 판단할 위치에 있지 않다. 그렇기에 타 종교 안에는 그 가치를 과장해서는 절대로 안 되지만 동시에 우리가 부정할 수도 없는 하나님의 계시의 수단이 있을 수 있는 것이다.

불충분한 지식

제럴드 맥더모트는 하나님께서 기독교 전통 밖에 있는 사람들과 다양한 종교전통에도 그분 자신에 대한 일정한 지식을 주셨다는 사실을 성경은 담고 있다고 말한다. 하나님이 제공하는 그 지식은 어떤 교리나 역사적 사건이 아니라, '내적 체험(inner experience)' 또는 '새로운 인식(new awareness)'의 성격을 띠고 있음을 성경이 증언하고 있는 것이다.[18] 이에 대한 대표적인 예는 멜기세덱이다. 구약학자 월터 브루그만(Walter Brueggemann)에 따르면, 창세기에서 아브람은 가나안의 판테온 최고의 신 '엘 엘리온(El Elyon)'의 제사장 멜기세덱을

---

18 Gerald R. McDermott, *Can Evangelicals Learn from World Religions? Jesus, Revelation and Religious Traditions* (Downers Grove, IL: InterVarsity Press, 2000), 73.

만난다.[19] 이 멜기세덱은 엘 엘리온의 이름으로 아브람을 축복하며, 그 신이 아브람의 적들을 그의 손에 넘겨주었다고 선언한다(창 14:19-20). 그 이후 아브람은 소돔 왕에게 "천지의 주재(야훼), 지극히 높으신 하나님(엘 엘리온)께 맹세" 했기 때문에 왕의 소유는 아무것도 취하지 않겠다고 말한다(창 14:22-23). 브루그만의 이러한 주석을 인용하며 맥더모트는 다음과 같이 말한다.

> 이 구절에서 아브람이 한 일을 주목하라. 그는 두 가지 방식으로 야훼와 엘 엘리온을 동일시하였다. 그는 두 이름이 하나의 같은 하나님을 가리킨다는 것을 암시하듯 두 이름을 결합하였으며, 완전히 명확하지도 않음에도 멜기세덱이 하늘과 땅의 창조자로 묘사한 엘 엘리온을 야훼의 이름에 부여했다… 멜기세덱은 히브리인들로부터 야훼에 대한 설명을 들어본 적이 없었음에도 불구하고 참 하나님에 대한 지식을 가지고 있었다. 그렇다고 참 하나님에 대한 멜기세덱의 믿음이 아브람의 믿음과 같았다는 것을 암시하는 것은 아니며, 엘 엘리온에 대한 가나안인들의 믿음이 야훼에 대한 믿음과 정확히 일치한다는 것을 의미하지도 않는다. 그러나 본문은 멜기세덱이 이스라엘의 거룩하신 분으로 자신을 드러낸 하나님에 대해 어떤 종류의 지식을 가지고 있었다는 것은 분명해 보인다.[20] (옮긴이 역)

맥더모트의 해석에 따르면, 창세기에 나오는 멜기세덱은 아브람의 혈통을 통해 주어진 하나님의 계시와는 별개로 가나안 신의 이름으로 참 하나님을 숭배했던 것은 분명해 보인다. 당연히 이스라엘과 교회에 대한 하나님의 자기계시를 배제한 채 세계의 종교들에서 하나님에 대해 알 수 있는 것에 대해

---

19 Walter Brueggemann, *Genesis Interpretation: A Bible Commentary for Teaching and Preaching* (Atlanta: John Knox, 1982), 3.
20 McDermott, *Can Evangelicals Learn*, 77–78.

우리가 포괄적인 판단을 내리는 것은 분명 경계해야 한다. 하지만 멜기세덱의 경우를 고려할 때, 타 종교인들이 그들의 경건하고 신실한 종교적 헌신을 하는 가운데 하나님께서 그들에게 주신 참 하나님에 대한 증거나 진리가 발견될 수 있음을 전혀 부정할 수도 없다.

하나님이 제공한 지식이나 하나님이 계시한 진리의 전유에서 비롯된 다양한 종교들의 주목할 만한 측면이 있다면, 우리는 그것을 어떻게 평가해야 할까? 이 질문에 답하기 위해서는 먼저 기독교의 가르침과 다른 종교들에서 볼 수 있는 것 사이의 실제적인 차이점들부터 명확히 구분해야 한다. 해롤드 네틀랜드는 기독교인인 우리가 반드시 인식해야 하는 가장 우선적인 것은 타 종교의 가르침이나 그들의 종교적 관행들이 근본적으로 하나님이 성령에 의해 예수 그리스도를 통하여 어떻게 인간을 구원하셨고, 그리고 어떻게 구원하시는지에 대한 기독교인의 인식과 분명히 다르다는 것이고, 그렇기에 다른 종교들의 교리나 관행들은 삼위일체 하나님으로부터 온 직접적인 계시가 될 수 없다고 단언한다.[21] 다시 말하면, 다른 종교들이 가지고 있는 하나님에 대한 앎이 일정 부분 하나님이 계시하신 것이라 우리가 인정할 수 있더라도, 그것이 '구원받을 지식'으로서는 분명히 불충분하다는 것이다. 기독교와 타종교들은 죄인이며 결국 멸망할 인간의 실존에 대해 서로 다르게 바라보기 때문이다.

사도 요한은 요한복음에서 예수를 "말씀"이자 "인류의 빛"으로 묘사한다(요 1:1-4). 또한 요한은 빛인 예수가 어둠 속에서 지속적으로 비추고 있고, 어둠은 그 빛을 이기지 못했다고 말한다(요 1:5). 그리고 나서 요한은 이 진리를 하나님의 계시의 역사적 과정에 적용한다. "참 빛 곧 세상에 와서 각 사람에게 비추는 빛이 있었나니"(요 1:9). 이 성경구절은 진정 예수는 실제적으로 이 세상에 왔고, 모든 자에게 깨달음을 주었던, 그리고 지속적으로 주는 존재로서

---

21 Gerald R. McDermott and Harold A. Netland, *A Trinitarian Theology of Religions*, 111.

언제나 세상 가운데 있었음을 보여준다(요 1:10-11). 이 지점은 상당한 시사점이 있다. 인류역사 가운데 예수가 실제적으로 있었다는 사실을 밝힌 요한복음 1장은 기독교인이든 비기독교인이든 누구나 이성과 양심에 따라 어느 정도 진리의 빛을 자각할 수 있다는 것을 알려준다. 요한복음 1장을 우리가 신뢰한다면, 우리는 다른 종교들에 존재하는 선하고, 아름답고, 윤리적이며, 가치 있는 모든 것은 태초에 하나님과 함께 계셨고(요 1:2) 만물을 지으신(요 1:3) 예수 그리스도로부터 나온다는 말을 주저할 이유가 없다. 하나님은 특정 종교에 자신을 드러내어 그 종교를 믿는 사람들에게 진리의 빛을 주실 수 있는 전능한 하나님이라는 것을 우리가 부인할 이유도 없다.

완전한 계시를 향한 디딤돌(steppingstones)

물론 타 종교 안에 있는 하나님의 계시에는 부활하신 그리스도의 영과 하나님의 영감을 받은 성경이 말하는 계시로서의 '내재적 임재'(the indwelling presence)는 부족하지만, 그럼에도 불구하고 우리는 하나님께서 다양한 종교적 상황들 속에 심어 놓으신 하나님의 넓은 은혜, 즉 모든 인간이 그리스도를 향해 나아갈 수 있도록 돕고 복음의 메시지를 준비시키는 디딤돌 역할을 하는 하나님의 계시를 간과할 수 없다.

앞서 조나단 에드워즈(Jonathan Edwards)에 대한 맥더모트의 연구를 언급했다. 계속해서 맥더모트의 에드워즈에 대한 연구에 따르면, 에드워즈는 하나님이 궁극적으로 거짓된 종교적 체계들 안에도 참된 종교의 모형을 심어 놓았다고 믿었다. 하나님의 계시로 발동하여 만들어지는 종교심을 사단이 조작하여 기만적인 형태로 만드는데 오히려 그러한 종교들 안에 참된 것을 지속적으로 가르침으로써 인간을 기만하려는 사단의 권세를 이긴다는 것이다.[22] 이에 대한 예로서, 고대종교들이 가지고 있는 끔찍한 제도인 인신제사는 인간의 타락 이후 하나님이 제정하신 동물제물 제사를 사단이 모방한 결과이다. 대부분의 기독교인들이 알다시피, 구약성경에서 동물을 제물로 바치는 제사는 그리스도를 예표하는 매우 중요한 유형이었지만, 사실 이는 모든 이방인에게도 계시되었던 제사의 유형이었다. 그러나 사단은 인간을 기만하여 사람들로 하여금 하나님의 계시를 왜곡하고 하나님에 대한 지식을 오해하게 만들었다. 맥더모트는 그 결과로서 성경에서 표현된 이방인의 종교관습의 일부분은 하나님의 실재(divine realities)가 인간의 끔찍한 욕망으로 인해 왜곡된(때로는 끔찍한) 방식으로 만들어진 것이라 본다.[23] 즉 이방 종교의 종교적 관습들과 전통은 단순히 인간의 심오한 종교적 통찰이 아니라, 하나님이 직접 부여한 본래의 지각이 잘못 발전된 것이다.

그러므로 우리는 다른 종교들의 체계나 가르침 전체를 하나님의 뜻과 의지라고 여길 필요는 없지만, 여전히 그 안에 존재하는 하나님의 섭리를 볼 수 있다. 하나님은 본질적으로 죄악된 것에서도 하나님의 은혜의 결과를 가져오기도 하시며, 적어도 부분적으로는 종교들이 하나님의 계시에 대한 응답으로 태동되었음을 부인할 수 없다. 우리는 형이상학적이든, 철학적이든, 윤리적이든, 다른 종교들이 가지고 있는 종교적 구조가 이후에 하나님의 최종적이고 결정적이며 완전한 계시인 그리스도의 복음을 수용하고 받아들이는 데 디딤돌이 되기를 기대할 수 있다.

---

22 McDermott, *Can Evangelicals Learn*, 106; 맥더모트는 이 개념을 조나단 에드워즈의 다음 글에서 가져온다. Chapter 6, "Parables in All Nations: Typology and the Religions," in *Jonathan Edwards Confronts the Gods*.
23 McDermott, *Can Evangelicals Learn*, 114.

3. 타 종교 안에 있는 하나님의 섭리

이제 우리는 다른 종교들에도 존재하는 하나님의 계시에 대한 탐구를 넘어, 하나님이 그 종교들의 종교적 상황 가운데 그분의 구원의 계획을 이루기 위해 어떤 방식으로 일하시는지 살펴보고자 한다. 기독교인들, 특히 복음주의자들은 이 세상에 있는 특정 종교에 관하여 생각할 때 구원과 관련하여 그 종교의 역할을 고려하는 경향이 있다. 이런 경향은 어찌 보면 당연한 결과이다. 우리는 우리의 종교적 경험을 하나님이 인간을 죄와 사망으로부터 구원하시고 그들에게 새로운 삶을 주신 경이로운 은혜라는 측면에서 보기 때문이다. 하나님께서는 사람들로 하여금 공동체를 이루어 그분의 구원의 은혜를 그 안에서 경험하도록 하셨고, 더욱이 공동체의 경계를 넘어 이 세상에 하나님의 축복을 가져다주는 실천을 행하도록 하셨다. 따라서 우리는 다른 종교들을 이러한 기독교 공동체의 특성과 비교하며 바라보기에, 그 종교들이 기독교 공동체와 같은 하나님의 구원의 은혜로 형성된 공동체인지 자연스럽게 따지게 된다. 과연 타 종교 공동체들에도 하나님의 구원의 은혜가 있을까?

성취 모티브 (Fulfillment Motif)

'성취 모티브'는 모든 종교의 종교적 전통들은 진리(truth), 영성(spirituality), 초월(transcendence)에 부분적으로 접근할 수 있고, 기독교는 그것들에 온전히 접근할 수 있다고 여기는 이론에 기초하고 있다.[24] 따라서 성취 모티브는 각 종교를 절대화하지도 않고 반대로 악마화하지 않는다. 모든 종교들은 하나님에 대한 참된 지식의 일부를 포함하고 있기에 그들은 하나님의 진리를 나

---

24 Frank Whaling, "Religion Theories," in *The Blackwell Encyclopedia of Modern Christian Thought*, ed. A. E. McGrath (Oxford: Blackwell, 1993), 548; Cf. Ivan M. Satyavrata, *God Has Not Left Himself Without Witness* (Eugene, OR: Wipf and Stock, 2011), 9.

름대로 '성취'한다는 것이다. 더 구체적으로 말하면, 이 이론은 타종교의 전통들이 하나님에 대한 진정한 앎의 일부 요소를 포함하고 있으며, 각 종교의 신자들은 진정한 구원의 필요성에 대한 그들만의 정당한 교의적 표현을 하고 있는 것으로 간주한다.

이러한 성취이론은 기독교 신앙을 다른 종교와 연관시켜 신학적으로 사고하는 데 도움이 되는 많은 긍정적인 가치를 지니고 있다. 이 이론을 처음 발전시킨 대표적인 인물은 J. N. 파쿠하르(J. N. Farquhar)이다. 파쿠하르는 기독교 복음의 핵심 진리를 고수한 채 비기독교인들과 소모적인 신학적 논쟁을 피하면서 소통할 수 있는 뛰어난 공감력과 문화적 감수성을 가지고 있었다. 이러한 그의 종교적 감수성과 신학적 틀을 가지고 파콰르는 인도의 국가적, 문화적, 종교적 유산을 존중하며 힌두교의 '위대함'을 옹호하는 『The Crown of Hinduism』을 저술했다.[25] 파쿠하르는 기독교 신앙의 우월성을 분명히 하면서 동시에 다른 종교들에도 그들만의 정당한 자리가 있음을 설명하려 노력하였다. 파쿠하르가 시작하고 많은 신학자들이 발전시킨 이 성취이론은 이미 수년 전에 우리나라에서도 충분한 논의가 된 바 있고, 보수적인 신학자들에게 끊임없이 비판을 받으면서도 포용적인 에큐메니칼 운동을 전개하는 사람들에게 상당히 영향력 있는 이론으로 지금까지 남아 있다.

하지만 성취이론이 위와 같이 여러 긍정적인 측면을 지니고 있음에도 불구하고, 이 이론 안에서 분명한 구원에 대한 깨달음의 원천을 찾기는 매우 어렵다. 성취이론의 접근방식은 각 종교들이 가지고 있는 신에 대한 신비주의적 자각을 구원을 향한 길로 단순하게 결부시킨다. 즉 인간의 구원에 대한 탐구에는 인간의 이해가 더 이상 나아갈 수 없는 지점이 분명히 있으며, 인간이 구원의 필요성과 구원을 얻는 수단을 이해하는 지각의 은사를 받는 것은 하나님의 은혜로운 주도하에 이루어진다는 것이다.[26]

---

25 복사본, J. N. Farquhar, *The Crown of Hinduism* (London, UK: FB & Ltd., 2018).
26 Satyavrata, *God Has Not Left*, 165.

이러한 성취이론의 주장은 각 종교들이 신의 수준에 도달하려는 모든 신비주의적 시도들을 포괄하면서 오히려 그 종교들을 구원의 방편으로서 미치지 못하게 만든다. 이에 대해 D. A. 카슨은 다음과 같이 말한다.

성경에서 증언하는 예수 그리스도 안에서 옛 언약의 성취(마 5:17-20)는 우리가 '특별계시'라고 부르는 것의 성취이다. 그러므로 '성취' 자체는 종교적이고 개인적인 열망의 충족이 아니라 구약의 옛 언약이 분명한 약속으로 가리키는 종말론적 사건의 도래를 의미한다. 때로 구약이나 신약 양쪽 모두에서 하나님의 언약공동체를 둘러싸고 있는 이방인들의 종교적 열망을 실현하는 것이 구원의 '성취'로 보일 때가 있지만, 하나님의 가장 완벽한 계시인 그리스도와 복음이 그들의 종교적 열망을 성취하는 것으로 성경은 말하지 않는다. 이방종교의 신자들은 그러한 관점에서 그들 스스로를 보지 않으며, 실제로 그들의 종교가 그리스도를 통한 '성취'를 했다는 말을 들으면 모욕감을 느낄 것이다.[27] (옮긴이 역)

카슨의 통찰이 시사하는 바는 매우 중요하다. 물론 성경 전반에서 하나님의 임재나 예수 그리스도의 복음이 이방인들의 구원에 대한 열망에 영향을 주는 경우가 있기는 하지만, 그것이 결코 그들의 그 구속적 열망을 '성취'하는 것으로 결론을 맺지는 않는다.

우리는 타종교의 구원 문제를 그들의 신비주의적인 자기인식과 상관없이, 하나님의 분명한 계시인 성경의 관점에서 바라봐야 한다. 타종교들과 구별되는 기독교만의 독특성은 하나님이 인간을 죄와 그 결과로부터 구원하기 위해 행하신 일을 설명한다는 점에 있다. 성취이론은 죄를 범한 인간과 하나

---

27 Carson, *The Gagging of God*, 31.

님 사이의 끔찍한 심연, 즉 죄 많은 인간을 대신하여 십자가 위에서 고난당하시는 하나님의 사랑으로만 연결될 수 있는 간극을 고려하지 않는다. 그 간극은 겟세마네에서 고뇌와 피땀을 흘리셨고 십자가의 끔찍한 고독과 수치와 고통을 견디시는 그리스도를 인식할 때 비로소 인식할 수 있다. 성취 모티브는 이러한 종말론적 현실에 관한 어떤 것도 말하지 않는다. 이런 성취 모티브와 대조적으로 종말론적 현실에 대한 기독교적 입장은 분명하다. 십자가를 통해 인간을 죄의 상태에서 구원하시는 하나님의 궁극적인 목표가 기독교의 종말론적 현실을 형성한다. 십자가에서 드러난 하나님의 궁극적인 목적이 곧 하나님의 분명한 구원의 수단인 것이다.

타 종교 안에서 하나님의 섭리적 일하심

하나님의 섭리에 대한 개혁교회의 교리는 창조세계의 모든 것에 대한 하나님의 완전한 통치와 은혜를 확증하며, 인류 역사의 모든 것은 비록 인간의 어리석음이 영향을 미치더라도 하나님의 영원한 목적을 이루는 과정 가운데 있다는 것이다. 티센이 다음과 같이 설명하는 하나님의 섭리는 간결하면서 명료하다.

> 하나님께서 자신의 의지로 영향을 미치려 하는 일과 하나님이 허용하시는 일 사이에는 중대한 구별점이 있다. 하나님은 피조물이 자유롭게 행하는 죄악 가운데서도 그분의 목적을 달성하시고, 피조물의 어리석은 행동의 결과들에서조차 선을 가져 오시면서 그분의 더 큰 계획(the larger program)으로 통합한다.[28] (옮김이 역)

---

28 Tiessen, *Who Can Be Saved?*, 394.

세상의 모든 것이 하나님의 섭리에 의해 다스려 지고 있다면, '세상의 모든 것'에 속하는 다양한 종교들에서는 어떤 종류의 하나님의 목적이 작용하고 있는 것일까? 그 하나님의 목적은 해당 종교들을 향한 하나님의 구속적 목적이 될 수 있을까? 그 종교들 안에는 구원적 요소(salvific aspects)가 있을까?

세상에서 이뤄지는 하나님의 섭리적 역사가 다른 종교들의 태동과 발전에 어느 정도 영향을 미쳤다는 발상이 불편한 기독교인들이 있을 수 있다. 그러나 복음주의 신학자인 크리스토퍼 라이트와 존 골딩게이도 구약의 신명기가 이방인들이 드리는 이방신에 대한 예배에도 하나님의 개입(cause)이 있음을 보여준다고 다음과 같이 말한다(신 4:19, 32:8-9 참조).

> (신 4:19) 이 구절은 인간의 기만적 말이나 창조주에 대한 불순종, 인간 마음의 강퍅함 등 우리가 인간의 이차적 의지(secondary human voliti on) 탓으로 돌리는 현상들이 어쩌면 오로지 여호와 하나님의 주도성(sole cause) 안에 있는 현상으로 인식하는 방식을 보여주는 한 예일 수 있다. 이스라엘 사람들이 다른 민족이 자신들의 신을 숭배하는 것을 목격하였고, 여호와가 그 이방신 숭배까지도 포함하여 세상의 모든 것을 다스리는 주권자라면, 그들은 어떤 식으로든 그 현상에 대해 책임 있는 설명을 했어야 했다.[29] (옮긴이 역)

라이트와 골딩게이는 이방 종교 가운데 있는 하나님의 섭리가 분명한 제한이 있음을 강조하고 있다. 구체적으로 말하면, 그들은 구약에 등장하는 고대 이방종교들이 하나님의 섭리 가운데 하나님의 존재에 대해 비록 왜곡되고 모호하지만 '어느 정도' 반응을 보였다는 점은 인정한다. 그러나 그 종교들은 여호와 하나님이 이스라엘 민족에게 계시하신 여호와에 대한 더욱 온전한

---

29 John E. Goldingay and Christopher J. H. Wright, "Yahweh Our God Yahweh One: The Oneness of God in the Old Testament," in *One God, One Lord: Christianity in a World Religious Pluralism*, ed. Andrew D. Clarke and Bruce Winter, 2nd ed. (Grand Rapids: Baker, 1992), 51.

지식에 의해 부적절한 것으로 드러났기에 그 종교들 안에 있는 하나님의 섭리는 창조주에 대한 '잠정적 수용'일 뿐인 것이다.

라이트와 골딩게이의 주장과 비슷한 맥락으로 카슨도 신 4:19의 의미를 하나님께서 그분의 창조세계에 대한 잘못된 숭배를 이방 민족들에게 허용하신 의미로 보더라도, 신명기 전체 서사적 맥락에서 볼 때 이는 하나님의 주권이 이방 국가들과 그들의 거짓된 신들에게도 영향을 미친다는 의미일 뿐 하나님을 진정으로 아는 언약 공동체가 그들의 길을 따라야 할 이유는 전혀 되지 못한다고 주장한다.[30] 하나님의 섭리가 타 종교 신자들을 위한 구속의 목적을 향하고 있다고는 말할 수 있지만, 그 종교들 자체에서 보면 해당 종교 신자들이 그들을 향한 구원의 하나님에 대한 더 온전한 자각에 이르지 못한다면 그 종교들 자체에는 구원적인 측면은 결론적으로 없는 것이다.

분명 하나님은 그분의 모든 피조물의 평안과 복지를 위해 은혜 가운데 일하신다. 우리는 기독교 밖에 있는 하나님의 계획과 의도, 그리고 그분의 허용이나 영향력이 어느 정도인지 알 수가 없다는 유한성을 겸손히 인정해야 한다. 그러나 확실한 것은 단순히 신적 존재를 인식하거나 그로 인해 선행을 행하는 것은 하나님의 구원의 은혜와 직접적인 관련이 없다는 것이다. 앞서 거룩한 이방인에 대해 논의할 때 언급한 바 있는 사도행전 10장의 고넬료 이야기가 대표적인 예이다. 더 온전한 계시인 그리스도의 복음을 듣고 나서야 하나님의 구원이 임하는 고넬료의 이야기는 타 종교에 있는 하나님의 섭리에 대해 설명하기에 적절하다.

고넬료의 기도와 가난한 자를 위한 그의 구제는 분명 하나님 앞에 상달되었지만(4절), 하나님을 경외하고 의로운 사람이었던(2절) 그는 여전히 구원에 이르는 완전한 깨달음을 위해 예수 그리스도의 복음을 들어야만 했다. 분명 그는 하나님께 '받아들여질 수 있는' 인물이었다. 그러나 그것이 '받아들여졌

---

30 Carson, *The Gagging of God*, 296.

다'를 의미하지는 않는다. 즉 타 종교들이 가지고 있는 선한 영역이 어떤 의미에서는 우리가 하나님의 섭리 가운데 있다고 말할 수 있다 하더라도, 그 종교의 신자들에게 하나님의 더 온전한 계시인 예수 그리스도로의 회심 전까지는 '구원'도 진정한 의미의 '생명'도 없음이 분명한 것이다.

3장에서 논의했던 일반계시 속에 드러나는 하나님의 일반적인 은혜도 타 종교 가운데 있는 하나님의 섭리를 설명하는데 유용하다. 자격이 없는 죄인들에 대한 하나님의 일반적인 은혜는 그리스도의 속죄사역의 보편적 혜택 중 하나이다. 개혁주의 신학자들은 이러한 은총을 '일반은총'(common grace)이라고 부른다. 리처드 무(Richard Mouw)는 그리스도인들이 '일반은총의 사역'을 통해 하나님의 은혜의 대리자가 되도록 노력해야 한다고 말한다. 이러한 일반은총 사역의 중요한 부분으로는 전 인류를 향한 인도주의적 접근이 있다. 즉 일반은총 사역이라는 명목하에 기독교인들은 타 종교인들과 함께 의료, 교육, 사회사업 프로젝트를 수행하는 것이다. 또한 사회에서 억압받는 사람들의 사회적 위치를 개선하는 것도 일반은총 사역의 큰 성과 중 하나가 될 수 있다.

하지만 이러한 인도주의적 행동들은 분명 본질적인 정당성과 훌륭한 가치를 지니고 있음에도, 우리는 '특별은총'(special grace)의 대리인으로도 부름받았음을 인식하면서 일반은총의 사역으로만 만족해서는 안 된다. 인류구원에 대한 성서적 비전의 핵심에는 그리스도가 있다. 하나님의 구속적 은혜는 오직 하나님과 세상을 화해시키신 '죽임당한 어린양'에게서 나타난다. 이에 대해 레슬리 뉴비긴은 그리스도인들은 모든 인간의 궁극적 구원을 위한 하나님의 능력과 자비를 제한할 수 없지만, 그러한 확신을 주는 하나님의 특별한 계시와 화해의 값비싼 행위는 또한 우리가 따라야 할 길과 그리스도인으로서 앞으로 나아가야 할 목표에 대해 하나님께서 주신 비전을 세상의 동료들

과 공유할 것을 요구한다고 말한다.[31]

정리하자면, 기독교는 하나님의 가장 완전한 자기계시에 대한 반응이라는 측면에서 모든 종교 중에서 독특성을 갖는다. 하지만 다른 종교들에서 발견되는 모든 선함 속에는 하나님의 섭리가 작용하고 있다는 사실 또한 부인할 수 없다. 하나님은 그분의 피조물의 샬롬(Shalom)을 위해 은혜롭게 일하실 무한한 자유를 가지고 계신다. 우리는 그 하나님의 섭리의 의도는 무엇이고 또 어느 정도인지, 기독교 밖에서 하나님은 무엇을 어디까지 허락하시고 어떠한 영향이 있는 알 수가 없다. 그러나 이것은 확실하다. 우리는 우리가 접하는 타 종교들의 교리나 종교적 체계에서 하나님과 그분의 임재에 감사해야 할 이유가 분명히 있고, 그들의 신앙심이 바탕이 되어 언젠가 이룰 그리스도와의 연합을 기대하며, 하나님이 전하시는 더 큰 축복을 선포할 기회를 그들과의 교제 속에서 발견할 수 있을 것이다.

4. 하나님의 자비와 믿음

하나님의 무한한 자비에 대한 희망적 비전

예수는 이렇게 말한다. "사람들이 동서남북으로부터 와서 하나님의 나라 잔치에 참여하리니"(눅 13:29). 독일의 루터교 신학자 요아킴 예레미아스(Joachim Jeremias)는 예수는 이 구절에서 언젠가 이방인들도 하나님의 산으로 향하게 되는 종말론적 순례를 바라보며 다가올 세상에서는 메시아의 연회에 모두가 참여하게 될 것이라는 예언적 말을 선포하고 있다고 보았다.[32] 예수의 이 예언적 비전을 고려하면, 우리는 모든 민족을 향한 하나님의 관심이

---

31 Newbigin, *The Gospel in a Pluralist Society*, 183.
32 Joachim Jeremias, *Jesus' Promise to the Nations* (London, UK: SCM, 1958), 57–73.

보다 넓고 큰 구속으로 공표될 것이라고 소망할 수 있다. 그러나 이렇게 많은 사람에 대한 큰 구원은 구체적으로 어떤 방식으로 실현될 수 있는 것일까?

다원주의자들에게는 이와 같은 문제가 답변하게 그리 크게 어렵지 않을 것이다. 하나님의 구원은 누구에게나 보편적으로 임한다고 여기는 그들의 해답은 온 인류를 향한 하나님의 보편적인 화해와 용서이다. 하나님은 자비롭고 은혜로우시기에 결국 모든 인류는 구원을 받을 것이다.[33] 그들의 신념대로, 인간 개개인이 복음을 듣고 응답하든 그렇지 않든 하나님께서 모든 사람을 구원하기로 결정하셨다면 아무런 문제가 없는 것이다. 모든 인류가 구원을 받을 것이니 그 결과는 대대적이고 분명하고 확실할 것이다.

사실 현대의 다원주의자들뿐만 아니라 기독교 정통신학의 시초라고 볼 수 있는 교부 오리겐(Origen of Alexandria)조차 "결국에는 모든 사람이 구원받을 것이며 지옥의 목적은 죄의 정화에 있다"라고 말한 바 있다.[34] 대부분의 현대 종교다원주의자들은 온 세상에 대한 하나님의 자비와 사랑을 강조하기 때문에 오리겐의 위와 같은 언급을 자주 인용한다. 물론 그들의 인용은 오리겐의 주장에 대한 오해에서 비롯된 것이다. 오리겐의 위와 같은 언급은 당시 켈수스의 기독교에 대한 비판을 논박하며 쓴 글에서 나온 말이며, 오리겐은 하나님의 섭리에 대한 위와 같은 언급 이후 신약에서 이어지는 예수 그리스도를 통한 하나님의 섭리에 대해서 보충하여 자세히 진술한다.[35]

모든 사람이 결국 구원을 받는다는 다원주의적 구원론은 그 자체가 매력 있게 들리더라도 신학적으로 매우 중요한 사실을 애써 외면하고 있다. 즉, 그들의 주장은 기독교가 기독교일 수 있는 진리들을 상대화시키는 과정을 통해 기독교의 본질을 상쇄한다. 성경에는 인간에게 내리는 끔찍한 결과를 초래할 하나님의 심판에 대한 경고가 간과할 수 없을 정도로 상당히 많고,

---

34 Origin, *Against Celsus*, 4.13, 4.25.

33 John Hick, *Death and Eternal Life* (Louisville, KY: Westminster John Knox, 1994), 251.
34 Origin, *Against Celsus*, 4.13, 4.25.
35 오리게네스, 임걸 역, 『켈수스를 논박함』, (서울: 새물결플러스, 2005) 참고.

심지어 하나님께서 인간을 거부할 수 있다는 경고 또한 많이 존재한다. 예를 들어, 예수가 '용서받을 수 없는 죄'에 대해 설명할 때, 그 죄는 그 사람이 하나님 나라 밖에 있을 수 있음을 분명하게 말하고 있는 것이다(막 3:28-30). 또한 사도 바울도 데살로니가 사람들에게 주 예수께서 하늘에서 나타나실 때 하나님께서 내리실 형벌에 대해 분명하게 경고한다. "하나님을 모르는 자들과 우리 주 예수의 복음에 복종하지 않는 자들에게 형벌을 내리시리니 이런 자들은 주의 얼굴과 그의 힘의 영광을 떠나 영원한 멸망의 형벌을 받으리로다"(살후 1:8-9). 하나님의 최후 심판을 언급하는 이런 구절들은 궁극적으로 하나님의 은혜를 거부하는 사람들에게 순진하게 화해의 손길을 내밀지 않는다. 모두가 구원을 받게 된다는 다원주의자들의 주장은 성경의 이런 본문들에 의해 반박이 되는 것이다. 성경이 말하는 경고들은 단순히 긴장감을 형성하기 위한 위협 수준의 경고가 아니라, 죄인인 인간이 분명하게 해결해야 할 실제적이고 존재론적인 위험이다.

그렇다면 누가복음에 예수께서 "동서남북으로부터 와서" 하나님 나라의 잔치에 초대가 될 대다수 인류에 대한 하나님의 자비를 우리는 어떻게 해석해야 하나? 칼뱅주의 조직신학자 J. I. 패커(J. I. Packer)는 그리스도에 대해 무지한 자들을 하나님이 어떻게 구원하시는지 다음과 같이 설명한다.

우리는 성경의 진술에 근거하여 다음과 같이 말할 수는 있다(may safely say). (1) 선한 이방인이 자신의 죄에 대해 용서를 구하기 위해 창조주의 자비에 호소하는 상황에 이르렀다면, 그를 그 상황까지 인도한 것은 하나님의 은혜이다. (2) 하나님은 그렇게 인도한 사람을 반드시 구원하실 것이다(행 10:34, 롬 10:12). (3) 그렇게 구원받은 사람은 하나님의 심판대 앞에서 자신이 결국 그리스도의 속죄 사역을 통해 구원받았다는 것을 알게 될 것이다. 그러나 여기서 우리가 분명하게 말할 수 없는 것(what we cannot safely say)은 성경은 하나님께서 이런 방식으로 누군가를 구원한 사실을 말한 적이 없다는 것이다. 결국 우리는 그저 모를 뿐이다.[36] (옮김이 역)

이 책의 1장에서 로마서 2장 14-16절과 관련하여 우리가 자신의 양심에서 괴로워하는 이방인이 창조주께 자비를 베풀어 달라고 부르짖는 모습을 상상할 수 있다는 카슨의 논평을 언급한 바 있다. 카슨의 그러한 논평은 위와 같은 패커의 주장과 상통한다. 그래서 카슨은 패커의 주장을 직접 언급하며, 로마서 2장 본문이 패커가 허용하는 그런 가능성을 배제하지는 않지만 그렇다고 명시적으로 승인하지도 않는다고 말하며 패커의 구원에 대한 불가지론적 주장에 힘을 실어준다.[37]

로마서 2:14-16에 대한 카슨의 논평과 비슷한 맥락으로, 사도행전 17장 24-30절도 하나님께서 한 사람으로부터 인류를 창조하시고 그들을 섭리적으로 통치하신 것은 모두 인간이 창조주를 찾고 그분께 손을 내밀어 그분을 찾도록 하기 위해서였다는 것을 말한다. 엄밀히 말하면 이 구절은 그런 방법으로 하나님을 '찾을 수 있다'고 말하는 것이 아니라, 하나님의 섭리적 통치의 목적 중 하나는 사람들이 하나님을 '알게 하는 것'이라고 말하고 있는 것이다.

존 스토트는 복음을 듣지 못하거나 적절히 반응하지 못한 사람들의 운명에 대해 성경이 침묵하고 있는 지점을 날카롭게 관찰한다.

나는 하나님의 구원에 대한 가장 기독교적인 입장은 인간인 우리가 이 질문에 관하여 불가지론적인 태도를 유지하는 것이라고 생각한다... 하나님은 분명 복음에 응답해야 할 우리의 책임에 대한

---

36 J. I. Packer, *God's Words: Studies of Key Bible Themes* (Downers Grove, IL: InterVarsity Press, 1981), 210; Cf. J. I. Packer, "What Happens to People Who Die Without Hearing the Gospel?" *Decision* (January 2002), 11.
37 Carson, *The Gagging of God*, 312.

가장 엄숙한 경고를 하셨다. 하지만 동시에 복음을 들어 본 적이 없는 사람들을 어떻게 대할 것인지는 밝히지 않으셨다. 우리는 십자가에서 그분의 속성들(qualities)을 가장 온전히 나타내신 무한한 자비와 정의의 하나님 손에 그들을 맡겨야 한다.[38] (옮김이 역)

　분명 예수는 생명으로 인도하는 좁은 길을 찾는 사람은 얼마 안 된다고 말씀하셨다(막 7:13-14). 하지만 하나님은 모든 인류의 창조주이시며 자신이 창조한 모든 자에 대해 무한한 사랑과 인내와 동정을 품고 계시다는 것도 성경적 진리이다. 하나님은 누구도 멸망하지 않고 모든 사람이 구원을 받기를 원하신다(벧후 3:9, 딤전 2:4). 한 걸음 더 나아가서, 요한계시록에 나오는 구속받은 자들의 마지막 비전은 "아무도 능히 셀 수 없는 큰 무리"(계 7:9)이다. 이는 아브라함에게 주신 하나님의 약속, 즉 아브라함의 씨가 하늘의 별과 땅의 티끌과 온 세상 바닷가의 모래알처럼 무수히 많을 것이라는 약속이 마침내 성취될 거대하고 전 세계적인 무리의 모습인 것이다. 이것은 우리 그리스도인들에게 희망적 비전을 주는 영감이다.[39]

믿음의 원리

　이 세상을 향한 하나님의 보편적 베푸심, 독생자를 이 땅에 보내서 죽음을 당하게 하시고 영광스럽게 부활시키신 하나님의 연민어린 은혜, 그리고 새 하늘과 새 땅에서 보이실 하나님의 존귀와 영광스러운 모습을 고려할 때, 우리는 온 세상 모든 사람들에 대한 하나님의 헌신을 측량할 수 없다. 우리

---

38 Edwards and Stott, *Evangelical Essentials*, 327.
39 존 스토트는 이러한 비전을 개인적인 감상을 더해 다음과 같이 겸손히 고백한다. "나는 희망으로 가득 차 있다. 멸망의 길로 가고 있을 뿐만 아니라 멸망할 수밖에 없는 수백만 명에 대한 끔찍한 비전을 떠올린 적이 결코 없다. 그러나 나는 그들이 모두 구원을 받는다고 생각한 적도 없기에 보편주의자가 아니다. 이 극단 사이에서 나는 인류의 대다수가 구원받을 수 있다는 희망을 소중히 여긴다." in Edwards and Stott, *Evangelical Essentials*, 327.

는 다양한 종교적 상황들 속에서 각 신자들이 결국 그리스도를 향해 나아갈 수 있도록 어떤 방식으로든 디딤돌을 심고 복음의 메시지를 준비시키시는 하나님의 자비와 은혜를 간과할 수 없다. 이런 맥락으로 뉴비긴은 우리가 예수 그리스도 안에서 우리에게 알려진 위대한 현실(the great reality), 즉 존재하는 모든 것의 창조자이자 모든 만물을 유지하시는 분이신 하나님은 그분의 삼위일체 안에서 모든 피조물과 모든 인간에게 넘쳐나는 무한한 사랑의 바다라는 사실에서 시작해야 한다고 주장한다.[40]

하지만 이런 말이 구원에 대해서 사뭇 무책임한 말로 들릴 수 있다. 다른 종교에도 하나님의 자비에 의한 구원의 가능성이 존재한다면, 우리는 이 문제에 대해 그저 불가지론적 입장 외에는 할 수 있는 대답이 없는 것인가? 물론 단순하게 거기서 끝날 수는 없다. 타종교 신자들을 포함한 비기독교인들의 운명을 무한한 자비의 하나님 손에 맡기기 전에, 그 운명에 걸맞은 '믿음의 행위'의 필요성에 대한 문제가 남아 있다. 다른 말로 해서, '믿음의 원리'는 비기독교인의 구원에 대한 판단의 전제가 되는 것이다.

사도 바울은 로마서 5장 17절에서 다음과 같이 말한다. "…더욱 은혜와 의의 선물을 넘치게 받는 자들은 한 분 예수 그리스도를 통하여 생명 안에서 왕노릇 하리로다." 이 구절은 그리스도에 의해 제공되는 구원은 주관적으로 당사자의 믿음에 합당해야 한다고 말하는 것처럼 보인다. 구원에 대한 성경적 원리에 따르면, 사람은 각자의 신앙에 대한 신념이 아니라 믿음으로 구원을 받는다.

변증학자인 클락 피녹은 햇볕과 비를 통해 나무에 열매가 맺히는 것과 같이, 하나님은 자기 스스로를 증언하지 않고서는 세상을 그대로 두지 않으시기에(행 14:17), 각 사람은 자신들이 하나님의 존재를 인식하고 있는 것과 그로부터 나온 선한 '빛'에 어떻게 반응했는지에 따라 심판을 받는다고 말한

---

40 Newbigin, *The Gospel in a Pluralist Society*, 175.

다.[41] 원리적으로만 보면, 히브리서 11장 6절도 구원에 관한 믿음의 원리를 말한다. "믿음이 없이는(without faith) 하나님을 기쁘시게 하지 못하나니 하나님께 나아가는 자는 반드시 그가 계신 것과 또한 그가 자기를 찾는 자들에게(those who earnestly seek him) 상 주시는 이심을 믿어야 할지니라."

이런 원리를 적용할 수 있는 대표적 인물이 바로 구약성서에 나오는 하나님의 사람들이다. 그들은 확실히 예수 그리스도의 복음을 알지 못했다. 그러나 히브리서 저자는 아벨, 에녹, 노아를 언급하며, 그 사람들은 믿음으로 구원받았음을 증언한다(11:4-7). 또한 히브리서는 하나님이 아브라함의 믿음을 보시고 '받아주셨다'라고 한다(11:8). 아브라함은 자신이 어디로 가야 할지 몰랐음에도 훗날 기업으로 받게 될 땅으로 가라는 하나님의 부르심에 순종한 믿음을 하나님께 보여주었기에 하나님은 그를 용납하신 것이다. 이를 통해 우리는 무엇을 알 수 있는가? 가장 확실한 것은 인간은 창조주이자 구속주이신 하나님을 향한 믿음으로 구원을 받는다. 성경은 그 누구도 자신이 알지 못하는 진리에 대해 책임을 지라고 말하지 않는다. 자신이 알고 있는 진리와 그에 대한 믿음에 근거하여 판단을 받는 것이다. 인간은 자신에게 도달하지 않은 '빛'에는 응답할 수가 없기에, 오직 하나님이 드러내 보여주신 것에만 응답할 수가 있다.

5. 맺는말

요한복음은 이렇게 말한다. "태초에 말씀이 계시니라 이 말씀이 하나님과 함께 계셨으니 이 말씀은 곧 하나님이시니라. 그가 태초에 하나님과 함께 계셨고 만물이 그로 말미암아 지은 바 되었으니 지은 것이 하나도 그가 없이는

41 Clark H. Pinnock, *A Wideness in God's Mercy*, 157-58.

된 것이 없느니라. 그 안에 생명이 있었으니 이 생명은 사람들의 빛이라"(요 1:1-4). 하나님의 빛은 세상 가운데 종교들을 태동시키는데 기여하는 요소가 될 수 있다. 비기독교인들은 하나님의 계시하신 그 빛을 느낄 수 있고 그로 인한 종교적 조우(encounter)를 할 수도 있다. 기독교인들은 하나님이 타 종교들의 상황 가운데 은혜롭게 일하신다는 사실을 부인할 위치에 있지 않다. 하나님은 특정 종교에서 자신을 드러내어 그 종교의 신자들에게 자신의 빛을 보여주실 수 있는 하나님이다.

그러나 종교 자체는 구원의 은혜를 전달하는 하나님의 수단이 아니다. 타 종교들이 담지하고 있는 하나님의 자기계시적 요소들과 하나님께서 갈보리 언덕에서 가장 완전하게 계시하신 것은 서로 동일한 의도를 담고 있지 않다. 하나님은 오직 예수 그리스도 안에서 그분의 계시의 이유와 목적을 온전히 계시하셨기에 다른 모든 계시적 요소들은 예수 그리스도와의 일치성에 의해 검증되어야 한다.

예수의 제자들이 "누가 구원을 얻을 수 있습니까?"라고 물었을 때, 예수는 그들을 바라보시며 "사람으로는 할 수 없으나 하나님으로서는 다 하실 수 있느니라"(마 19:25-26; 막 10:26-27)라고 말씀하셨다. 제자들의 질문은 본질적으로 잘못된 질문이었다. 하나님만이 답을 주실 권리가 있는 질문이기 때문이다. 사실 우리도 이 제자들과 같은 질문을 가지고 있으며, 우리 주님이신 예수께서 어떻게 대답하실지 이미 알고 있다. 우리가 하나님의 최종적인 심판을 미리 알 수 있는 위치에 있다고 생각하는 순간 예수의 대답을 부정하는 결과가 되는 것이다.

그럼에도 불구하고 가장 중요한 진리를 잊어서는 안 된다. 우리와 타 종교 인들을 포함한 모든 인간은 하나님이 창조하시고 사랑하시는 존재이지만, 모든 인간은 하나님에 대한 소외와 거부, 반역의 상태에 놓여 있다. 예수 그리스도의 십자가는 하나님의 무한한 사랑을 드러내는 동시에 인간 죄의 어두운 공포를 드러내는 중심이다. 예수 그리스도의 십자가는 모든 인간이 예외 없이 하나님께 등을 돌려 하나님의 진노를 받을 수밖에 없는 존재임을 폭로하는 자리이며, 동시에 그 십자가는 모든 인간이 예외 없이 하나님의 사랑 받는 자, 용서하시는 은혜의 대상으로 받아들여지는 자리이다. 다음 장에서 이에 대해 자세히 논의하겠다.

5장 예수 그리스도의 최종성

　본서에서 지금까지 모든 인류를 향한 하나님의 무한한 자비와 사랑으로 인해 우리도 다른 종교를 믿는 이들을 향해 구원에 대한 낙관적 희망을 가질 수 있다고 설명하였다. 하지만 이 장에서는 그런 희망과 더불어 결코 그 중요성이 간과되면 안 되는 부분을 논의하고자 한다. 바로 인류를 향한 하나님의 그 은혜와 사랑의 결정적인 표현이자 토대인 예수 그리스도의 최종성이다.

　이 장에서는 예수 그리스도에 대한 다원주의 사상가들의 주장을 살펴볼 것이다. 그리고 그에 대한 복음주의자들의 논박과 필자의 개인적 견해를 설명할 것이다. 우선 복음주의적 견해의 중심 내용은 다음과 같다. 신약성경에 따르면, 하나님은 단 한 명의 중보자인 예수 그리스도의 속죄사역을 통하여 세상을 구원하신다(행 4:12). 이는 기독교의 보편성(세상을 위한 구원)이 특수성(예수를 통한 구원)을 통해 도달한다는 것을 의미한다. 하나님은 다른 수단이 아닌 예수 그리스도의 중재를 통해 인간 존재를 회복시키신다. 하나님은 그분의 지혜로서의 종교적 경험이나 일반계시, 영적 지도자들의 통찰이나 세상의 모든 종교 체계를 통해서가 아니라, 오직 예수 그리스도를 통해 죄악 된 세상을 자신과 화해시키신다.[1]

1　이 주제는 레슬리 뉴비긴이 다음 저서에서 매우 중요하게 다룬 주제이다. Lesslie Newbigin, *The Finality of Christ* (Richmond, VA: John Knox, 1969).

1. 파니카의 보편적 그리스도(the Universal Christ)

　라이문도 파니카(Raimundo Panikkar)는 다원주의의 저명한 신학자 중 한 명이다. 스페인 로마 가톨릭 신자인 어머니와 인도 힌두교도인 아버지 사이에서 태어난 그는 서로 다른 두 가지 종교 전통 가운데 성장하였다. 이러한 특이한 종교적 환경 속에서 파니카는 힌두교 사상의 영향을 받아 힌두교적 사변을 바탕으로 그리스도론을 형성했다. 그리고 파니카는 다가오는 시대에는 '진정으로 보편적인 그리스도론'이 필요하다고 확신하였다.[2]

　새로운 그리스도론에 대한 그의 사고는 그리스도에 대한 보편적인 이해에서 시작한다. 그는 그리스도를 실재의 총체성(the Totality of Reality), 즉 인간적이고 신적이며 우주적인 실재의 살아있는 상징으로 본다.[3] 이 실재의 총체를 그는 '우주적 신인(神人)의 실재(the Cosmotheandric Reality)'라고 부르며, 그리스도를 신과 인간 사이의 가장 친밀하고 완전한 일치로 표현하려고 시도한다. 그리고 파니카는 이러한 일치를 '비이원론적 비전(non-dualist vision)'이라고 명시적으로 부른다.[4] 결국 파니카에게 그리스도는 신과 인간, 그리고 세상 사이의 역동적인 비이원론적 일치의 상징이자 실체이다.

　또한 파니카에게 있어서 그리스도는 오직 한 분이고, '하나님과 인류 사이의 단 하나의 연결고리'이자, '단 한 명의 중재자'이다. 이러한 역할을 하는 그리스도는 '우주적 사제직'으로서 유일한 사제이며 탁월하신 주님이다. 그러므로 이 그리스도는 모든 인류 안에 있는 신성의 원천(the source of divinity)이 되고, 그의 소명은 처음부터 그를 유일한 신의 아들로서 세상과 신을 하나 되게 하는 운명을 가지고 있는 것이다.[5]

　이러한 맥락에서 파니카는 하나님이 나사렛의 인간 예수로 성육신했다는

2　Raimundo Panikkar, "Category of Growth in Comparative Religion: A Critical Self-Examination," *Harvard Theological Review 66* (1973): 127.
3　Raimundo Panikkar, *The Unknown Christ of Hinduism* (Maryknoll, NY: Orbis Books, 1981), 27.
4　Panikkar, "Category of Growth," 115–16.
5　Panikkar, *The Unknown Christ of Hinduism*, 48–49, 155–59, 165, 169.

사실을 부인한다. 그는 그 어떠한 역사적 인물이나 형태도 그리스도의 완전하고 최종적인 발현이 될 수 없다고 여긴다. 그리스도는 구원의 보편적 상징으로서 객관적 존재이기에 단지 한 명의 역사적 인물로 환원될 수 없다고 말한다.[6] 그의 다른 글에서는 그리스도가 단지 한 역사적 인물에 불과하다면, 즉 인류 역사 가운데 특정 시간에 존재하였고 지리적으로 특정 장소에 거했던 시간적, 공간적 질서의 단순한 실재에 불과하다면, 기독교 신앙 전체가 무너질 것이라고 주장했다.[7] 인간 존재의 구세주 그리스도(Christ the Savior)를 단순히 나사렛 예수라는 역사적 인물에 국한시켜서는 안 된다는 것이다.

파니카는 우주적 그리스도의 신적 인격(the divine humanity)과 단 한 명의 역사적 예수라는 개인성(personality)을 분리하여 보는 것이다. 또한 그는 그리스도인들에게 주님이자 구세주인 그리스도는 그리스도인들의 신앙 행위에서 드러나는 신비이며, 이는 기독교의 성인들이 증언하는 역사적 사건들의 의미를 훨씬 뛰어넘는 것이라고 주장한다. 파니카에게 그리스도인은 역사적 인간인 예수 안에서 그리고 예수라는 인간을 통해 계시된 신성한 그리스도의 인격적 신비와 직접적으로 인격적인 관계를 맺는 자들인 것이다.[8]

이런 맥락에서 역사적 인물 예수를 통한 그리스도의 특별한 현현은 그리스도 예수를 통해 우주적 그리스도를 발견하는 그리스도인에게만 규범적이다. 힌두교의 '이스바라'[9]의 경우는 힌두교인들에게 우주적 그리스도를 제공한다. 각 종교들의 그리스도는 해당 종교 안에서 나타나는 그리스도 신비의 상징이며, 각 종교의 신자들은 그들의 신앙 안에서 그리스도의 신비에 완전하게 참여한다. 그렇기에 파니카의 신념 안에서 그리스도의 신비는 단 하나의 종교가 독점적으로 나타낼 수 없는 것이다.

---

6 Raimundo Panikkar, *Salvation in Christ: Concreteness and Universality, The Supername* (privately published, Santa Barbara, CA, 1972), 62. 비공식적으로 출판된 이 저서의 주요 부분이 다음과 같이 재출판 되었다. "The Meaning of Christ's Name in the Universal Economy of Salvation," in *Service and Salvation,* ed. Joseph Pathrapankal (Bangalore, India: Theological Publications in India, 1973).

7 Panikkar, "The Meaning of Christ's Name," 242.

8 Panikkar, "The Meaning of Christ's Name," 260.

9 힌두교의 최고 여신 중 한 명.

파니카가 이스바라를 통해 보는 것은 기독교 종교가 태동하기 전부터 있었던 힌두교 내에서 현현된 그리스도이다. 그는 각 종교에서 보이는 그리스도의 기능적 동등성에 주목한다. 그렇기에 힌두교와 기독교 내에 동등하게 나타나는 우주적 그리스도의 현현은 그리스도의 신비를 서로 동일하게 담고 있음을 강조한다. 이러한 파니카의 의견을 따르는 자들은 각 종교 내에서 그리스도의 개별적인 역사적 현현들은 필연적으로 상대화해야 한다고 여긴다. 즉 이스바라와 나사렛 예수 모두 우리가 그리스도의 신비라고 부르는 것을 동일하게 가리키고 있기에, 힌두교의 이스바라나 기독교의 예수 모두 실존하는 세상과 함께 하나의 신비로운 몸을 형성하고 있다는 것이다.[10]

그러므로 예수의 구원 능력은 그의 역사적 구체성과 행동에서 찾을 수 있는 것이 아니고, 역사적 예수가 구원의 주가 되는 주된 이유는 그가 모든 역사적 형태를 초월하는 실재(the Reality), 즉 그리스도를 구현하기 때문이다. 파니카의 '우주적 그리스도' 개념에 따르면 기독교인들은 모든 종교가 각자의 방식으로 그리스도를 따르고 있음을 인정해야 한다.[11] 이 말을 다시 말하면, 모든 이름 위에 뛰어난 이름, 즉 그리스도는 알라, 석가모니, 크리슈나, 이스바라, 예수 등 많은 역사적 이름으로 불릴 수 있는 존재인 것이다.

우주적 그리스도 개념을 지지하는 자들은 그것이 다원주의의 주장과 다르다고 말한다. 파니카는 인간이 여러 이름으로 부르는 '그 무엇'(one thing)이 '존재한다'(there is)는 순진하고 무비판적인 발상, 즉 마치 진정한 신비(the Mystery)의 이름을 붙이는 것이 단순히 문화나 언어 등 우리가 마음대로 붙일 수 있는 문제인 것처럼 여기는 것은 거부한다고 말한다.[12] 그는 각 종교가 각자의 신비적 존재를 상정하고 그것을 각 문화와 종교적 언어에 따라 부르는 것을 거부하는 것이다. 그에게 있어서 구원의 신비에 도달하는 것은 단 하나의 우

---

10 Cheriyan Menacherry, *Christ: The Mystery in History* (Frankfurt am Main, Germany: Peter Lang, 1996), 129.
11 Raimundo Panikkar, *The Trinity and the Religious Experience of Man* (Maryknoll, NY: Orbis, 1973), 53–54.
12 Panikkar, *The Unknown Christ of Hinduism*, 23–24.

주적 현현인 그리스도를 보는 것이기 때문이다.

'보편적 그리스도'에 대한 복음주의의 응답

  보편적 그리스도 또는 우주적 그리스도의 개념이 각 종교들에 미치는 긍정적인 영향력은 인정할 만하다. 그러나 복음주의 입장에서 이는 근원이 없고 실체가 없는 형이상학적 논의에 불과하다. 우주적 그리스도의 개념에 대한 복음주의의 응답은 기독교 신앙의 중심인 십자가에서부터 시작한다. 예수 그리스도의 십자가는 단순히 신비로운 현상이나 환상이 아닌 확실한 역사적 사건이다. 인간사의 광대한 흐름 안에 특정 장소와 특정 시간에 위치해 있다. 십자가 사건은 21세기가 아닌 1세기에, 서울이나 뉴욕이 아닌 중동의 한 국가에 위치한 예루살렘 성 밖에서 일어났다. 역사의 한복판인 그 때 그 장소에서 십자가는 세상을 향한 하나님의 통치를 드러내었다.
  어떤 면에서, 이 사건의 의미는 유서 깊은 종교들의 수백만의 독실한 사람들, 예컨대, 파니카와 같이 힌두교 전통에서 자란 사람들에게 불쾌감을 불러일으킬 수 있다. 4천 년이 넘는 굉장히 심오하고 위대한 종교적, 철학적 교리와 종교적 체험들을 계승하고 있는 이들에게 단 2천 년밖에 안 되는 종교로부터 구원의 필요성을 찾아야 한다는 말은 단순히 감정적 불쾌감이 아니라 그저 터무니없는 말로 들릴 수도 있다. 십자가의 구원을 말하면 아마도 그들은 이렇게 물을 것이다. "우리와 우리 조상들이 40세기가 넘는 동안 숭배해 온 절대자는 우리 영혼의 필요를 충족시킬 능력이 없으며, 우리가 그 절대자의 구원을 받으려면 유럽이나 북미에서 다른 종교전통을 가진 전도자들이 오기를 기다려야 한다는 것이 과연 믿을 만한가?"
  힌두교의 종교적 관념에 따르면, 하나님의 구원의 은총은 모든 시대, 모든 장소에서 모든 사람이 동등하게 누릴 수 있어야 한다. 하나님은 특정한 장소나 특정 시간대에만 메일 수 없으며, 하나님께로 향하는 모든 사람에게 가까이 있어야 한다. 하지만 이에 대해 인도에서 20년 넘게 선교활동을 하며 힌두교에 대해 깊이 인지하고 있는 레슬리 뉴비긴은 다음과 같은 주장을 한다.

> 하나님 통치의 대상인 인간 영혼은 그 무엇으로도 나눌 수 없는 별개의 존재성('monad'), 즉 신과 어떤 것도 영원히 공유할 수 없는 운명을 지닌 개체로 여겨지는가? 아니면, 인간의 생애들이 특정 의미와 운명을 지닌 하나의 연동된 현실(on interlocking reality)로 간주되는 인류 역사 전체 안에서 해석되는가? 전자의 경우라면, 특정 시간과 특정 장소에서 우발적으로 일어나는 사건들은 모든 인간의 영혼에게 최종적인 의미를 가질 수 없으며, 하나님의 통치의 완전한 실현으로 들어가는 길은 모든 사람에게 그리고 각자의 시간과 장소에서 동등하게 제공되어야 한다. 그러나 후자의 경우, 즉 하나님의 통치 대상이 인간 역사(그리고 우주)의 전체라면, 하나님의 통치 역사는 우리 각자를 그 속성의 일부로서 모든 사람을 포괄하는 것이어야 한다. 이런 경우, 특정 시간과 특정 장소에서 일어난 단일의 사건이 전 인류의 모두에게 결정적인 의미를 가질 수 있다.[13] (옮긴이 역)

뉴비긴의 말을 요약하면, 하나님의 통치는 인간 역사의 전체와 관련이 있고 특정한 시간과 특정 장소인 1세기 이스라엘 땅 갈보리 언덕에서 그분의 구원의 은총을 드러내셨기 때문에, 그 십자가 사건 이후 2000년이 지난 현재를 사는 사람도 그 사건과 관련이 되는 것이다.

복음주의적 입장에서 보편적 그리스도 개념을 반박하는 데 고려할 수 있는 또 다른 논제는 '택함의 교리'(the doctrine of election)가 있다. 이 택함의 교리는

---

13 Lesslie Newbigin, *The Open Secret: An Introduction to the Theology of Mission* (Grand Rapids: Eerdmans, 1995), 51.

성경 전체에 스며들어 있고 성경의 내러티브를 이끌어간다. 성경은 처음부터 끝까지 하나님의 일련의 택하심의 행위를 통해 수행되는 보편적인 목적에 대한 서사를 보여준다. 성경의 증언에 따르면, 하나님은 모든 인간의 창조자, 통치자, 유지자, 심판자이시지만, 모든 자에게 동시에 그리고 동등하게 제공되는 어떠한 수단을 통하여 모든 이를 향한 그분의 축복의 목적을 달성하지 않는다. 하나님은 많은 사람을 위한 그분의 축복을 전달할 한 사람을 선택하신다. 예컨대, 아브라함은 믿음의 선구자로서 모든 민족이 축복을 받게 될 하나님의 축복을 받도록 선택받았다(창 12:1-3). 모세는 전 이스라엘 민족의 구원을 위한 대리인으로 선택받았다(출 3:7-10). 그리고 이스라엘 민족은 온 땅을 위한 '제사장 나라'로 선택받았다(출 19:4-6). 그리고 신약에서 예수의 제자들은 '사람을 낚는 어부'가 되도록 선택받았다(막 1:17). 사도 바울은 이방인들과 흩어진 유대인들 모두의 구원을 위한 선교사로 선택받았다(행 9:13-16).

'택함의 교리'는 성경 전체에서 보이는 일관된 패턴이다. 보편성과 특수성 사이의 관계에서 핵심은 이 '택하심'이라는 하나님의 방식이다. 뉴비긴은 에베소서 1장 3-14절을 하나님의 목적의 보편성과 부르심의 특수성이 하나의 비전으로 통합된 신약성경의 주요 구절로 본다.[14] 하나님께서 바라시는 구원 목적은 다름 아닌 온 우주("땅과 하늘의 모든 것")가 그리스도를 머리로 하여 하나가 되는 것이다(1:10). 하나님은 이 우주적 목적을 이루기 위해 "창세 전에 그리스도 안에서 우리를 택하셨다"(1:4).

하나님의 이러한 택하심은 '그리스도 안에서' 이루어지며, 그리스도를 배제한 혹은 그리스도를 목적으로 하지 않는 다른 선택은 없다. 역사적 예수는 그분 자신이 하나님께 선택된 분으로서 세례를 받을 때 그렇게 선포되었지만, 실은 창세전부터 성부 하나님의 사랑받는 성자이셨다. 예수와 함께(with Him), 그리고 예수 안에서(in Him) 에베소와 다른 아시아 도시들에 흩어져

---

14 Newbigin, *The Open Secret*, 71–72.

있는 믿는 자들의 무리가 선택되어 '그분의 기쁘신 뜻대로 예정되고(1:5)', '그분의 영광을 찬송하기 위해 살도록 결정되고(1:12)', '만물을 그리스도 안에서 통일'시키려는 하나님의 목적의 '비밀(the Mystery)'을 알려주셨다(1:9-11). 이러한 것들을 위해 하나님은 전적으로 사랑하는 아들 예수 그리스도 안에서 그들을 기꺼이 택하셨고, 이 택하심은 우리의 궁극적인 기업을 소유할 때까지 '우리의 기업을 보증'하시는(1:14) 성령을 주심으로 그분이 시작하신 일을 완성하실 것을 확증하신 아버지 하나님의 행위이다. 하나님의 이 모든 활동은 창조 이전의 삼위일체 하나님의 영원하신 존재에 그 기원을 두고 있으며, 1세기 이스라엘 땅에 살았던 인간 예수 그리스도 안에서 온 피조물이 최종적으로 연합되는 데 그 목적을 두고 있다.

물론 우주적 그리스도 개념은 나름대로 성경적 근거를 들며 주장할 수 있지만, 이 개념은 성경의 전체 흐름을 외면한 채 몇 개의 성경 구절을 선택적으로 선별하면서 발전한 개념이다. 신약성경의 포괄적인 증언은 성부 하나님께서 성자 나사렛 예수 안에 결정적이고 완전히 독특한 방식으로 임재하시고 활동하셨다는 것이다. 예수는 단순히 하나님의 구원의 은혜를 '상징하는' 존재로 묘사되지 않는다. 성육신, 즉 영원한 말씀이신 하나님이 1세기 나사렛 예수 안에서 성령을 통해 사람이 되신 사건은 인류에 대한 삼위일체 하나님의 자기계시의 정점을 이루는 사건이다.

요한복음은 나사렛 예수를 '하나님과 함께 계셨고 곧 하나님이셨으며', '만물을 만드신' 선재하신 말씀(로고스)으로 분명하게 선언한다. 그 후 이 말씀은 '육신이 되어 우리 가운데' 거하시는 말씀이 된다(요 1:1-4, 14). 히브리인들에게 보낸 편지에는 첫 구절에서부터 "옛적에 선지자들을 통하여 여러 부분과 여러 모양으로 우리 조상들에게 말씀하신 하나님이 이 모든 날 마지막에는 아들을 통하여 우리에게 말씀하셨으니 이 아들을 만유의 상속자로 세우시고 또 그로 말미암아 모든 세계를 지으셨느니라"(히 1:1-2)라고 명시한다. 사도 바울은 하나님의 '충만(fullness, pleroma)'이 예수의 인성 안에 존재한다고 말한다

(골 1:19, 2:9). 나사렛 예수 안에서 영원하신 하나님이 사람이 되셨다는 바울의 이러한 발언은 1세기의 타 종교들의 신관에서는 찾아볼 수 없는 말이었고, 유대교의 맥락에서조차 이해될 수 없는 대담한(혹은 신성모독적인) 주장이었다.

이와 같이 보편적 그리스도 혹은 우주적 그리스도의 개념은 성경에 의해 정당화될 수 없다. 그 근원이 불분명한 개념에 '그리스도'라고 명명한 신비주의적 환상일 뿐, 성경이 말하는 그리스도는 분명한 시간에 분명한 장소에 하나님께서 그분의 통치를 드러내신 삼위일체 하나님의 본체 나사렛 예수이다. 예수 그리스도의 십자가에서 하나님의 구속적 은혜는 계시되었고, 그 십자가에서 하나님의 자비는 실현되었다.

2. 예수 그리스도에 대한 인도의 종교적 이해

그리스도에 대한 파니카의 힌두교적 사고에서 더 나아가 다른 인도 사상가들의 주장도 살펴보자. 라자 라모한 로이(Raja Rammohan Roy, 1772-1833)는 인도 민족주의 주창자이자 힌두교와 인도 사회의 자유주의 개혁의 선구자였다. 로이의 기본적인 신학체계는 세 가지로 볼 수 있다. 첫째, 신의 유일성에 대한 일신론적 신앙(monotheistic faith), 둘째, 도덕이 참된 종교의 본질이라는 확신, 그리고 셋째, 종교는 합리적인 신앙을 전제해야 하며 인간의 이성으로 미신과 기적으로부터 종교를 정화해야 한다는 합리주의이다.[15]

로이는 예수 그리스도의 가르침을 그분의 삶과 죽음, 부활이라는 역사적 사건과 분리하였다.[16] 그는 로고스 개념과 같이 예수에 대한 철학적 묵상과 신비로운 영적 서사들이 있는 요한복음보다, 예수의 도덕적 가르침들을 강조하는 공관복음에 더 매료되었다. 따라서 그는 공관복음서들에서 강조하

---

15 Thomas, *The Acknowledged Christ*, 2.
16 Thomas, *The Acknowledged Christ*, 10.

는 도덕률(the law of morality)에 대한 지식이 인간을 유일신(the One Being)과 화해 시키고 도덕적 삶을 영위할 수 있도록 힘을 부여하는 자체적 동력을 가지고 있다고 보았다.

로이는 그리스도의 신성에 대한 전통적 기독교 신학의 입장에 반대하였다. 그는 성부에 대한 성자의 '자연적 열등성'을 주장했다. 그는 인간 예수는 아들 로서 신적 존재인 아버지께 의존하고 복종하였다고 다음과 같이 주장한다.

> 구원자 예수는 성부 하나님께 귀속된 속성과 권능을 소유하고 있 었다. 성경은 그가 나타낸 모든 권능은 전능한 아버지께서 아들 인 그에게 맡기신 것이라는 예수 자신의 명백하고 자주 반복되는 공언을 보여준다. 그리고 우리가 합리적이고 이성적 사고를 한다 면, 한 인간이 그의 모든 힘과 권위를 신에게 빚을 지면 그 인간 은 아무리 광범위하고 전능하더라도 그 힘의 원천인 신보다 실제 적으로 열등할 수밖에 없지 않은가? 그러므로 유일신인 하나님을 다른 모든 존재와 독립적으로 모든 신적 속성의 근원을 소유한 최고의 존재라고 믿는 사람들은 반드시 하나님과 그리스도의 동 일성을 부인해야 한다.[17] (옮김이 역)

로이는 '성자와 사도들은 물방울처럼 서로 흡수되어 하나의 전체가 되었다' 는 매우 시적인 표현으로 예수 그리스도의 신성을 부인한다.[18] 이는 인간의 영혼이 결국 신성에 흡수된다고 주장하는 힌두교 형이상학의 교리와 일치 한다. 로이에게 예수의 정체성은 존재론적인 것이 아니라 하나님의 도덕적 기준에 부합하는 윤리적인 것이다. 예수가 진정 신적 존재이기 때문에 신적 인 존재로 간주되어야 하는 것이 아니고, 하나님의 도덕적 실천에 대한 뜻과

---

17 Raja Rammohan Roy, *The English Works of Raja Rammonhan Roy* (Australia, Sydney: Wentworth Press, 2019), 74.
18 Thomas, *The Acknowledged Christ*, 19.

그의 뜻이 완전히 일치했기 때문에 신적인 존재로 간주될 수 있다는 것이다.

인도의 또 다른 중요한 영적 지도자로는 현대의 힌두교와 '신베단타'(neo-Vedanta)를 대표하는 스와미 비베카난다(Swami Vivekananda, 1863~1902)가 있다.[19] 그는 힌두교의 영성을 모든 종교를 포괄하는 보편적 영성으로 간주했으며, 따라서 힌두교가 세계의 종교적 무대에서 해야 할 역할이 있다고 믿었다. 1893년 미국 시카고에서 열린 '세계종교의회(World's Parliament on Religions)'에서 힌두교 대표로 참석한 그는 종교의 화합을 촉구하는 매우 설득력 있는 연설로 참석자들 열광시켰으며, '뉴욕타임스(New York Times)'로부터 "의심할 여지없이 종교 의회에서 가장 위대한 인물"(Undoubtedly the greatest figure in the Parliament of Religions)이라는 찬사를 받기도 했다.

비베카난다의 종교간 관계에 대한 이해에서 '이쉬탐 이론(the theory of Ishtam)'은 매우 중요한 요소이다. 힌두어 단어 '이쉬탐'은 용어적으로는 '바람직한 (desirable)'이라는 뜻이지만, 이론적으로 유일신에 대한 최고의 헌신을 의미한다. 따라서 이쉬탐 이론은 유일신에 이르는 다양한 종교적 길이 있으며, 각 종교들은 각자의 신자들에게 타당성과 정당한 영적 영향력을 가지고 있다는 것을 의미한다.

비베카난다는 이쉬탐 원리가 종교의 본질이라는 신념을 가졌다. 그에 따라 예수 그리스도를 그의 역사성과 인성이 과장된 종교적인 틀에서 벗어나, 베단타의 영적원리의 현현으로 바꾸려는 시도를 했다. 비베카난다는 전통적인 기독교의 진정한 문제는 예수의 인격과 그가 드러낸 그리스도의 보편적 원리를 분리할 수 없다는 데 있다고 생각했다. 이에 대해 그는 다음과 같이 말한다.

---

19 '베단타'(Vedanta)는 힌두교의 경전인 '베다'(Vedas)의 후기 기록물인 우파니샤드(the Upanishads)에서 파생된 철학 및 종교체계의 총칭이다. 베단타의 독특한 관점은 궁극적 실체인 브라만(Brahman)의 본성과, 브라만과 창조질서와의 관계이다. 베단타의 주요 두 학파, '아드바이타 베단타'(Advaita Vedanta, 비이원론적 베단타)와 '비쉬트-아드바이타 베단타'(Vishisht-Advaita, 전통적 비이원론 베단타)는 각각 샹카라(Shankara, 788-820)와 라마누자(Ramanuja, 1040-1137)로부터 그 가르침을 거슬러 올라간다.

어떤 이들은 주님(the Lord)이 인류의 역사 가운데 단 한 번만 자신을 나타내셨다고 생각한다. 그러나 거기에는 치명적 오류가 있다. 하나님은 예수라는 인간으로 자기 자신을 분명 나타내셨다. 하지만 전능한 신이라면 인류 역사 전체에서 한 번 행했던 일은 반드시 이전에도 했었고 앞으로도 할 수 있어야 한다. 법칙에 얽매이지 않는 것은 자연 외에는 아무것도 없으며, 이는 한 번 일어난 일이 무엇이든 계속 진행되어야 하고 계속 진행될 수 있다는 것을 의미한다... 그러므로 우리는 나사렛 예수뿐만 아니라 그 이전의 모든 위대한 영적 인물들, 그 이후에 왔던 모든 위인들, 그리고 아직 오지 않은 모든 영적 위인들 속에서 하나님을 발견해야 한다. 우리의 영적예배는 무한하고 자유롭다. 그 위인들은 모두 동일한 무한하신 하나님의 현현들(manifestations)이다.[20] (옮김이 역)

이러한 비베카난다의 신학적 논리에서는 예수의 역사성과 그분의 인격은 그리스도 복음의 비본질적인 부분으로서 '우연(accident)'으로 간주된다. 즉 예수는 인류 역사 속에서 전능한 유일신이 성육신한 '인물 중 하나'이기에, 하나님은 개인적이고 역사적인 인격을 가질 수 없다는 것이다.

인도 사상가 중 또 다른 중요한 인물로 사르베팔리 라다크리슈난(Sarvepalli Radhakrishnan, 1888-1975)이 있다. 그는 인도의 철학자이자 정치가로, 초대 인도 부통령(1952-1962)과 인도의 2대 대통령(1962-1967)을 역임했다. 라다크리슈난은 비베카난다가 힌두교와 관련하여 자신에게 일깨워 준 민족적 · 종교적 자부심을 가지고 있었다. 라다크리슈난 사상의 전체 구조는 힌두교에 대한 기독교의 영향력이 커지는 가운데 진정한 진리를 찾기 위한 그 자신의 노력으로 이루어져 있다. 그 결과, 라다크리슈난은 현대 인도의 지식인들을 위해 힌두

---

20 Swami Vivekananda, *The Complete Works of the Swami Vivekananda*, 5th ed., vol. 1 (Almora, India: Advaita Ashrama, 1931), 51.

교를 재정의하고자 하는 힌두교 변증가적 성격을 지니게 되었다.[21]

라다크리슈난은 공관복음서가 예수 안에서 통합하지 못한 채 남아 있는 '유대인과 신비주의자의 각기 다른 두 가지 흐름(two currents, the Jewish and the Mystic)'을 말하고 있다고 주장하였다. 그러면서 예수 그리스도의 삶과 메시지는 라다크리슈난 본인이 말하는 힌두교적 틀 안에서 가장 잘 이해된다고 믿었다. 이에 대해 그는 다음과 같이 말한다.

> 공관복음서를 보면 유대교와 신비주의, 즉 영성과 물질주의라는 두 가지 흐름이 예수의 사고 속에서 완벽하게 조화되지 않았음을 볼 수 있다. 하나님 나라에 대한 메시아적 개념은 팔레스타인 전통에 속하는 반면, 신비주의 개념은 인도 사상의 발전된 형태이다. 예수의 사고 속에서 보이는 보편주의(universalism)와 소극주의(passivism)는 그의 유대인 조상들의 배타성(exclusiveness)과 군국주의(millitarism)와 충돌한다.[22] (옮김이 역)

이렇게 라다크리슈난은 공관복음서가 묘사하는 예수에게서 유대적 배경과 양립할 수 없는 개념, 즉 '신비주의적 흐름'에 주목한다. 라다크리슈난의 이와 같은 추론은 원시 기독교가 유대 플라톤주의(Jewish Platonism), 신플라톤주의(Neo-Platonism), 영지주의(Gnosticism) 등 신비주의(mysticism)가 지배적인 종교적 사상의 분위기 속에서 형성되고 발전했다는 그의 면밀한 역사적 조사의 결과에서 비롯된 것이다. 더 나아가, 라다크리슈난은 사도 바울조차도 이러한 신비주의적 사상의 렌즈를 통해 예수 그리스도를 보았다고 주장한다.

---

21 라다크리슈난의 다음 저서들을 참고. Sarvepalli Radhakrishnan, *Indian Philosophy*, rev. ed., 2 vols. (London, UK: Allen & Unwin, 1929-31); The Hindu View of Life (London, UK: Allen & Unwin, 1927), *Eastern Religions and Western Thought*, rev. ed. (London, UK: Oxford University Press, 1940). 그는 자신의 철학을 다룬 책들이 '살아있는 철학자들의 도서관'(Library of Living Philosophers) 시리즈에 수록되는 영예를 안았다. Cf. Paul Arthur Schlipp, ed., *The Philosophy of Sarvepalli Radhakrishnan* (New York, NY: Tudor, 1952).

22 Radhakrishnan, *Eastern Religions and Western Thought*, 169.

바울에게 예수는 하나님이 아니라 단지 주님(the Lord)이다... 로고스(the Logos)를 신플라톤주의적 사상으로 보려는 고집은 예수의 인간적 삶을 단순한 환상적 모습으로 축소시킬 정도로 대단하다. 사도 바울은 우리 조상들이 "다 같은 신령한 음료를 마셨으니 이는 그들을 따르는 신령한 반석으로부터 마셨으매 그 반석은 곧 그리스도시라"(고전10:4)고 말하는데, 이는 그리스도가 우리 각자에게도 형성될 수 있다는 말이고, 이렇게 예수의 이름이 사용된다면 그것은 상징적인 방식으로 사용되는 것이다. 바울은 분명히 우리에게 예수를 형이상학적 진리의 상징으로 보지 않고 역사적인 인물로 과대평가하며 보는 것에 대해 경고한다... 사도 바울의 사상에서 기독교의 기초는 예수를 통한 하나님의 외적계시가 아니고, 예수를 통해 보여주는 하나님의 신성한 비전이다.[23] (옮긴이 역)

위와 같은 라다크리슈난의 주장에 따르면 바울은 예수 그리스도에 대해 신플라톤주의에 기초한 신비주의적 이해를 가지고 있던 것이다. 바울에게 있어서 역사적 예수의 삶과 죽음, 부활은 신비주의적 원리의 실례(illustrations)일 뿐이다. 왜냐하면 예수의 생애에 대한 바울의 평가는 신플라톤주의와 영지주의의 시대적 배경에서 발전했기 때문이다.

주요 인도사상가에서 마하트마 간디(Mahatma Gandhi, 1869 - 1948)를 빼놓을 수 없다. 간디는 반식민지 민족주의자이자 정치윤리가로, 비폭력 저항을 통해 영국제국의 통치로부터 인도의 독립투쟁을 이끌었다. 그의 독립운동의 독특한 방식은 전 세계에 자주적인 시민의식과 자유에 대한 갈망을 크게 고취시켰다. 또한 간디는 힌두교 사상과 이념을 잘 정리하여 배타적인 종교성을 뛰어넘는 세계적인 공동체를 구상한 인물이기도 했다. 이러한 간디의 신학

---

23 Radhakrishnan, *Eastern Religions and Western Thought*, 220.

적 중요성과 기독교에 대한 그의 도전은 널리 알려져 있다.

간디의 철학에서 '스와데시'(service of immediate neighborhood, '가까운 이웃에 대한 봉사')는 매우 중요한 개념 중 하나이다. 간디는 힌두교의 주요 경전 중 하나인 '바가바드 기타'(Bhagavad Gita)에서 종교적 관용으로서의 스와데시에 대한 뿌리를 찾는다.

> 우리의 현재적 존재는 '바가바드 기타'(bhagavad Gita)의 규칙을 수용하는 훈련이다. 예컨대 우리는 부모나 출생지, 조상 등을 선택할 수 없다. 그렇다면 왜 우리는 현재의 이 짧은 생의 기간 한 개인으로서 신에 의해 탄생될 때 우리에게 놓여 진 모든 관습을 깨뜨릴 권리를 주장해야 하나? 기타(Gita)는 자신에게 주어진 종교를 신뢰하고 자신의 종교에 대한 종교적 의무를 수행하는 것이 다른 사람의 종교적 의무를 수행하는 것보다 낫다고 매우 현명하게 말하고 있다.[24] (옮김이 역)

간디는 이러한 종교적 의무에 대해 기독교의 신약성서, 특히 복음서에 나오는 예수의 '산상수훈(the Sermon on the Mount)'이 매우 인상적인 통찰을 주며, 산상수훈의 정신이 기타(Gita)에 대한 그의 종교적 신념과 매우 유사하다고 여겼다.

> 신약성경은 또 다른 특별한 감동을 주는데, 그중에 특히 예수의 산상수훈은 내 마음에 깊이 와닿았다. 나는 그것이 기타의 가르침과 유사하다고 본다… 나의 정신은 힌두교의 가르침인 기타, 아시아의 빛, 그리고 신약성경의 산상수훈 가르침을 통합하려고 노력했다. 한 가지만 완벽할 수 없는 것이다. 결국 한 종류의 종

---

24 M. K. Gandhi, *The Law of Love*, ed. Anand T. Hirigorami (Bombay, India: Christian Missions, 1962), 86.

교적 가르침에 대한 집착을 포기하는 것이 가장 높은 형태의 종
교성이라는 깨달음을 얻었다.[25] (옮김이 역)

간디에게 산상수훈은 예수의 핵심 가르침이고, 간디가 예수를 존경하게 된
것도 바로 이 산상수훈 때문이다. 간디의 많은 저술을 보면, 그는 예수의 "악
에 저항하지 말라"는 가르침에 큰 영감을 받았음이 분명하게 드러난다. 따라
서 간디에게 산상수훈은 진정한 '그리스도인의 삶'을 살고자 하는 모든 기독
교인들에게 전부가 되었다. 예수 그리스도의 십자가 사건 또한 예수의 비폭
력 원리를 보여주는 사건이었으며, 간디는 인도가 민족을 위해 예수의 이러
한 비폭력적 정신을 받아들이길 원했다. 간디는 예수를 순교자이자 희생의
정신으로, 십자가를 이 폭력적인 세상에 대한 위대한 모범으로 받아들였다.
간디는 "내게 영원히 남는 것은 예수가 세상을 향해 진정 새로운 규율을 주
러 오셨다는 사실이다"라고 고백하기도 했다.[26]

반면에, 전 인류를 향한 영적인 의미에서 예수 그리스도의 사역에 대한 이
해는 간디의 해석에서 배제되었다. 그러한 의미로서 예수의 사역에 대한 가
장 확실한 예는 신적 속죄의 교리이다. 간디는 죄의 결과로부터의 구원을 믿
지 않았고, 사람들이 죄에 대한 생각 자체로부터 구원받을 수 있다고 믿었
다.[27] 그에게 '용서'의 의미는 모든 유혹에 저항할 수 있는 힘을 통해 죄를 짓
지 않는 것이었다. 그 결과, 간디는 예수 그리스도를 통한 하나님의 속죄와
하나님의 용서에 대한 개념을 거부하였고, 그에게 예수는 인간의 악한 유혹
을 이길 수 있는 방식을 가르쳐 준 인류의 훌륭한 많은 스승들 중 하나이자
뛰어난 선지자 중 한 사람이었다.

지금까지 설명한 로이, 비베카난다, 라다크리슈난, 간디는 인도에서 전통과
현대 사이의 긴장, 유럽과 인도, 식민지 세력과 피식민지 세력의 만남, 다양

---

25 Mahatma Gandhi, *The Message of Jesus Christ* (Herndon, VA: Greenleaf Books, 1980), 2.
26 Gandhi, *The Message of Jesus Christ*, 35.
27 Thomas, *The Acknowledged Christ*, 201.

한 종교적 전통의 혼합, 신약성서의 예수에 대한 수용과 거부, 이 모든 것들을 동시에 보여주는 인상적인 인물들이다. 이들은 모두 기독교에 대한 깊은 이해를 가지고 있었고, 예수에 대해 긍정적인 시각을 가지고 있었지만, 정통 기독교가 말하는 예수의 정체성에 대해서는 거부했다. 이들은 힌두교의 교리와 힌두교적 추론에 따라 예수 그리스도에 대한 대안적 이해를 제시하였고, 그 결과 예수는 신비로운 영성과 선한 도덕적 양심의 모범이 되었다.

인도 사상가들에 대한 복음주의의 응답

복음주의자들은 인도 사상가들이 말하는 예수의 도덕적 가르침이나 정신뿐만 아니라, 인간은 예수의 형이상학적 가르침들과 그의 예언자적 가르침을 통해서도 도덕적 삶을 성취할 수 있다고 믿는다. 같은 인도의 복음주의 신학자 M. M. 토마스는 라모한 로이의 그리스도관이 인도인들 사이에 널리 퍼져 있는 것에 대해 의문을 제기하며 다음과 같이 말한다.

> 많은 인도인들이 신약의 산상수훈을 통해 예수 그리스도를 구세주로 영접하게 되었다. 그러나 그렇게 그리스도인이 된 인도인들은 산상수훈이 단순히 그들에게 새로운 도덕적 규칙을 알려주었을 뿐만 아니라, 더불어 그 가르침에 내재된 인간 존재의 비극에 대한 예수의 예언자적 인식과 하나님의 구속에 대한 인간의 필요성, 그리고 예수 그리스도의 복음에 담긴 하나님의 대답에 대해서도 일깨워 주었다.[28] (옮긴이 역)

토마스는 예수의 형이상학적 가르침 외에도 사복음서에 나오는 예수의 수

---

28 Thomas, *The Acknowledged Christ*, 11.

많은 기적 이야기 또한 기독교인의 신앙을 풍요롭게 하는 힘이 있다고 확신하였다. 그는 이러한 질문을 던진다. "라모한 로이처럼 이성적, 윤리적, 그리고 세속적 성질에 젖어 있는 현대인들은 종교적으로 신비로운 체험이 있으면 예수 그리스도의 진리와 의미를 이해할 수 없다고 생각하는 것인가?"[29] 실제로 로이의 이성주의로는 예수께서 "나와 아버지는 하나이니라"(요 10:30) 혹은 "나를 본 자는 아버지를 본 것이다"(요 14:9) 혹은 "그는 근본 하나님의 본체시나 하나님과 동등됨을 취할 것으로 여기지 아니하시고"(빌 2:6)와 같은 바울의 형이상학적 서술을 이해할 수 없다. 요한복음에 나오는 예수의 말씀이나 바울의 진술들은 단순히 형이상학적이거나 추상적이지 않다. 오히려 신약성경이 우리에게 보여주는 '신비로운 가르침들'은 하나님으로부터 시작되는 우리의 종교적 경험과 신앙의 진정한 통합을 위한 진실이다.

더욱이 예수의 정체성을 도덕적 교사의 역할로 축소하는 것은 복음의 진정한 의미를 이해하지 못하게 한다. 예수의 탁월한 도덕적 가르침은 기독교의 전부가 아니다. 예수에 대한 라모이의 주장에 반박하며 같은 인도의 신학자 M. C. 파레크(M. C. Parekh)는 예수의 도덕률에 대한 가르침만으로는 예수에 대해 제대로 알 수가 없다고 주장한다. 파레크에 의하면, 예수는 십자가에서 자신의 피로 그가 가르쳤던 모든 교훈과 모든 율법(the Precepts)을 인봉하셨고, 그렇게 십자가에서 보여주신 사랑을 통해 그 율법들에 대한 진정한 권위를 보여주셨고, 성부 하나님의 능력을 그 인봉된 것들에 부여하셨다. 예수의 그러한 피흘림이 없었다면 그의 가르침과 율법들은 그저 죽은 글자에 불과했을 것이며, 그보다 더한 것은, 인간이 잠시도 견딜 수 없는 무한한 짐에 불과했을 것이라고 말한다.[30] 다시 말해, 십자가에서 드러난 예수 그리스도의 신성과 그분의 속죄 사역은 궁극적으로 그분의 도덕적 가르침 이면에 있는 진정한 '권위'를 보여준 것이다.

---

29 Thomas, *The Acknowledged Christ*, 30.
30 M. C. Parekh, *Rajarshi Ram Mohan Roy* (Rajkot, India: Oriental Christ House, 1927), 56.

그러므로 라모한 로이가 예수의 도덕적 가르침에 근거하여 예수의 정체성을 설명한 것은 어느 정도 인정할 만한 부분이 있다고 하더라도, 복음주의자들에겐 받아들여질 수 없는 매우 협소한 시각이다. 이는 예수가 공생애 기간에 설명했던 여러 가르침 이후에 너무나 분명히 일어났던 한 사건을 로이는 의도적으로 생략했기 때문이다. 로이는 성부 하나님의 사랑을 온 인류에게 계시하기 위해 자신을 비워 십자가에서 종의 형체를 취하신 성자 예수 그리스도의 진정한 정체성을 간과하고 있다. 십자가에서 드러난 지식만이 참 하나님이신 예수 그리스도의 삶과 가르침에 대한 기독교 신앙을 형성한다.[31]

비베카난다의 경우, 그는 성경구절들을 문맥에서 매우 벗어나 자신만의 해석을 가지고 편향적으로 그리스도와 기독교를 바라보았다. 인도 신학자인 찬드란(J. R. Chandran)은 비베카난다의 요한복음 1장에 대한 주석을 비판하며, 요한복음이 말씀이신 하나님과 성육신 사이의 관계를 인정하고 이 관계가 힌두교에서도 실현될 수 있다는 비베카난다의 긍정적 접근을 인정하지만, 문자 그대로 '환상'을 의미하는 '마야'(maya)가 바로 예수의 성육신이라는 비베카난다의 주장은 실제 인간의 모습으로 오신 신인(God-man, 神人) 예수를 말하고 있는 성경의 맥락과는 전혀 맞지 않다고 말한다.[32]

분명 '로고스'(Logos)라는 단어는 고대 헬라어의 형이상학적 사변과 밀접한 관련이 있다는 것은 의심의 여지가 없다. 그러나 찬드란은 요한복음에서 로고스에 대해 말하고 있는 사도 요한은 복음에 대한 확신보다 형이상학적 사변에 그리 큰 관심이 없다고 말한다. 요한이 말하고자 하는 것의 핵심은 '말씀' 자체가 아니라 '말씀이 육신이 되신 것'이기 때문이다.[33] 다시 말해, 요한은 로고스에 대한 사변적인 추론이 아니라 로고스가 육신이 되셨다는 진리의 선포에 관심이 있는 것이다.

---

31 McDermott and Netland, *A Trinitarian Theology of Religions*, 50.
32 J. R. Chandran, "Christian Apologetics in Relation to Vivekananda in the Light of Origen, Contra Celsum," (unpublished thesis), 162; Cf. Rolland, Book II, Part I, chap. III–IV.
33 Chandran, "Christian Apologetics," 176.

게다가, 다양한 종교들 가운데 공통의 유일신(the One Being)에 대한 최고의 헌신을 추구하는 비베카난다의 '이쉬탐' 신학은 목표가 없는 모호한 개념으로 귀결된다. 비베카난다의 견해에 따르면, 본질적인 개인(the essential individual)과 우주적 진행(the cosmic process) 사이에는 영원히 중대한 관계란 존재하지 않는다. 그러나 한 개인의 역사적 운명과 전 인류 혹은 전 우주적 과정은 궁극적인 하나님의 목적 안에서 함께 이루어진다는 것이 진정한 기독교적 이해다. 비베카난다의 주장에 반박하며 토마스는 다음과 같이 말한다.

> 기독교의 역사관은 단순하게 순차적(linear)이지 않다. 기독교는 한 개인의 생애든, 십자가와 같은 중요한 사건이든, 그것들의 목적이 성취되었다는 것이 그 역사의 끝이 아니라 하나님의 목적을 향한 거대한 움직임의 과정 가운데 일어난 것으로 생각하기 때문이다. 그러기에 각각의 목적들은 경험적 자아와 그것이 관여하는 과정들이 실제적인 관계 가운데 저 너머(the Beyond, 즉 초월) 또는 종말(the End, 즉 종말)로 향하는 것으로 볼 수 있다. 그 순환을 가로질러 궁극적으로 의미 있는 하나님의 역사 속에서 자신을 실현하는, 즉 영적으로 목적이 있는 개인들(persons)이 존재하는 것이기 때문에, 기독교적 역사관은 선형적이지 않은 것이다. 이러한 이해의 틀을 벗어나면 이 세상을 향한 하나님의 목적의 독특한 계시에 대해 정확하게 볼 수 없다.[34]

한 개인의 역사든 전 인류의 역사든, 모두 하나님의 궁극적인 목적인 종말론적 현실을 고려하며 판단해야 한다는 토마스의 주장은 매우 설득력이 있다. 물론 비베카난다의 '이쉬탐' 신학은 다른 종교의 신자들에 대한 진정성

---

34 Thomas, *The Acknowledged Christ*, 147.

있는 개방성을 유지하고 그들 가운데 활동하는 성령의 사역을 긍정하는 것처럼 보이지만, 성령 사역의 주된 목적은 하나님이 이 세상을 자신과 화해시키시는 '죽임당한 어린양'을 드러내는 것이다. 이것이 하나님의 궁극적인 목적이다. 토마스가 언급한 "이 세상을 향한 하나님의 목적의 독특한 계시"는 비베카난다와 같은 다원주의자들의 신학적 결론에 대한 매우 복음주의적인 지적이 된다.

  인도의 복음주의 신학자 P. D. 데바난단(P. D. Devanandan)은 기독교와 힌두교는 둘 중 하나를 대안으로 선택하도록 요구하는 것이 아니라고 말하며 모든 종교가 동일한 목표를 지향한다는 라다크리슈난의 신학에 대해 강한 비판을 한다. 그러면서 기독교 신앙은 근본적인 한 신조와 함께 특정한 확신에 확고하게 기반을 두고 있음을 말한다. 데바난단이 말하는 '근본적인 신조'는 예수 그리스도 안에서 죄 많은 피조물을 위해 세상 가운데 구속적으로 일하시는 하나님에 대한 계시이다.[35] 이런 신학적 사고는 힌두교의 세계관과 절대로 양립할 수 없다. 따라서 기독교 신앙과 힌두교의 신앙은 그 핵심에서 상호배타적이다.

  데바난단은 또한 모든 종교가 하나라는 라다크리슈난의 교리가 종교의 보편성에 대한 기독교의 견해와 어떻게 다른지 다음과 같이 설명한다.

> 기독교 신앙은 하나님께서 예수 그리스도 안에서 행하신 일이 모든 사람을 위해 행해졌다는 사실에 기반을 둔다. 따라서 그리스도의 유일성에 대한 확증이 그 목적에 대한 보편성의 근거가 되는 것이다. 온전해짐과 참된 본성의 실현을 위한 인류의 갈망 가운데 전능하신 하나님께서 잠시 인간과 자신을 동일시하셨다. 그러한 하나님의 인간과의 동일시는 새 창조의 새로운 시대를 시작

---

35 P. D. Devanandan, *Christian Concern in Hinduism* (Bangalore, India: Christian Institute for the Study of Religion and Society, 1961), 98.

한다. 그것은 인류 전체, 즉 종교적 신념, 다양한 인종, 각 민족들의 언어에 관계없이, 전 인류를 포괄하여 전부를 보편적으로 받아들이는 하나님의 구속 운동의 시작을 알렸다.[36] (옮김이 역)

데바난단의 주장은 간단하다. 기독교가 말하는 보편성은 오직 예수 그리스도의 유일성에 근거한다는 것이다. 결국 기독교와 힌두교 베단타(Vedanta)는 예수 그리스도의 본질, 영적 연합의 실현, 그리고 그것을 달성하는 방식에 대한 기반이 서로 다르다.

인도 신학자 토마스 역시 그리스도와 기독교에 대한 라다크리슈난의 아드바이타 베단타(Advaita Vedanta)적인 해석에 이의를 제기하며 다음과 같은 질문을 던진다.

> 인간의 역사적 존재성과 그에 대한 하나님의 목적이 도대체 무엇이라고 생각하는가? 기독교 종교의 주된 관심사가 신(the Divine)이나 인간 자아(human self)의 형이상학적 본성에 있다고 생각하는가? 하나님이 그의 피조세계인 이 세상을 사랑하셔서 독생자 예수 그리스도 안에서 모든 인간을 거짓된 목적들로부터 구원하고, 또한 이 세상을 새롭게 하기 위해 성자께서 자신을 비워 종의 형체로 인간에게 주어졌다는 진리와 힌두교의 베단타 가르침 사이에 조금이나마 유사성이 존재한다고 생각하는가?[37] (옮김이 역)

토마스는 위와 같은 질문을 던지며 인도 내의 올바른 기독교 신학은 성경의 증언과 그 증언이 인도인들의 각 개인과 집단에 미치는 의미에 비추어 해석하는 작업에 우선순위를 두어야 한다고 강력하게 제안하고 있는 것이다.

---

36 P. D. Devanandan, *Preparation for Dialogue* (Bangalore, India: Christian Institute for the Study of Religion and Society, 1964), 137.
37 Thomas, *The Acknowledged Christ*, 188.

간디의 신학에 관하여는, 인도의 문화와 종교를 깊이 존중하며 간디와 서로 큰 영향을 받았던 미국의 신학자 E. 스탠리 존스(E. Stanley Jones)의 비판점이 주목할 만하다. 존스는 간디가 기독교의 종교로서의 원리, 특히 산상수훈에 대한 내용을 적절히 이해했지만, 기독교 신앙은 그 원리를 통해 예수 그리스도의 인성을 보는 것이 아니라고 말한다. 존스에게 그리스도는 종교에 관한 모든 담론의 핵심이다. 그는 인도를 향해 간절한 마음으로 이렇게 말한다.

> 그리스도는 보편적이지만, 그 보편성을 표현하기 위해 지역적인 형태들을 사용한다. 나는 인도의 당신들이 인도의 풍부한 문화적, 종교적 전통을 바탕으로 우주적 그리스도에 대한 해석을 더욱 풍요롭게 할 것이라 기대한다. 특히 마하트마 간디가 위대한 삶을 살다가 간 지금, 나는 그의 의지를 이어받은 여러분이 서양인들의 부족한 언어적 한계를 넘어, 그리스도를 더욱 깊이 해석하고 바라볼 수 있다고 생각한다. '인자(the Son of Man)'에 대해 더욱 풍부한 해석을 하려면 여러분이 반드시 필요하다.[38]

위 글은 인도를 향한 존스의 존경심을 담은 간절한 외침이다. 존스는 간디가 인도에서 그리스도에 대한 인도적 해석에 도움이 되는 토양을 만들었다는 점을 인정한다. 하지만 간디가 예수 그리스도의 인성을 인간의 죄를 속죄하기 위한 신적 행위를 성취하고 마침내 우주적 그리스도가 되신 분으로 보지 않았다는 점을 안타까운 마음으로 지적한다. 이와 관련하여 존스는 인도인들이 '인자(the Son of Man)'에 대한 개념을 그들의 시선에서 직접 해석하길 바랐고, 그들의 종교적 유산을 더욱 풍요롭게 하기 위해 그리스도를 받아들이길 원했다.

---

38 E. Stanley Jones, *Mahatma Gandhi: An Interpretation* (London, UK: Hodder & Stoughton, 1948), 85.

간디는 또한 인간의 영혼을 순수한 본질적 자아와 모든 악의 근원인 육체를 동일시했다. 이러한 동일시 때문에 간디는 도덕적 원리에 대한 그만의 지식을 형성했고, 이 지식이 "육체의 정욕"(롬 13:14)에 대항하는 영적 노력이자 곧 구원의 길로 여겼다. 이에 대해 토마스는 간디가 육체와 영혼을 초월하는 인간 자아의 죄악 된 차원을 보지 못했고, 간디가 말하는 지식은 결국 개인의 이기심(self-interest)과 자기의로움(self-righteousness)을 위해 그 도덕적 이상주의와 영적 노력이 활용될 수 있다고 반박한다.[39]

결론적으로 간디는 도덕적 원리를 넘어서 예수 그리스도의 진정한 인성으로 나아가지 못했다. 왜냐하면 그는 죄의 심오한 차원과 하나님의 용서의 필요성을 인정하지 않았기 때문이다. 토마스가 말했듯이, 기독교에 대한 간디의 도전은 물론 훌륭한 지점이 많음에도 불구하고 그의 주장을 기독교인들이 단순하게 받아들일 수 없는 차원으로 남아 있다. 예수 그리스도의 인성 안에서 세상과 자신을 화해시키신 하나님에 대한 이해와, 인도의 종교 공동체들과 세속적 이데올로기 사이에서 그리스도를 증언하는 교회에 대한 이해를 위해 예수의 산상수훈의 원리는 그 원리에 관하여 더 완전한 의미를 탐구해야 하는 차원으로 인도 안에 여전히 머물러 있다는 것이다.

3. 폴 니터의 예수 그리스도에 대한 고유성(uniqueness)

예수 그리스도의 고유성(uniqueness)과 보편성(universality)은 구원의 질서에 대해 기독교 신학에서 늘 핵심적인 사안이었다. 유니온 신학교(Union Theological Seminary)의 폴 니터(Paul F. Knitter) 교수는 이 문제를 직접적으로 다루면서 예수 그리스도의 고유성을 다원주의적 시각으로 재해석하는 다섯 가지 논제

---

39 Thomas, *The Acknowledged Christ*, 235.

(theses)를 제시하였다.[40] 그리고 니터의 이 다섯 논제들은 다원주의적 시각에서 보는 예수 그리스도에 대한 현대의 보편적인 이론적 바탕이 되었다.

니터가 제시하는 첫 번째 논제는 다음과 같다. 기독론의 본질과 역사를 고려할 때, 예수의 고유성에 대한 기독교의 정통적 이해 방식은 언제든 재해석될 수 있다는 것이다. 니터는 우리가 예수에 대해 설명하는 단 하나의 방식이란 있을 수 없으며, 예수에 대해 설명하려는 우리의 노력은 결코 온전히 성취될 수 없는 작업을 하려는 것이라 주장한다.[41] 다시 말해, 예수가 누구이며, 하나님이 인류와 하시는 자기소통(God's self-communication)의 역사에서 그분이 어떤 역할을 했는지 말하려는 기독교인들의 시도에는 고정적이거나 최종적인 단일의 방식은 없다는 것이다. 즉 예수의 인격과 사역을 인식하고 그것을 언어로 묘사할 때, 그리스도인들은 각각의 문화와 가치관에 새로운 말하기 방식을 채택할 수 있고, 새로운 이미지를 활용하면서 하나님이 예수 그리스도를 통해 이 땅에서 어떻게 행동하셨고 어떻게 행동하고 계신지에 대한 재구상은 늘 가능하다는 것이다.

니터는 다음과 같이 말한다. "나는 the lex credendi (신앙을 위한 규범)가 the lex orandi (영성을 위한 규범)와 공명(共鳴)하여 이를 촉진해야 한다고 말하지만, 그러나 동시에 종교적으로 헌신된 삶을 위한 그러한 규범들은 the lex sequendi (제자도를 위한 규범)와 연결되지 않으면 매우 부적절한 것이 되어버린다."[42] 예수에 대한 이해, 즉 그분의 인격, 사역, 고유성은 모두 그리스도인의 예수에 대한 구원체험과 헌신을 가지고 세상 가운데 그를 결연히 따르는 삶의 모습으로 표현되어야 한다는 것이다.

예수의 고유성에 대한 니터의 두 번째 논제는 종교 간 대화의 윤리적 의무에서 예수의 고유성에 대한 기독교의 과거 정통교리를 재해석해야 한다는

---

40 Paul Knitter, "Five Theses on the Uniqueness of Jesus," in *The Uniqueness of Jesus: A Dialogue with Paul F. Knitter*, ed. Leonard Swidler and Paul Mojzes (Eugene, OR: Wipf and Stock, 2007), 3–16.
41 Knitter, "Five Theses," 4.
42 Knitter, "Five Theses," 5, 옮긴이 역.

것이다. 사실 전 세계의 기독교인들은 학교 내 동급생, 직장의 동료, 같은 마을의 이웃, 대가족 안에서 친척 등, 다른 종교를 가진 사람들과 이미 깊은 관계를 맺고 살아간다. 이렇게 종교적으로 다원화된 현실에서 기독교인들은 그들과 다양한 종류의 대화를 해야 하는 윤리적 의무를 경험하고 있으며, 니터에 따르면, 이러한 의무는 '외부'와 '내부' 양쪽 모두에서 기독교인의 의식 속으로 스며들고 있다.

'외부적'으로는, 생태계의 파괴, 불의한 사회구조로 인한 사회의 고통, 통제할 수 없는 무기 개발로 인한 전쟁의 위험 등 인류를 위협하는 위기를 심각하게 직시한다면, 세계 국가들은 이전과는 다른 방식으로 서로 협력해야만 한다. 이러한 국가적 협력을 가능하게 하기 위해서는 세계 종교들이 먼저 나서서 전례 없는 협력을 해야 한다. 왜냐하면 세계의 많은 국가들은 이슬람이나 힌두교와 같은 특정 종교를 사회체제로 설정하고 있기 때문에, 생태계 파괴나 불의한 사회구조의 개선과 같은 국가적 협력을 하기 위해선 종교가 먼저 나서서 초국가적 대화를 해야 하는 것이다. 따라서 종교 간 대화는 예수 그리스도를 따르는 기독교인들에게 상당히 중요한 도덕적 의무가 된다.

'내부적' 측면에 대해 말하자면, 그리스도인들이 예수께서 마태복음에서 말씀하신 모든 민족에게 복음을 전하는 '마지막 사명'을 진정으로(truly) 그리고 효과적으로(effectively) 수행하려면 우리 내부적으로도 복음을 전하는 그 민족을 향해 예수께서 이웃을 사랑하라고 하셨던 '첫 번째 사명'을 진정으로(truly) 그리고 효과적으로(effectively) 수행해야 한다. 요컨대, 우리가 타 종교를 가진 사람들을 진정으로 사랑하지 않으면, 그들에게 복음을 진정으로 그리고 효과적으로 증언할 수 없는 것이다. 니터는 이에 대해 다음과 같이 설명한다.

> 사랑은 상대방을 존중하고, 소중히 여기며, 경청하고, 상대로부터 배울 준비가 되어 있는 것을 의미한다. 조금 부정적으로 말하면, 우리가 우리 자신에게 바라는 것과 같은 관심과 존중을 다른

사람에게 베풀지 않는다면, 우리는 그들을 진정으로 사랑하지 않는 것이다. 우리가 타 종교인들과 관계를 맺을 때, 우리는 하나님의 진리를 온전히 소유하고 있지만 그들은 그 진리의 일부분만 가지고 있다고 전제한다면, 우리는 너무나 쉽게(역사적으로 종종 그랬던 것처럼) 그들을 우리보다 영적으로 어둡다거나, 도덕적인 삶을 못 산다거나, 신에 대한 헌신이 떨어지는 존재로 간주하게 된다. 그러한 태도는 그들을 진정으로 사랑하고 있지 않는 것이다. 따라서 진정한 대화의 전제는 진정한 사랑이다.[43] (옮긴이 역)

니터가 제안하는 세 번째 논제는 예수의 구원적 역할로서의 고유성(uniqueness)은 '진정으로'(truly)라는 의미로는 해석될 수 있지만, '유일한'(only)이라는 의미로는 해석될 수 없다는 것이다.[44] 니터는 나사렛 예수가 진정으로 하나님의 아들이자 '진정한' 구세주이기는 하지만, '유일한' 하나님의 아들이자 구세주는 아니라고 말한다. 니터에 따르면, 기독교인들은 '오직'(only)을 주장하지 않고 '진정으로'(truly)를 고수함으로써 예수에 대한 신약성경의 증언들에 충실할 수 있다. '진정으로'라는 진실을 가지고도 그리스도인들은 계속해서 예수의 제자로 살아갈 수 있고, 삶에서 그분의 임재를 경험할 수 있고, 삶에서 예수의 가르침을 실천하며, 다른 사람들에게 그 가르침을 증언할 수 있는 것이다.

니터에게는 예수의 다르침은 어떠한 종교적 위인들과 비교해도 독특하고, 그의 구원의 방식, 즉 십자가라는 방식으로 인간을 구원하는 구세주는 없지만, 예수와는 다른 방식으로 인간에게 '생명을 얻게 하고 더 풍성히 누리게 하는' 다른 구세주들은 얼마든지 있다.[45] 구체적으로 말해서 기독교인들은 예

---

43 Knitter, "Five Theses," 6.
44 다음 저서도 참고. Paul Knitter, *Jesus and the Other Names: Christian Mission and Global Responsibility* (Maryknoll, NY: Orbis Books, 1995).
45 D'Costa, Knitter, and Strange, *Only One Way?*, 72. 옮긴이 역

수의 독특성(distinctiveness)을 신뢰하면서, 동시에 부처나 무함마드, 공자의 독특성도 인정할 수 있는 것이다. 그렇기에 예수 그리스도 안에 있는 하나님의 구원의 은혜는 하나님께서 다른 시대에 다른 인물들을 통해 다른 방식으로도 하나님의 충만함을 자유롭게 드러내실 수 있고, 그렇기에 예수만이 모든 구원의 유일함과 규범을 갖는 것처럼 우리가 칭송해서는 안 된다는 것이다.

니터의 위와 같은 사고에 따르면 예수의 복음이 하나님을 정의(define)하지만 하나님을 한정하지는(not confine) 않으며, 기독교인들에게는 구원에 대한 참된 지식의 '필수적(essential)'인 것들을 보여주지만, 하나님 구원의 지식을 구성하는 '모든 것'(all)을 제공하지는 않는다. 예수 그리스도는 보편적이고 결정적이며 필수적인 구원의 메시지를 전하지만, 그러나 하나님의 완전하고 결정적이며 모든 것의 규범이 되는 유일한 진리는 아니라는 것이다.

니터의 네 번째 논제는 예수의 고유성에 대한 내용은 그리스도인의 삶에서 분명하게 드러나야 한다는 것이다. 그 내용은 역사의 시대와 맥락에 따라 다르게 이해되고 선포된다. 오늘날 예수의 고유성은 하나님의 구원과 통치가 사람들의 사랑과 정의의 행위들을 통해 이 세상에서 실현되어야 한다는 예수의 주장에서 드러난다. 그리고 그 예수의 복음은 우리가 기독교의 역사를 면밀히 살펴볼 때 다형적이고(pluriform), 적응적이며(adaptive), 변화하는(changing) 현실이라는 것을 알 수 있다고 한다. 이런 니터의 주장에 따르면, 살아계신 그리스도(the living Christ)의 복음에서 가장 의미 있고 구원적인 요소는 인류의 각 문화나 역사의 단계에 따라 서로 다르게 경험되고 각자의 상황에 맞춰 공식화된다. 살아계신 그리스도는 어제나 오늘이나 내일이나 동일하지만, 그분의 '변화시키는 능력'은 중세 유럽의 사람들과 현대 한국인들 사이에서 다르게 작용한다. 즉 기독교를 독특하게 만드는 것은 역설적이게도 항상 같으면서도 항상 다르다는 점이다.

시대나 문화에 따라 언제나 다르게 적용되는 이러한 그리스도의 복음을 고려하면서, 니터는 이웃을 사랑하고 공동체의 향상에 적극적으로 참여하지 않으면 하나님의 실재를 진정으로 경험할 수 없다는 예수의 독특한 메시지를 주목한다. 니터에게 하나님 사랑과 이웃 사랑이라는 두 계명은 서로 분리될 수 없는 동일한 경험적 실재(the same experiential reality)의 두 가지 측면이다.[46] 따라서 그에게는 하나님이 다른 종교에서 어떤 방식으로 계시되어 있는가는 중요하지 않다. 하나님은 모든 종교인들을 향해 이 세상을 분열과 불의로부터 사랑과 호혜(互惠)의 세상으로 변화시키라는 향한 부르심과 권한을 주시는 하나님이다. 하나님의 구원의 은혜는 인간 사회 안에 실재하는 역사적 현실이며, 예수 안에서 드러난 이 은혜는 그리스도인들로 하여금 이 세상의 삶 가운데 더 나은 인간이 되도록 변화시켜 가신다.

니터가 제시하는 마지막 논제는 예수의 유일성에 대한 앞서 나열한 네 가지 다원주의적 재해석들의 정당성은 무엇보다도 그러한 재해석의 방식이 총체적인 기독교 영성, 즉 예수에 대한 헌신과 따름을 촉진시킬 수 있는 능력에 근거해야 한다는 것이다. 예수를 하나님의 '유일한' 구원의 말씀이 아닌, '참된' 구원 말씀으로 이해하는 원리가 이 기준에 부합한다. 이에 대해 니터는 예수가 구원의 주체로서 참되면서 동시에 전적으로 하나님의 보편적인 구원의 말씀(God's universal saving Word)으로 보는 다원주의적 그리스도론이 비판으로부터 언제나 완전할 수는 없겠지만, 그럼에도 그의 이러한 제안은 예수에 대한 우리의 결단력 있는 헌신을 촉진하며, 그분을 따르려는 부단한 노력에서 비롯되었고, 지금도 계속 유지될 수 있다고 말하는 다원주의 기독교인들을 대변할 수 있길 바란다고 기대한다.[47]

니터의 제안들을 정리하면, 니터와 같은 다원주의 기독교인들은 기독교인들이 오로지 예수만이 구원자라는 신념 없이도 하나님의 구원의 말씀으로 온전히 경험하고 헌신하며 따를 수 있는 것이다. 즉 니터는 그의 다원주의적 영성 안에 예수가 분명히 기독교인들에겐 참된 구원자로 남아 있으면서, 동

---

46 Knitter, "Five Theses," 12.
47 Knitter, "Five Theses," 14.

시에 예수의 구원의 능력은 타 종교인들에게 베푸시는 하나님의 또 다른 방식이 있다는 것을 기대하고 있다. 니터에게 예수의 고유성은 다른 영적지도자들에 대한 우월함이나 특권에 대한 문제가 아니라, 다른 영적 지도자들과 분명하게 다른 '독특함(distinctness)' 혹은 '특별함(specialness)'의 문제이다. 그래서 예수의 고유성은 다른 종교인들과 비기독교인들을 배제하는 속성이 아닌, 오히려 그리스도인들에게 이 땅 가운데서 하나님의 삶을 살아가게 하면서 살아계신 하나님을 더욱 깊이 알 수 있는 뚜렷하고 구체적이며 결정적인 방법을 제시하는 고유성이다.

니터에 대한 복음주의의 응답

복음주의자들에게는 예수의 고유성에 대한 니터의 주장이 설득력 있게 다가오지 않는다. 왜냐하면 예수의 고유성은 인간의 더 깊은 존재론적 토대 위에 놓여 있기 때문이다. 복음주의 기독교인들은 과거부터 현재까지 다른 종교 위인들이 아닌 오직 예수 안에서 온 인류를 구원하는 '한 사건(the scandal)'으로 인해 구원의 사건이 일어났다고 주장해 왔다. 인간 예수를 중심에 둔 구원론적 확신은 궁극적으로 예수의 신성, 즉 그의 신적 권위에 그 근거를 두고 있다.

신약성경의 사도들의 증언이 그 강력한 근거이다. 사도들은 예수를 이스라엘의 메시아이자 종말론적 구원의 유일한 매개자로 나타낸다(행 4:12, 롬 5:8, 고전 1:18, 갈 2:20). 그들은 예수를 성부 하나님의 독생자, 창조의 주, 인류의 구원자로 분명하게 증언한다. 예수는 일부 선택받은 자들만의 주님(the Lord)이 아니라 모든 이들의 주님(the Lord)이기 때문에, 교회는 그의 이름으로 모든 민족을 제자로 삼아야 한다는 사명을 느꼈다. 예수는 성육신하신 자로서, 그분 안에 온 세상을 향한 구원의 가능성이 내재되어 있다. 따라서 복음주의자들의 관점에서 볼 때, 그리고 신약성경의 분명한 증언에 의하면, 예수의 고유성은 니터가 말하고 있는 것보다 훨씬 더 심오한 존재론적 현실이 있다. 예수는 윤리적 규범, 또는 하나님의 사랑을 가지고 행하는 인간의 행위들 그이상으로 인류 역사 속에 현존하는 하나님의 구원의 실체이다.

클락 피녹은 니터가 말한 다섯 가지 논제들에 대해 다루면서, 니터의 그리스도론은 기독교 신학의 경계를 심각하게 벗어났다고 반박한다. 피녹의 논거는 크게 두 가지이다.[48] 그 첫 번째는, 성경이 증언하는 예수의 놀라운 보편성은 더 이상의 희망적 추론을 덧붙일 필요 없이 있는 그대로 인정해야 한다는 것이다. 사도 바울은 하나님께서 '예수 그리스도 안에서' 온 세상을 화목하게 하신다고 말한다(고후 5:19). 하나님은 모든 사람이 구원받고 진리를 알기를 원하시며, 그 의지를 가지고 이 땅에 오신 예수는 우리의 죄뿐만 아니라 온 세상의 죄를 위해 죽으셨다고 말한다(딤전 2:4, 요일 2:2). 사도 요한은 하나님의 심판의 내용이 인봉되어 있는 하나님의 두루마리를 감히 떼어 펴거나 보기에 합당한 자로서 유일하게 '일찍이 죽임을 당한 어린 양'을 지목한다(계 4:3). 이처럼 성경의 증언은 일관적이다. 하나님의 구원에 대한 보편성과 희망이 전혀 부족하지 않다. 니터의 걱정과는 달리, 전통적인 성경적 그리스도론은 다른 종교의 신앙을 가진 사람들에 대한 그리스도인들의 편협함(narrowness)을 굳이 강요하지 않아도 모든 자를 사랑하시며 온 세상에 은혜를 베푸시는 하나님을 충분히 설명할 수 있다.

피녹의 두 번째 논거, 피녹은 종교 간 대화가 필수적이라는 니터의 주장에 동의는 한다. 하지만 그 이유가 다르다. 피녹은 니터의 생각과는 달리 예수가 유일한 하나님의 아들이라는 형이상학적 특이점을 기독교인들이 고수하는 것은 종교 간의 대화를 결코 어렵게 하지 않는다고 본다. 왜냐하면 종교 간의 대화를 통해 우리는 하나님이 다양한 종교들을 포함한 모든 인류에게 베푸신 것들을 서로 공유할 수 있고, 더 깊은 차원의 진리를 함께 추구할 수

---

48 Clark H. Pinnock, "An Evangelical Response to Knitter's Five Theses," in *The Uniqueness of Jesus*, ed. Leonard Swidler (Eugene, OR: Wipf and Stock, 2008), 118.

있기 때문이다.[49] 모든 종교는 검증이 필요한 진리를 주장한다. 모하메드는 구원하는 선지자들의 표상이 될 수 있는가, 그렇지 않은가? 전능하신 하나님이 어떻게 인간 예수 안에서 우리와 함께 계실 수 있는 것인가? 불경(佛經)에서 말하는 인간은 구속을 필요로 하는가, 그렇지 않은가? 이러한 주제들은 간과할 수 없는 진지한 종교적 토론의 주제들이다. 이에 대해 피녹은 다음과 같이 말한다.

> 대화에는 여러 종류가 있는데, 그 중 진정 필요한 대화는 진리를 추구하는 대화, 즉 신과 인간, 이 세계에 관한 서로 다른 종교들의 주장을 면밀히 식별하는 대화이다. 서로 다른 신념을 가진 철학자들이 함께 만나 다원주의적 신념에 대해 대화하듯이, 종교 간 대화에서 우리의 목표는 이러한 종교적으로 심오한 문제들 가운데 실제적 진리가 어디에 있는지 발견하는 것이어야 한다.[50] (옮긴이 역)

물론 그리스도인은 겸손하고 겸허한 자세로 진리를 추구해야 한다. 대화에 임하는 모든 자들은 인간이 온전히 이해할 수 없는 신비를 다루고 있음을 인정해야 하며, 따라서 인간의 지식이 불완전한 종말에 앞서 진리를 결정적으로 증명할 수 있다고 기대할 수 없다(고전 13:12). 인간은 오직 하나님께서 그의 심판대 앞에서 직접 하시게 될 종말론적 검증을 기다려야 한다. 그럼에도 불구하고, 복음주의자는 구원에 대한 다른 모든 내용들을 증발시키는 다원주의적인 환원주의는 인정할 수 없다. 환원주의는 결국에 다른 사람의 신념을 존중하지 않고 자신의 진리에조차 헌신하지 않기 때문이다.

샌더스도 피녹의 '구원중심주의'(soteriocentrism)와 맥을 같이하며, 그리스도인

---

49 Pinnock, "An Evangelical Response," 118.
50 Pinnock, "An Evangelical Response," 119.

은 예수 안에서 사랑과 정의를 추구해야 한다는 니터의 주장에 대해 다음과 같은 의문을 제기한다.

> 니터는 어떠한 기준과 목표를 가지고 그런 주장을 하는 것일까? 그의 주장에는 모든 대화의 파트너들이 '공평한 경쟁의 장'에서 모두 '동등한 권리'를 갖기를 바라는 그의 개인적인 소망이 반영된 것으로 보인다. 이런 소망에 따르면 그 누구도 다른 사람보다 우월한 진리를 가지고 있지 않다. 그런 대화 가운데 일어나는 일은 구원을 이루시는 하나님의 역사(the God of salvation history) 위에 인간이 정하는 또 다른 기준과 목표를 두고 성경의 증언으로부터 초월적인 계시를 걸러내는 작업일 뿐이다. 기독교인들은 하나님의 구원의 역사라는 궁극적인 기준을 상정하는 것에 다른 종교들에게 양해를 구할 필요가 없다. 진정한 '공평한 경쟁의 장'을 위한다면 기독교인의 진리인 하나님의 구원을 중심에 두고 말하는 것을 주저할 이유가 없다. 삼위일체 하나님께서 이 땅에 성육신하셔서 전 인류를 구원하기 위해서 더 이상 분명할 수 없는 그분의 뜻에 대한 계시를 제공하며 인간 역사의 한복판에서 일하기로 선택하셨다면, 즉 2천 년 전 이스라엘 땅 골고다 언덕의 십자가에 성자 예수 그리스도를 못 박으시기로 작정하셨다면, 우리 중 누가 전능하신 하나님이 그렇게 하실 수 없다고 자신 있게 말할 수 있겠는가? 우리는 어떤 근거와 목표를 가지고 하나님의 그 구원 계획보다 더 높은 기준을 세울 수 있는가?[51] (옮김이 역)

 구원이라는 목적과 기준에 따라 서술한 샌더스의 위와 같은 주장은 예수의

---

51 John Sanders, "Idolater Indeed!" in *The Uniqueness of Jesus: A Dialogue with Paul F. Knitter*, ed. Leonard Swidler and Paul Mojzes (Eugene, OR: Wipf and Stock, 2007), 124.

고유성을 재해석하여 예수가 단순히 사랑과 정의의 스승으로 보는 것을 거부한다. 더 나아가, 샌더스와 같은 자들에게 하나님의 구원을 단지 인간의 '업의 순환(the karmic cyle)'에서 벗어나는 것으로 보거나, 가난으로 고통받는 사람들을 구제하는 것으로 보거나, 인간사회에 존재하는 악을 '마야(maya)'로 보는 사람은 진지하게 예수를 관찰하는 자가 아닌 사회운동가인 것이다. 다시 말해, 복음주의자들은 타 종교들도 십자가라는 기준을 가지고 종교 간 대화 가운데 진정한 예수가 누구인지, 성경이 말하는 우리를 향한 하나님의 목적과 기준은 무엇인지를 고민하길 요청한다.

　예수는 모든 통치와 권세와 능력에 대하여 주권자이시며(엡 1:21), 사랑, 구원, 정의, 믿음의 결정권자(definer)이다(히 1-2장). 예수는 세상의 빛(요 8:12)이기에 모든 민족과 모든 자에게 비춘다. 예수보다 더 결정적인 구원의 빛은 예수 전에도 없었고 이후로도 없다(계 4:8). 복음주의자들은 예수 그리스도의 성육신을 통해 하나님이 그분의 사랑을 확증하셨다는 것을 알고 있다(롬 5:8-9). 니터와 같이 하나님의 보편적 구원의지를 말하게 되면, 구원의 근거가 되는 예수의 고유성을 인정하지 않고서는 하나님의 보편적 구원의지를 가정할 수 없다.

4. 복음주의적 확신: 예수, 이 세상의 유일한 구원자

　인류가 죄에 빠진 비극적인 이야기는 성경의 가장 초반에 등장한다. 하지만 성경의 나머지 이야기들은 죄에 빠진 인간을 회복시켜 그분과 다시금 교제하게 하고, 궁극적으로 인간 세상과 온 우주를 새롭게 하려는 하나님 은혜의 역사에 대한 놀라운 이야기이다. 앞서 2장에서 말했듯, 하나님께서는 인간과 맺은 일련의 언약들을 통해 회복과 화해의 계획을 점진적으로 실행하셨다. 하나님께서는 노아와 그의 후손들과 더불어 모든 생물까지, 즉 '땅에 있는 모든 육체'(창 9:8-17)를 포함하는 언약을 맺으셨다. 그 후 하나님께서는 그분의 언약 범위를 좁혀서 아브라함과 그의 후손(창 12:1-3)으로, 이후에는 보다 더욱 좁혀서 이스라엘 민족(출 2:24, 19:3-27)과 언약을 맺으셨다. 그리고 마침내, 첫 언약의 모든 범위를 완전하게 성취할 예수 그리스도를 통해 새로운 언약을 세우셨다(히 9:11-18). 하나님의 언약은 언제나 보편적 축복의 수단으로 하나님의 의도 가운데 세워졌으며, 그 보편적 범위는 부활하신 예수와 하나님의 영을 보내심으로 실현되었으며, 그 영은 새 언약을 가진 하나님의 백성들에게 세상 끝과 이 시대의 끝까지 그리스도의 증인으로서의 소임을 수행할 수 있도록 준비시킨다(마 28:19-20, 행 1:8). 이 모든 과정을 통해 성경은 예수 그리스도의 최종성(finality)을 분명하게 가르친다.

어느 영적인 지도자나 구원자가 될 수 있다는 다원주의자들의 주장과는 대조적으로, 복음주의자들은 과거에 구원받은 적이 있거나, 현재 구원받고 있거나, 앞으로 구원받을 사람은 오직 '예수 그리스도의 속죄사역'으로 인해 구원받는다고 말한다. 이러한 복음주의자들의 신념이 담긴 웨스트민스터 신앙고백서는 다음과 같이 말한다. "구속 사역은 그리스도께서 성육신 하신 후에야 비로소 그로 말미암아 실제적으로 성취되었다. 하지만 그 사역의 공덕과 효능과 혜택은 창세로부터 모든 세대에 살던 택함 받은 백성들이 계속적으로 받아 누려 왔다."[52]

신약성경 또한 예수 그리스도의 구속사역은 배타적으로 작용함을 강력하게 증언한다. 실제로 이러한 배타성은 말씀이 육신이 되신 하나님 아들의 성육신에 관한 성경의 가르침에 필수적인 요소이며, 그 안에서 새 언약은 성립된다. 예수는 "길이요 진리요 생명"(요 14:6)인 자신을 통하지 않고는 아버지 하나님께로 올 자가 없다고 말씀하셨다. 사도 요한은 예수가 하신 이 말씀을 포함하여 다른 "나는 ...다"(I am...)라고 말씀하시는 것들을 의도적으로 이사

---

52 웨스트민스터 신앙고백서 8장 6항.

야의 유사한 말씀들과 매치시키며 예수를 구약의 하나님과 동일시한다.[53]

그러한 본문들(요한복음 8:24, 28, 58)은 다른 영적 지도자들 혹은 구원자로 여겨지는 자들과 예수를 분명하게 구별하여 예수를 진정한 '주님(the Lord)'으로 상정하는 구절들이다. 예수는 자신을 이스라엘의 유일한 참 하나님과 동일시하실 뿐만 아니라, 하나님의 구원을 성취하실 유일한 인물로 말씀하신다. "내가 너희에게 말하기를 너희가 너희 죄 가운데서 죽으리라 하였노라 너희가 만일 내가 그인 줄 믿지 아니하면 너희 죄 가운데서 죽으리라"(요한복음 8:24). 이 구절은 예수가 인간의 죄를 용서하는 독점적 역할을 하고 있으며, 이러한 죄의 용서는 그분이 하나님임을 믿는 사람들만이 경험할 수 있음을 보여준다. 이러한 점을 고려할 때, 기독교인들은 그 계시, 즉 예수가 하나님의 구원을 이루는 유일한 이름이라는 계시를 믿지 않는 사람들에게 하나님의 구원을 막연한 추론에 근거하여 지나치게 확대할 수 없다.

한 사람의 불순종으로 죄가 이 세상에 들어와(롬 5:12, 15, 17-19) 그의 인성 안에 있는 모든 사람 또한 죄를 짓고 죽는 것처럼, 한 사람의 순종으로 생명이 이 세상에 들어와(롬 5:18-19) '그리스도 안에' 있는 모든 사람은 살게 되었다. 하나님께서 죄인을 의롭게 하시면서 동시에 그분의 공의를 유지하시려면 하나님 율법의 의로운 요구가 충족되어야 한다(롬 3:25-26). 하나님은 이를 놀라운 방법으로 성취하셨다. 그분은 인간의 죄의 형벌을 친히 인간의 모습으로 짊어지심으로 '그리스도 안'에서 인간을 의롭다고 여길 수 있도록 하셨다. 신약성경은 하나님의 이 놀라운 행위를 '칭의', 즉 하나님께서 우리에게 죄 없음을 선포하며 의롭다고 선언하는 것이라 말한다(롬 3:24; 5:9, 19; 8:1; 10:4; 고전 1:30; 6:11; 고후 5:21; 빌 3:9). 과거에도, 지금도, 앞으로도 구원받을 사람은 누구나 그리스도의 의로운 희생과, 영광스러운 부활과, 이를 믿음으로서 그분과의 연합을 근거로 하나님께 받아들여지는 것이다. 구원에 다른 토대나 기준이

---

53 David M. Ball, "'I Am…': The 'I Am' Sayings of Jesus and Religious Pluralism," in *One God, One Lord: Christianity in a World of Religious Pluralism*, 2nd ed., ed. Andrew D. Clarke and Bruce Winter (Grand Rapids: Baker, 1992), 65.

나 근거는 없다. 이것이 성경의 분명한 증언이다.

5. 맺는말

이 장을 요약하면, 모든 사람은 분명 구원을 받아야 하지만 모든 인류를 위한 구세주는 단 한 분 예수 그리스도뿐이다. 성경의 마지막은 이렇게 말한다. "큰 소리로 외쳐 이르되 구원하심이 보좌에 앉으신 우리 하나님과 어린 양에게 있도다"(계 7:10). 창세 전부터 계셨던 그리스도는 이 땅에서 죽임을 당하신 어린양이다. 모든 시대와 모든 장소에서 세상 모든 사람을 향한 하나님의 구원계획은 객관적으로, 보편적으로, 물리적으로, 십자가에서의 단 한 번의 순종적 행위 안에서 성취되었다. 결국 십자가를 말하지 않는 기독교는 하나님의 구원이 없는 종교다. 하나님의 구원 은혜가 분명하게 드러난 곳이 십자가라는 진실로 인해 보편주의자들의 주장은 정당화될 수 없다.

다른 종교적 신앙을 가진 사람들과 어느 정도 긴장이나 대립이 있을 수 있겠지만, 그럼에도 그리스도인은 예수 그리스도의 복음을 숨기거나, 양보하거나, 부끄러워할 이유가 전혀 없다(롬 1:16, 빌 1:20). 예수가 그리스도이면 예수만이 그리스도이다. 성자 예수가 성부 하나님의 성육신이면 예수는 하나님과 동일하다. 예수가 하나님의 구원을 이루는 자이면 예수는 '유일한' 구원자이다. 이러한 주장은 복음에 대한 부차적 설명이 아니라 복음 그 자체이다. 기독교를 대변하는 일부가 아니라 기독교의 핵심 그 자체이다. 마태복음 11장에서 "오실 그이가 당신이오니이까?"(3절)라는 세례 요한의 제자들 질문에 대한 복음의 대답은 "선지자보다 더 나은 자"(9절), "오리라 한 그 사람"(14절)이다. 그리고 나서 이것이 예수의 간곡한 권면이다. "귀 있는 자는 들을지어다"(15절).

예수의 고유성(uniqueness)에 대한 니터의 설득력 있는 주장과는 달리, 예수의 고유성은 바로 그가 보편적인 구세주라는 보편적 의미에 있다. 예수는 이 세상을 향한 구세주로서 고유하다(unique)는 성경의 증언은 세상에 있는 하나님의 은혜에 대한 증언자로서 우리가 피할 수 없는 진리이다. 이러한 예수의 고유성을 부정하면, 종교다원주의자들은 대화의 상대들에 대하여 오히려 자기주장이 없고 설득할 수 있는 논거를 가지고 있지 않은 위치에 스스로를 위치시키는 꼴이 된다. 기독교인은 역사적으로 한결같이 예수 그리스도가 하나님과 인류 사이의 유일한 중보자라고 주장해 왔으며, 이를 부정하는 것은 실로 기독교인임을 포기하는 것이다.

복음주의자들은 우리가 가난하고 고통받고 소외된 사람들에 대한 깊은 헌신을 가져야 하고, 기독교 복음이 인간 삶의 다양한 형태에 대한 도전이 되어야 한다는 점에서 니터와 같은 다원주의자들의 주장과 함께할 수 있다. 그러나 그들은 타 종교에 대한 존중의 정신을 보여주지만, 그들의 낮은 수준의 기독론은 성경의 가르침에 근거한 예수 그리스도에 대한 객관적 주장이 부족하기에 내적으로 지탱될 수가 없다. 따라서 그러한 주장의 설득력은 다른 종교를 가진 사람들과의 대화에서 오히려 약화 될 수밖에 없다. 예수 그리스도의 진정한 고유성, 하나님의 구원에 대한 유일성, 그리고 그의 최종성은 하나님과의 화해를 간구하는 오히려 인간의 존재론적 존엄에 기초한 높은 수준의 기독론을 통해 종교 간 대화의 목표를 적절하게 그리고 정당하게 달성할 수 있다.

6장 기독교 신앙을 위한 선교적 시사점

　이 책에서 앞서 5장까지 논의된 내용들의 근간에는 우리의 선교적 사고의 틀을 형성하는데 복음을 듣지 못했거나 일생동안 복음에 적절히 응답하지 못한 자들의 운명에 관한 고찰이 미치는 영향이 있다. 그리고 구원에 대한 다양한 신학적 입장들의 평가를 통해 필자의 불가지론적인 개인적 의견도 제시하였다. 그렇다면, '그들'의 미래 운명에 대해 불가지론적 입장을 갖는 것은 우리의 선교적 과업에 어떤 긍정적 영향을 미칠 수 있을까?

　1999년 브라질에서 열린 이과수 선교학술대회(the Iguassu Missiological Consultation)에서 크리스토퍼 라이트는 '세계복음주의연맹'(현 the World Evangelical Alliance)은 인간이 구원을 받기 위해 그리스도의 희생에 대해 알아야 하는지에 "서로 다른 의견의 여지가 있다"는 구원론적 희망을 표명하면서 활발한 토론이 벌어졌다. 데이비드 네프(David Neff)는 당시 일부 대회 참가자들의 다음과 같은 반응을 보고한다. "예수에 대한 신앙이 없이도 구원받을 수 있다는 개방성은 기독교의 선교적 동기를 떨어뜨리지 않나?"[1] 이 시대의 교회는 복음을 듣지 못한 사람들의 영원한 운명에 대한 신학적 입장을 명확하게 정의하는 것이 좋다는 것이다. 또 다른 목회자도 복음을 전하는 것과 별개로 그들이 구원받을 수 있다면 기독교로의 개종을 추구하였던 전통적인 우리의 선교사업의 토대는 정당성을 잃게 된다며 비슷한 우려를 표명했다.[2]

　복음을 듣지 않고는 구원받을 수 있는 여지가 전혀 없다는 교회중심적

1　David Neff, "Much Ado About Footnotes," 다음 인터넷사이트에서 확인 가능. http://www.worldevangelical.org.
2　Greg D. Gilbert, "The Nations Will Worship: Jonathan Edwards and the Salvation of the Heathen," *Trinity Journal* 23, no. 1 (Spring 2002): 54.

(ecclesiocentric) 확신은 확실히 19세기에 시작된 대부흥 운동 이후 복음주의 교회들이 교인들에게 선교의 동기를 부여하는 데 널리 사용되어 왔다. 이에 대해 해롤드 네트랜드는 다음과 같이 말한다,

> 기독교는 처음부터 예수 그리스도의 복음에서 떠난 사람은 영원히 멸망한다고 주장했으며, 초기 선교사들이 중국, 아프리카, 라틴 아메리카, 태평양 섬의 오지에 그리스도의 복음을 전할 수 있었던 원동력은 바로 이런 전제가 있었다... 윌리엄 캐리(William Carey), 아도니람 저드슨(Adoniram Judson), 데이비드 리빙스톤(David Livingstone), 허드슨 테일러(Hudson Taylor)와 같은 선교 개척자들의 사역을 포함하여 19세기의 놀라운 개신교 선교 노력을 이해하려면, 그들 노력의 근간이 되는 전제, 즉 구원은 오직 예수 그리스도에게서만 찾을 수 있으며 그리스도의 구원에 대한 복음 없이 죽은 사람은 하나님과 영원히 떨어지게 된다는 사실을 인식하지 않고는 이해할 수가 없다.[3] (옮긴이 역)

현대의 많은 교회는 이러한 선교 개척자들의 선교적 자신감을 바탕으로 계속해서 복음을 선포하고 있다. 그러나 그들의 자신감 그 자체는 복음전파의 노력에 있어서 유일한 고려 사항은 아니며 심지어 필수적인 고려 사항도 아니다. 밀라드 에릭슨(Millard Erickson)은 "선교적 노력은 그 자체가 목적이 아니라 하나님의 과업을 위한 수단인데, 선교활동을 하는 사람들은 때때로 마치 후자인 것처럼 표현한다"는 통찰력 있는 분석을 하기도 하였다.[4] 복음에 대한 인간의 열심이 반드시 진리를 세우는 것은 아니다.

---

3 Netland, Encountering Religious Pluralism, 27. The Hudson Taylor quote is taken from Grant Wacker, "Second Thoughts on the Great Commission: Liberal Protestants and Foreign Mission, 1890-1940," in Earthen Vessels: American Evangelicals and Foreign Missions, 1880–1980, eds. Joel A. Carpenter and Wilbert R. Shenk (Grand Rapids: Eerdmans, 1990), 285.
4 Erickson, How Shall They Be Saved?, 255.

이전 장들의 고찰과 제안에 비추어, 이제 기독교 신앙에 대한 선교학적 시사점(implications)을 살펴보고자 한다. 선교학적 시사점을 살펴보기 위해 먼저 성경의 가르침에 근거하여 '회심'이라는 개념을 재조명해 볼 것이다. 그런 다음, 이 세상 속에서 그리스도인의 증인 됨, 즉 그리스도인이 타 종교인을 어떻게 이해하고 그들과 어떤 관계 맺어야 하는지를 살펴보고, 교회중심적 입장을 넘어서는 복음주의자의 태도에 대해 살펴볼 것이다. 마지막으로, 왜 기독교인들이 종교 간 대화에 참여해야 하고 다른 종교의 신앙을 가진 사람들과 협력해야 하는지를 설명할 것이다.

1. '회심'(Conversion)에 대한 재검토

복음주의자들은 대체로 '개종(conversion)'을 강조해 왔다. 그리고 그 개종을 본질적으로 '예수를 믿고' 영생을 얻는 개인적인 경험으로 보았기에 아시아와 아프리카에서 활동하던 20세기 복음주의 선교사들은 선교 대상자들에게 기독교로 개종(conversion)하길 촉구하였다. 그러나 오늘날, '개종'이라는 개념은 논란이 되고 있다. 존 스토트에 따르면 "개종은 오늘날 인기가 없는 단어다. 이렇게 인기가 없는 한 가지 이유는, 일부 전도자들이 간혹 오만한 제국주의의 인상을 준 탓이다"라고 말한다.[5]

아마도 기독교로의 개종에 대한 가장 날카로운 비판은 대영제국(the British Empire)의 위상이 절정에 달했을 시기 인도 민족주의자들로부터 나온 비판일 것이다. 특히 인도의 영적 지도자였던 마하트마 간디(Mahatma Gandhi)는 기독교가 말하는 '개종'에 대한 집요한 비판자였다. 간디는 인도 내의 일반 기독교인들뿐만 아니라 개인적으로 친분이 있던 기독교 선교사들에게도 힌두교

---

5 존 스토트, 크리스토퍼 라이트, 『선교란 무엇인가』, 217.

인을 기독교인으로 개종시키려는 전도 활동을 포기할 것을 끊임없이 촉구하였다. 많은 이유가 있지만, 그중 한 가지 이유는 간디의 눈에 인도 기독교인들이 인도의 위대한 유산과 정체성을 포기하는 것으로 보였기 때문이다. 이에 대해 간디는 다음과 같이 말한다.

> 나는 인도 전역을 돌아다니면서 많은 인도 기독교인들이 자신의 문화와 조상의 종교, 조상의 복장까지 부끄러워하는 것을 종종 본다. 유럽인들이 인도인을 학대하는 것도 충분히 악하지만, 인도의 기독교 개종자들이 자기의 민족을 학대하는 것은 그들의 국가에 대한 폭력이며, 그들이 받아들인 새로운 종교에 대한 허물을 드러내는 꼴이 될 뿐이다.[6] (옮김이 역)

그러므로 우리가 구원에 대한 선교학적 시사점을 고려한다면, 먼저 개종 (conversion)에 관하여 성경은 정확하게 어떤 내용을 담고 있는지 인지해야 한다. 필자는 개종에 대하여 '문화'와 관련지으며 현대의 복음주의적 관점을 특징짓는 세 가지 일반적 원칙을 제시하고자 한다.

문화적 환경 속에서 예수 그리스도를 향한 회심(conversion)[7]

첫 번째 원칙, 회심은 아무것도 없는 진공 상태에서 일어나지 않는다는 것이다. 회심자는 추상적인 한 인간이 아니라 복잡한 민족적, 사회적, 역사적, 종교적, 문화적 배경에 뿌리를 둔 채 하나님의 구원적 은혜로 변화된 실제적 사람이다. 이에 대해 고든 스미스(Gordon Smith)의 진술은 상당한 도움이 된다.

---

6 Robert Ellsbert, ed., *Gandhi on Christianity* (Maryknoll, NY: Orbis Books, 1991), 38–39.
7 영어 단어 'conversion'은 한국어로 '개종' 또는 '회심'이라고 번역이 가능하다. 앞서 얘기했던 것들은 종교를 바꾼다는 의미의 '개종'이라는 단어가 어울리지만, 여기서부터는 필자의 신학적 의견이 반영된 '회심'이라는 단어로 표현하겠다.

회심은 깊은 연속성과 불연속성을 경험하는 것이다. 회심을 할 때 우리는 분명 세상을 등지거나 세상으로부터 도피하라는 부름을 받은 것은 아니지만, 세상의 가치 또는 관습과 그것들에 대한 그리스도의 통치 사이에는 깊은 불연속성이 있음을 인식하게 된다. 회심의 모든 과정과 체험은 그 세속적인 권위 아래서 벗어나 만유의 주님이자 새로운 휴머니티의 머리가 되시는 그리스도의 통치 가운데로 나아가는 과정이다.[8] (옮김이 역)

존 스토트도 비슷한 맥락으로 주장한다.

회심은 우리가 물려받은 모든 문화를 자동적으로 거부하는 것이 아니다. 회심은 회개를 포함하고 그렇기에 회개는 이전 것을 거부하는 것이 맞다. 그러나 그렇다고 해서 회심이 회심자에게 이전 문화에서 바로 빠져나와 완전히 구별된 기독교 하위문화로 들어가라고 요구하지는 않는다. 간혹 우리는 그들이 진짜 세계에서 완전히 빠져나오기를 기대하는 것 같다.[9] (옮김이 역)

그리스도인으로서 성숙하게 성장하는 것은 모든 것에서 떨어진 상태로 이루어지는 것이 아니다. 그리스도인은 자신이 속한 특정 문화적 상황 내에서 자신이 유지해야 할 것과 버려야 할 것을 분별할 수 있는 지혜가 필요하다. 자신이 양육된 사회에서 완전히 벗어난 그리스도인은 존재할 수 없으며, 그런 시도를 한다면 오히려 도덕적, 사회적으로 불안정해질 수 있고, 익숙한 관습적 규제가 제거된 상태에서는 도리어 가치판단의 혼돈에 빠질 수 있다.

모든 문화가 반드시 따라야만 하는 기독교 특유의 문화는 존재하지 않는

---

8 Gordon T. Smith, *Transforming Conversion: Rethinking the Language and Contours of Christian Initiation* (Grand Rapids: Baker, 2010), 33.
9 존 스토트, 크리스토퍼 라이트, 『선교란 무엇인가』, 231.

다. 이를 두고 선교학자 앤드류 월스(Andrew Walls)는 복음의 '토착화 원리'(the indigenizing principle)라고 부른다.[10] 예수를 따르는 사람들은 그리스도께로 회심할 때 자신의 문화적 또는 민족적 정체성을 버릴 수가 없고 그럴 필요도 없다. "단일의 기독교 문명이란 있을 수 없으며, 기독교 성경은 코란처럼 원어로 전달될 때만 하나님의 말씀이 되는 것은 아니다. 하나님의 말씀은 하늘 아래 모든 언어로 표현될 수 있다."[11] 물론 어떤 의미에서 예수 그리스도는 우리가 물려받은 모든 문화적 관습과 전통에 도전하고, 우리의 모든 삶이 그분의 다스림과 심판 아래 있어야 한다고 말하기 때문에 우리에게 언제나 '평화의 방해자'가 된다. 그런데도, 회심했다고 해서 회심 전 삶의 일부였다는 단순한 이유만으로 과거의 문화를 분별없이 폐기하는 것은 그리스도에 대한 순종에 꼭 필요한 부분이 아니다.

제자로서의 새로운 정체성

두 번째 원칙, 복음은 모든 문화에서 수용되면서 동시에 모든 문화를 판단한다. 즉 복음에 의한 회심은 자신의 사회적, 문화적 과거와 완벽히 단절할 것을 요구하지 않지만, 예수 그리스도의 제자로서의 새로운 정체성을 수반한다. 이에 대해 스토트는 다음과 같이 말한다. "우리는 그리스도 안에 있는 새 생명은 새로운 태도, 새로운 야망, 새로운 기준이 반드시 따를 것이라고 가르쳐야 한다. 기독교의 회심은 옛것을 버리고 그 자리에 새것을 가져오는 것이기 때문이다(고후 5:17)."[12] 다시 말해, 그리스도께로 돌아선다는 것은 자신의 신념, 욕망, 가치관, 행동, 관계의 획기적인 변화를 수반한다.

이러한 변화에는 예수 그리스도 복음의 변혁적 효과와 지역사회 및 문화

---

10 Andrew F. Walls, *The Missionary Movement in Christian History: Studies in the Transmission of Faith* (Maryknoll, NY: Orbis, 1996), 7–8.
11 Walls, *The Missionary Movement*, 47. Cf. Lamin Sanneh, *Translating the Message: The Missionary Impact on Culture*, 2nd ed. (Maryknoll, NY: Orbis, 2009).
12 존 스토트, 크리스토퍼 라이트, 『선교란 무엇인가』, 226.

사이의 복잡하고 역동적인 관계도 포함한다. 월스(Walls)는 이를 두고 '순례자 원리'라고 하는데, 이 원리는 "기독교 공동체가 그리스도에 대한 순종으로 인해 이 세상에 온전히 속해 있지 않다는 느낌을 가지며 이 땅의 사회와 긴장 관계를 맺게 한다"고 설명한다.[13] 기독교로의 회심은 '토착화 원칙'과 '순례자 원칙' 사이의 지속적인 긴장을 유지하며 그리스도의 제자로 살아감을 의미하는 것이다.

이 두 원칙 사이의 역동적인 긴장 속에서 살아가는 그리스도인들을 고려하면, 그들의 회심과 사회적 책임의 관계에 대해 더 깊이 고민할 필요가 있다. 예수 그리스도를 영접한 사람은 교회뿐만 아니라 세상 속에서도 살아가고 있기에 세상에 대한 책임도 있는 것이다. 역설적이게도 "회심은 세상을 향한 하나님의 궁극적인 구속적 목적을 희망하는 그리스도인의 성서적 희망과 인식에 비추어 세상으로부터(from the world) 돌아서는 것(죄 자체와 하나님에 대한 반역이라는 의미에서)과 세상을 향해(toward the world) 돌아서는 것을 결합한다."[14] 결국 회심은 회심자를 세상의 밖으로 내보내는 것이 아니다. 회심 이후에도 같은 세상에 있는 그 사람이기에, 정확하게 표현하면 새로운 신념과 새로운 기준을 가진 새로운 사람으로 다시 세상으로 돌려보내는 것이다.

성령에 의한 회심

마지막 원칙, 회심은 오직 성령의 활동으로만 시작될 수 있다는 것이다. 복음을 전할 때 그리스도인들은 선포를 하고, 대화를 할 때 그리스도인들은 듣는다. 구원은 그리스도인들이 그들의 친구들에게 바라는 무언가다. 그리고 회심은 그리스도인이 스스로 그리스도께 진정으로 의지하는 것과 다른 사람을 진정으로 그리스도께로 돌아오게 하는 것, 양쪽 모두를 의미한다.

---

13 Walls, *The Missionary Movement*, 54.
14 Stott, "Conversion," 192–93.

위에서 언급했듯, 20세기 많은 복음주의자들은 선교지 사람들에게 기독교로 개종할 것을 당당히(때로는 강압적으로) 요구했었다. 그러나 복음주의자들의 그러한 태도와는 대조적으로, 성령의 능력에 의존하는 사도들의 겸손은 오히려 돋보인다. 사도들은 자신들을 포함하여 모든 인간은 허물과 죄로 죽었고(엡 2:1), 영적 진리에 눈이 멀었으며(고전 2:14), 죄와 사단의 노예라고 믿었다(롬 6:17). 따라서 그들은 인간이 스스로 회심할 수 없음을 알았다. 그리고 그 어떤 그리스도인도 다른 사람을 변화시킬 수 없음을 알았다. 회심과 믿음은 하나님의 선물이기에, 오직 성령만이 그들의 눈을 뜨게 하고, 어둠을 밝히고, 속박에서 해방시키고, 하나님께로 돌아오게 하고, 죽음에서 생명으로 인도할 수 있음을 사도들은 알고 있었다(행 11:18; 엡 2:8; 빌 1:29).

이 시점에서, 우리가 회심에 대해 성령의 역사에 관한 필수성을 근거 없는 지점까지는 추론하지 않도록 한 가지 덧붙일 필요가 있다. 성령의 역사에 대한 신뢰는 그리스도인의 복음 전파 노력까지 배제하지 않는다. 성령의 전적인 통제를 받으려면 인간의 노력이 완전히 제거되어야 한다고 자칫 생각할 수 있지만, 성경에서 성령에 대한 그런 종류의 설명은 찾을 수가 없다. 성령은 베드로와 바울의 복음을 전하려는 노력을 억제하지 않으셨고, 먼저 그들을 좋은 전도자의 본으로 만드신 후에 그들의 열정적인 노력을 온전히 사용하셨다.

그리스도인들이 복음을 전할 때 허락되지 않는 것은 과도한 수사적(rhetorical) 영향력, 전도 효과에 대한 작위적인 시도, 인위적인 행동과 위선, 우리의 몸짓과 표정을 자의식적으로 기획하는 것, 그리고 자기과시이다.[15] 그리스도인은 하나님이 주신 은사를 개발하고 행사하는 동시에, 자신의 노력에 대한 신뢰가 아닌 자신을 통해 일하시기로 작정하신 성령을 온전히 신뢰해야 한다.

---

15 존 스토트, 크리스토퍼 라이트, 『선교란 무엇인가』, 238.

성경이 그리스도인에게 요구하는 것은 겸손과 열정의 올바른 조화, 즉 하나님만이 눈먼 자의 눈을 뜨게 하시고 죽은 자에게 생명을 주실 수 있음을 인정하면서 하나님을 하나님 되게 하는 겸손과, 하나님의 기쁨을 위해 자신의 복음 전도의 열정을 억누르지 않고 하나님이 주신 은사를 힘써 발휘하여 우리 자신을 하나님의 손에 들려있는 의의 도구로서 하나님께 온전히 드리는 것이다. 이 시대 회심에 대한 올바른 이해를 위해 꼭 필요한 것이 있다면, 그것은 성령의 활동 앞에서 성령의 능력에 의지하는 그리스도인의 겸손과 열정적인 복음 전도의 노력이 조화로운 융합이다.

2. '증인 됨'에 대한 재고

그리스도를 따르는 사람은 한 지역에서 시작하여 점진적으로 "땅 끝까지"(행 1:8) 나아가는 그의 증인이다. 그리스도인들은 그들의 삶의 모습과 언어적 선포를 통해 하나님의 실재, 그분의 구속적 사랑, 그리고 삶을 변화시키는 능력을 증언한다. 복음주의자들은 마태복음 28장의 '대위임령'(마 28:18-20)을 강조하는 것으로 잘 알려져 있으며, 이는 일반적으로 기독교 선교와 복음전파를 위한 '지상명령'으로 이해돼 왔다.

그러나 안타깝게도 때로 복음주의자들은 마태복음 28:18-20의 내용을 마태복음의 나머지 예수의 가르침들과 분리한 채 그 자체로 독립된 본문으로 취급해 온 경향이 있다. 그래서 종종 해당 본문을 오해의 소지를 가지고 피상적으로 읽게 되어 그리스도인들을 단순히 온 세상에 나가서 예수 그리스도와 죄사함 및 하나님 나라에서의 영생과 같은 몇 가지 정보만을 전하라는 명령으로 이해한다. 마태복음 28장에 대한 이러한 오해에 대해 선교학자 데이비드 보쉬(David Bosch)는 기독교인들에게 "마태복음에서 이 말씀을 그대로 떼어내면서 이 말씀이 처음 등장한 문맥에 대한 언급 없이 그 자체로 이해하는 것은 용납할 수 없다"고 경고한다.[16] 즉, 예수가 말한 마태복음 28장의 지상 명령은 마태복음 전체의 넓은 맥락에서 이해해야 한다는 것이다. 그렇게 할 때 그리스도인들은 이 본문이 흔히 이해되는 것보다 훨씬 더 풍성하고 도전적이라는 것을 알게 될 것이다. 본문 자체는 다음과 같다.

> 예수께서 나아와 말씀하여 이르시되 하늘과 땅의 모든 권세를 내게 주셨으니 그러므로 너희는 가서 모든 민족을 제자로 삼아 아버지와 아들과 성령의 이름으로 세례를 베풀고, 내가 너희에게 분부한 모든 것을 가르쳐 지키게 하라 볼지어다 내가 세상 끝날까지 너희와 항상 함께 있으리라 하시니라(마 28:18-20).

본문의 주요 강조점은 '제자 삼는 것'(mathēteusate)이다. 따라서 그리스도인이 주님 앞에서 성실한 그리스도인이 되고자 하려면 모든 민족을 '제자로 삼아'야 하며, '모든 민족'에는 다른 종교의 신실한 신자들도 포함된다는 것이 본문에서 가장 두드러지는 사항이긴 하다.

하지만 여기서 제자를 삼는다는 것은 정확히 무엇을 의미하나? 보쉬(Bosch)는 마태복음에서 '제자'(mathetes)가 무려 73번이나 등장하는 것을 지적하며 다음과 같이 말한다. "제자도(discipleship)라는 주제는 마태복음에서 교회와 선교에 대한 마태의 핵심적인 이해이다."[17] 분명 제자를 삼는다는 것은 단순히 예수에 대한 정보를 다른 사람에게 전달하는 것 이상의 의미를 담고 있다. 마태복음에 나오는 예수의 여러 가르침, 즉 산상수훈이나 천국비유와 같은 담론들은 올바른 제자의 모습에 대한 청사진을 제시한다.[18] 따라서 예수의 제자로 삼는 것은 단순히 기독교로 개종(conversion)을 시키는 것이 아니고, 예

---

16 David Bosch, *Transforming Mission: Paradigm Shifts in Theology of Mission* (Maryknoll, NY: Orbis, 1991), 57.
17 Bosch, *Transforming Mission*, 73.
18 McDermott and Netland, *A Trinitarian Theology of Religions*, 269.

수의 가르침을 먼저 따르는 자가 다른 이를 그 예수의 전반적인 가르침들에 부합하는 사람으로 만드는 것이다.

다종교적 세상 속에서의 '증인 됨'

오늘날 기독교인들이 예수 그리스도의 제자로 삼아야 할 이 세상은 종교적 분쟁과 서로 간의 깊은 의심이 가득한 세상이다. 또한 앞서 5장에서 논의한 바와 같이 기독교인들은 세상의 다른 종교들도 기독교만큼이나 영적인 활력을 보여주는 종교적으로 다원적인 세상에 살고 있다. 이런 세상 속에서, 기독교인들은 종교적 다양성을 인정하고 종교 간의 조화로운 관계를 위해 노력하며 동시에 예수 그리스도를 온 인류의 유일한 주님이자 구세주로 믿으면서 다른 종교 신자들에게 복음을 전하라는 부르심에 헌신할 수 있을까?

오늘날 종교적으로 다원화된 세계의 현실을 고려할 때, 그리스도인들이 성경의 메시지에 충실한 가운데 타인을 존중하고 신중한 방식으로 예수 그리스도의 복음을 새롭게 증언하는 것은 매우 중요하다. 복음의 메시지, 선교에 대한 동기, 선교에 활용되는 방법들, 이 모든 것들은 하나님의 사랑에 뿌리를 두어야 한다. 보쉬(Bosch)의 주장처럼, "선교는 하나님의 마음에 그 기원을 두고 있다. 하나님은 보내는 사랑의 샘(a fountain of sending love)이다. 이 사실이 선교의 가장 깊은 원천이다. 그보다 더 넘어가는 것은 불가능하다. 하나님이 사람들을 사랑하시기에 우리의 선교는 존재한다."[19]

마찬가지로, 2010년 '케이프타운 선언(the Cape Town Commitment)'은 기독교 선교와 증인 됨에서 사랑의 중요성을 다음과 같이 설득력 있게 표현한다. "하나님의 선교는 하나님의 사랑에서 비롯된다. 하나님 백성들의 사명은 하나님이 사랑하시는 모든 것과 그 하나님에 대한 우리의 사랑에서 비롯된

---

19 Bosch, *Transforming Mission*, 392.

다."[20] 이 선언은 복음 전도(evangelism)와 개종(proselytizing)을 구별하고 '철저하게 윤리적'인 겸손하고 존중하는 태도의 증인 됨을 요구하는 것이다.

> 우리는 복음 전도(evangelism)를 통해 좋은 소식을 전하도록 부름을 받았지만, 타인에게 부당한 개종(proselytizing)을 요구하도록 부름을 받지는 않았다. 복음 전도는 사도 바울의 모범에 따라 설득력 있는 이성적 논증을 포함하면서 동시에 "복음을 정직하고 공개적으로 진술하여 듣는 사람이 전적으로 자유롭게 스스로 결정할 수 있도록 하는 것"이다. 우리는 다른 종교를 가진 사람들에게 민감하게 반응하기를 원하며, 그들에게 개종을 강요하는 모든 접근방식을 거부한다. 개종은 타인에게 "우리 중 하나가 되라", "우리 종교를 받아들이라", "우리 교단에 가입하라"고 강요하는 오만한 행위이다.[21] (옮긴이 역)

이러한 이유를 기반으로, 케이프타운 선언은 기독교인들에게 "강압적이거나 비윤리적이거나 기만적이거나 무례한 모든 형태의 증인 됨을 거부할 것"을 요구한다.[22]

2011년, 일반적으로는 서로 협력하길 꺼리던 세 단체가 함께 모여 종교적으로 다양한 세상에서 그리스도인의 증인 됨에 관한 중요한 한 문서를 작성하였다. 5년간 합심하여 연구한 후, 로마카톨릭교황청(the Roman Catholic Pontifical Councul), 세계교회협의회(the World Council of Churches), 세계복음주의연맹(the World Evangelical Alliance)은 '다종교 세계에서의 그리스도인의 증인 됨: 행동에 대한 권고사항'(Christian Witness in a Multi-Religious World: Recommendations for

---

20 *The Cape Town Commitment: A Confession of Faith and a Call to Action* (Peabody, MA: Didasko and Hendrickson, 2011), I.1., 9.
21 *The Cape Town Commitment*, II.C.1, 47.
22 *The Cape Town Commitment*, II.C.1.A, 48.

Conduct)이라는 제목의 짧은 문서를 발표했다. 이 문서는 종교적으로 다원적인 세상에서 그리스도인이 어떻게 예수의 증인으로 살아갈 수 있는지에 대한 유용한 가이드 역할을 하며, 케이프타운 선언과 같은 복음주의적 문서에서도 찾아볼 수 있는 중요한 주제를 반영하고 있다.

해당 문서는 다음과 같은 문구로 시작한다. "선교는 교회의 핵심에 속한다. 하나님의 말씀을 세상에 선포하고 증언하는 것은 모든 그리스도인에게 필수적이다. 동시에, 모든 인간에 대한 온전한 존중과 사랑으로 복음의 원칙에 따라 그렇게 해야 한다."[23] 이어서 이 문서는 그리스도인들이 종교 간 상황에서 예수 그리스도를 증언하는 데 지침이 될 12가지 원칙을 제시한다.

맥더모트(McDermott)와 네틀랜드(Netland)는 이 문서가 제시하는 12가지 원칙 중 몇 가지 원칙에 세심한 주의를 기울여 분석한다.[24] 그들에 따르면, '다종교 세계에서의 그리스도인의 증인됨: 행동에 대한 권고사항' 문서가 제시하는 첫 번째 원칙은 '케이프타운 선언' 전체에서 두드러지게 나타나는 특징, 즉 기독교인은 하나님의 사랑에 따라 행동해야 한다는 주제를 반영한다는 것이다. "그리스도인은 하나님이 모든 사랑의 원천임을 믿으며, 따라서 사랑의 삶을 살고 이웃을 내 몸과 같이 사랑하도록 부름을 받았다(마태복음 22:34-40, 요한복음 14:15 참조)."

맥더모트와 네틀랜드가 특히 중요하다고 생각하는 다음 원칙은, 그리스도인의 삶에서 도덕적 정직과 겸손에 대한 다음과 같은 부름이다. "그리스도인은 정직, 자선, 연민, 겸손으로 행동하고 모든 오만과 우월감과 폄하를 극복하도록 부름을 받았다(참조: 갈라디아서 5:22)." 그리스도의 증인됨은 도덕적으로 진실하고, 정직한 언어를 사용하고, 도움이 필요한 사람들에게 동정심을 갖고 관대하며, 겸손하고 은혜로운 태도를 취하는 사람들이어야 한다는 것이다.

---

23 "Christian Witness in a Multi-Religious World," June 28, 2011, Oikoumene, World Council of Churches,
https://www.oikoumene.org/resources/documents/christian-witness-in-a-multi-religious-world.
24 McDermott and Netland, *A Trinitarian Theology of Religions*, 273–77.

12가지 원칙 중 마지막으로 맥더모트와 네틀랜드가 강조하는 원칙은 정직과 존중의 중요성에 관한 원칙이다.

> 그리스도인들은 다른 사람의 신앙과 관습에 대해 배우고 이해하기 위해 경청해야 하며, 그 안에서 참되고 좋은 점을 인정하고 높이 평가하도록 권장된다. 모든 의견이나 비판적 접근은 상호존중의 정신으로 이루어져야 하며, 다른 종교에 대해 거짓되게 증언하지 않도록 주의해야 한다.[25] (옮김이 역)

이 원칙은 특히 종교적 타자를 대할 때 공정하고 정직해야 하며, 오해의 소지가 있는 묘사나 풍자를 조장하는 것을 거부하고, 두려움이나 증오를 선동하는 표현을 자제해야 한다는 점을 강조한다.

위에서 언급한 원칙들 각각은 매우 중요하며, 우리가 실제로 살아가는 다종교적 세상에서 기독교인이 증인으로 사는 데 풍부한 선교학적 함의를 담고 있다. 이러한 원칙들을 하나의 포괄적 원칙으로 압축한다면, "그러므로 무엇이든지 남에게 대접을 받고자 하는 대로 너희도 남을 대접하라 이것이 율법이요 선지자니라"(마 7:12)는 예수의 가르침이 될 것이다. 예수의 이 가르침은 다종교 사회에서 그리스도인들이 어떻게 살아야 하는지, 다른 종교인들 사이에서 예수 그리스도를 어떻게 증언해야 하는지 등 다양한 영역에 적용될 수 있다. 우리 그리스도인들은 다른 종교인들 사이에서 어떻게 복음 전도에 참여해야 할까? 이 질문에 답할 때, 우리가 꿈꾸는 상황의 반대적 상황을 그려보면 도움이 된다. 즉 그리스도인들이 다른 종교의 선교사들에게 어떻게 대우받기를 원하는지 생각해 보는 것은 매우 큰 도움이 될 것이다.

---

25 McDermott and Netland, *A Trinitarian Theology of Religions*, 275.

택함을 받은 하나님의 은혜

온전한 예수 그리스도의 증인이 되기 위해 종교적 타자에 대한 존중과 민 감성이 필요하지만, 그와 더불어 우린 하나님께 그분의 소망을 위해 택함을 받았다는 믿음도 필요하다. 레슬리 뉴비긴(Lesslie Newbigin)은 "아브라함부터 베드로와 바울에 이르기까지, 성경 속 위인들은 특별한 영적 경험을 통해 하 나님이 자신들을 부르셨다고 여겼다"라고 말한다.[26] 태초부터 하나님은 특 정 사람들을 선택하시고 부르시고 보내셨다. 하나님은 그분의 일을 항상 먼 저 개시하시는 분(initiator)이다. 예수께서 제자들에게 하신 말씀, "너희가 나를 택한 것이 아니요 내가 너희를 택하여 세웠나니"(요한복음 15:16a)는 성경의 모 든 구절의 흐름과 일치한다.

구약성경의 많은 구절은 이스라엘 백성을 향한 하나님의 변함없는 사랑과 그분의 헌신을 분명히 보여준다. 그러나 이스라엘 백성에 대한 하나님의 사 랑과 헌신은 모든 민족을 향한 그 사랑의 목적을 위한 도구이다. 하나님의 구원하시는 사랑의 보편성은 하나님께서 한 공동체를 택하시고 부르셔서, 모든 민족을 향한 진리의 메신저이자 사랑의 전달자로 삼으신 근거가 된다. 따라서, 이스라엘 백성의 삶의 목적은 "주변 국가들에게 이스라엘의 메시야 가 세상의 구세주로서 오실 것을 증거하는 것이었다. 이는 구약의 이스라엘 백성이 모든 민족 가운데서 자기 백성을 구속하시려는 하나님의 사명에 가 장 크고 특별한 기여를 하는 것이다."[27] 하나님은 이스라엘을 "이방의 빛으 로 삼아 나의 구원을 베풀어서 땅 끝까지 이르게"(사 49:6)하도록 만드시는 것 이다.

이런 맥락에서 사도 바울이 "아브라함의 복이 이방인에게 미치게 하고 또 우리로 하여금 믿음으로 말미암아 성령의 약속을 받게 하려 함이라"(갈 3:14)

---

26 Newbigin, *The Gospel in a Pluralist Society*, 80.
27 J. Nelson Jennings, "God's Zeal for His World," in *Faith Comes by Hearing: A Response to Inclusivism*, eds. Christopher W. Morgan and Robert A. Peterson (Downers Grove, IL: InterVarsity Press, 2008), 224.

고 말했을 때 택함을 받은 자들의 책무를 잘 알고 있었다. 바울은 자기 자신과 교회 공동체가 하나님께서 누구신지, 하나님께서 이스라엘을 위해 어떻게 신실하게 행하셨는지, 모든 민족이 하나님 앞에 어떤 책임이 있는지, 열방을 향한 하나님의 사랑은 무엇인지, 이 모든 것을 증언했던 구약 이스라엘 백성의 역할을 이어받은 상속자라는 것을 이해하고 있었다. 다시 말해, 하나님의 택함의 은혜는 그분의 우주적 구원을 감당할 책임이 있는 그분의 백성으로 부르시는 것이다.

하나님의 택함의 은혜는 예수 안에서 절정을 이룬다. 예수의 십자가는 예외 없이 모든 인간이 하나님의 원수임을 드러내는 곳이며, 예외 없이 모든 인간이 하나님의 사랑받는 자이며, 예외 없이 모든 인간이 하나님께 용서받는 은혜의 대상으로 받아들여지는 곳이다. 이에 대해 뉴비긴(Newbigin)은 이렇게 말한다.

> 예수께서는 "아버지 저들을 사하여 주옵소서 자기들이 하는 것을 알지 못함이니이다"(눅23:34)라고 기도하였는데, 이 기도에서 제외되는 사람은 아무도 없다. 그것은 모든 사람을 위한 기도였다. 이처럼 하나님의 한량없는 보편적 은혜가 이 세상의 한 장소에서 그리고 역사상의 한 시점에 발생한 이 역사적 행위를 통하여 널리 알려진 것과 같이, 또 하나님의 은혜로운 사역은 특정한 사건의 형태로 구체성을 가질 때에만 이 입에서 저 입으로 전해져서 널리 알려질 수 있는 것과 같이, 그것은 우주적 차원의 어떤 영적인 조명에 의해 알려지는 것이 아니라, 하나님이 사전에 증인으로 선택하고 준비시키신 특정한 사람들에게 전해짐으로써 널리 드러나게 되는 것이다.[28] (옮김이 역)

---

28 Newbigin, *The Gospel in a Pluralist Society*, 86.

부활하신 예수는 세상 모든 사람에게 나타나지 않으셨다. 그분은 중인이 될 미리 선택받은 사람들에게 나타나셨다. 그들은 하나님의 구원 사역의 배타적 수혜자가 아니라 모든 인류를 위해 하나님의 구원 사역의 비밀을 전달하는 자로 선택되었다.

그러므로 택함을 받았다는 것은 선택받은 자만이 구원받고 나머지는 구원받지 못한다는 것을 의미하는 것이 전혀 아니다. 예수 그리스도 안에서 택함을 받았다는 것은 "세상을 향한 그분의 사명에 협력하고, 온 세상을 향한 하나님의 구원 목적의 전달자가 되며, 모든 자를 위한 그분의 축복된 나라의 표징이자 대리자이자 첫 열매가 되는 것"을 의미한다.[29] 하나님의 택함의 은혜, 즉 하나님께서 모든 인간을 위한 구원의 전달자로 일부 사람들을 선택하신 것은 경이로움과 감사의 문제이지, 결코 다른 사람들을 구원의 은혜에서 배제하는 주장에 근거가 될 수 없다.

3. 교회 중심적 태도를 넘어서

에릭슨(Erickson)은 그리스도인들이 진리에 관하여 실용주의적 관점에 빠지지 말아야 함을 경고한다. 믿는 자들에게 선교활동의 동기를 부여하는 효과적인 수단으로서 구원에 대한 교회 중심적 진술을 주장하는 것은 옳지 않다는 것이다. 그는 "선교에 대한 가장 강력한 동기로서 자주 배타적인 교회 중심적 견해가 설명되는데, 이는 복음을 분명하게 듣지 않으면 사람들은 영원히 멸망의 길로 간다는 말이 교회들에게 논리적으로 잘 설득되기 때문"이라고 말하면서, 그러나 다른 복음주의적 논리들 또한 복음 전도와 선교에 있어서 충분하고 적절한 동기를 제공할 수 있다고 주장한다.[30]

---

29 Newbigin, 87.
30 Erickson, *How Shall They Be Saved?*, 255–56

에릭슨이 지적하듯이, 선교에 대한 효과적인 동기부여가 진리를 판별하는 유일한 기준이라고 생각하면 그리스도인들은 너무나 많은 것을 잃어버리게 된다. 이 책의 이전 장들(chapters)에서 필자는 하나님께서 그분의 구원 은혜를 기독교 교회공동체 내에 제한하지 않으신다고 주장하였다. 하지만 이러한 필자의 주장은 복음 전도와 선교에 대한 교회의 동기를 약화시키려는 의도가 결코 아니다. 그리스도인들의 선교적 노력 없이도 하나님께서 특정 사람들을 구원하실 능력이 있다고 해서 교회가 선교적 열정을 잃을 것을 우리가 먼저 두려워할 이유는 없다.

선교사의 활동 위에 일하시는 하나님

네프(Neff)는 교회중심주의(ecclesiocentrism)가 오히려 인간의 상실감에 초점을 맞춘 인간중심적 사고이기에 믿는 자들이 이 신념을 선교적 동기로서 여기는 것에 대해 우려를 표한다. 그는 그리스도인의 복음 전도와 선교의 주된 동기는 하나님의 영광이어야 한다고 주장한다. 궁극적으로 "회개와 믿음의 은사를 주시는 분"은 하나님이라는 그의 강한 확신 가운데 그는 "구원을 베푸시는 하나님의 주권적 은혜를 높이고 그분이 우리에게 명하신 일을 계속하며 모든 자에게 복음을 전파"하길 권면한다.[31]

보쉬(Bosch)는 선교를 "하나님께서 그분의 백성을 구원함으로써 열방이 보는 앞에서 그분의 영광을 드러내시는 하나님의 활동"이라고 정의한다. 하지만 여기서 하나님이 선교의 '주체'라고 해서 사람의 활동은 무의미하다고 여기는 것은 심각한 왜곡이다. 오히려 정확히 그 반대가 진실이다. 선교를 하나님의 주체적 활동으로 인식할수록 우리 자신도 선교에 더 많이 참여하게 된다. 바울이 "내가 모든 사도보다 더 많이 수고하였으나 내가 한 것이 아니

---

31 Neff, "Much Ado About Footnotes," 2.

요 오직 나와 함께하신 하나님의 은혜로라"(고전 15:10)고 말한 것은 바로 이런 의미이다.[32]

여하튼 보쉬의 정의에 따르면, 그리스도인들은 선교활동의 성공이 전적으로 우리와 우리의 사역에 달린 것처럼 행동해서는 안 된다. 하나님의 선교는 단순히 선교사들만의 사업이 아니다. 뉴비긴도 주장했듯이, "하나님께서 그분의 교회보다 앞서가신다는 것은 참으로 영광스러운 사실이다."[33] 선교는 활동하고 있는 선교사들보다 앞서가시는 성령의 사역이다.

이 책의 이전 장들(chapters)에서 살펴본 바와 같이, 다른 종교의 구원 문제에 대한 불가지론적 입장은 복음 선교에 대한 강한 동기를 부여할 수 있다. 예를 들어 저명한 복음주의 신학자 J. I. 패커(J. I. Packer)는 하나님의 영이 특정 사람들에게 자신의 죄의 실체와 그에 대한 용서의 필요성을 깨닫게 하고, 그들이 하나님의 자비에 자신들의 운명을 맡기는 것이 가능하다고 말한다. 그러나 그는 이에 대해 다음과 같이 덧붙인다.

> 우리는 하나님의 약속이 한 번도 이루어지지 않은 사람들에게 실제로 일어났다는 의미에서 이것이 사실이라고 단언할 수 있는 보증이 없으며, 또한 반대로 복음이 알려지지 않거나 이해되지 않은 모든 경우에 하나님께서 그렇게 행동하실 것이라고 기대할 필요도 없다. 그러므로 우리가 그런 자들의 구원 가능성을 긍정적으로 상상한다고 해서 우리의 선교적 사명은 조금도 줄어들지 않는다… 결국 우리의 사명은 복음을 전하는 것이지, 복음이 닿지 않는 사람들에게 무슨 일이 일어날지 추측하는 것이 아니다. 그들의 운명을 결정짓는 것은 전적으로 하나님의 일이다. 언젠가

---

32 David J. Bosch, "Reflections on Biblical Models of Mission," in *Toward the Twenty-First Century in Christian Mission: Essays in Honor of Gerald H. Anderson*, eds. James M. Phillips and Robert T. Coote (Grand Rapids: Eerdmans, 1993), 184.
33 Newbigin, *The Gospel in a Pluralist Society*, 168.

우리가 하나님이 그들의 운명을 어떻게 결정하셨는지 알게 된다 하더라도 우리는 불만을 제기할 권한도 없다. 분명한 건 그분은 공의로우시며 자비로우신 하나님이다. 그때까지 십자가에서 계시된 하나님의 전적인 용서와 거듭남에 대한 인류의 보편적 필요, 그리고 "누구든지" 초대하시는 복음의 은혜를 우리 마음속에 간직하자. 그리고 하나님께 나아가는 모든 사람을 구원하시는 예수 그리스도를 사람들에게 알리기 위한 우리의 노력에 더욱 힘쓰자.[34] (옮긴이 역)

단 한 가지 메시지가 선교 동기의 전부이자 실체라면, 교회중심주의자들의 주장은 교회가 세계 복음 전도에 참여하도록 자극하는 데 가장 적합한 주장일 것이다. 그러나 우리 그리스도인들은 이러한 교회 중심적 메시지에 매몰되지 않더라도 선교에 대한 충분한 다른 동기들을 가지고 있다. 사실, 그러한 교회 중심적 신념은 오히려 선교 열정에 편향적이고 때로는 부정적인 영향을 미칠 수도 있다.

신약성경 안에 나타나는 복음 전도를 위한 동기

선교학자 아모스 영(Amos Yong)은 신약성경의 초대교회들은 교회중심주의를 선교의 동기로 삼은 적이 없으며, "영원한 저주에 대한 두려움을 선교적 동기로 직접적으로 연결시키지도 않는다"고 주장한다.[35] 예수는 제자들에게 열방을 제자 삼으라고 명령하셨다. 그리고 그 명령을 하시며 제자들이 전하는 복음을 받아들이지 않는 자는 멸망한다고 말씀하지 않으셨다. 따라서

---

34 J. I. Packer, "What Happens to People Who Die Without Hearing the Gospel?" *Decision* (January 2002), 11.
35 Amos Yong, *Beyond the Impasse: Toward a Pneumatological Theology of Religions* (Grand Rapids: Baker, 2003), 51–52. 옮김이 역.

제자들은 복음이 전파되지 않으면 아무도 구원받을 수 없다는 무서운 경고 없이도 예수의 명령을 수행하였다. 여기서 에릭슨은 사도들이 복음을 듣지 못한 사람들을 멸망할 자들이라고 자신들이 결정하지 않음에 주목한다. 제자들은 예수님의 지상명령을 그대로 따랐을 뿐이다.[36] 더불어 제자들은 예수의 삶에서 선교의 동기를 배웠다. 그들은 주님이 멸망할 자들을 위해 우시는 것을 보았고, 그들도 복음을 들어야 할 사람들에 대한 주님과 동일한 연민에 이끌렸다. 제자들에게 그것이 선교를 시급하게 나가게 하는 동기였던 것이다(벧후 3:11-12).

신약성경에서 아마 가장 선교적 열정이 강했던 인물은 사도 바울일 것이다. 그는 로마 교인들에게 보내는 편지에서 자신의 인생 말기에 그렇게 가고 싶었던 지역인 서바나(스페인)에 대해 언급하면서(롬15:22-24), 아직 복음을 듣지 못한 서바나 사람들의 구원에 대한 필요성에 대한 긴박감을 가지고 설명하지 않았다. 게다가 그는 자신이 그곳에 갈 수 없기에 로마 교인들에게 즉시 누군가를 보내라고 촉구하지도 않았다. 이에 대해 뉴비긴은 오늘날 일반적으로 정의되는 선교활동의 목표, 즉 '가능한 많은 사람을 개종시켜 교회에 편입시키는 것'과 바울의 선교 기준(Paul's criterion) 사이에는 분명한 차이가 있음을 지적한다.[37] 또한 바울은 예루살렘에서 아드리아해에 이르는 광대한 지역에서 자신의 사역을 마쳤으며 "이 지역에는 더 이상 내가 있을 곳이 없다"(롬 15:23)고 로마 교인들에게 말했다. 바울은 그 지역의 모든 사람을 기독교로 개종시키지는 못했지만, 복음을 믿고 복음을 따라 사는 공동체를 남기고 떠났다. 따라서 그 지역에 대한 선교사로서의 그의 사역은 마쳤다.[38]

뉴비긴은 교회 중심적 입장을 거부할 경우 뒤따르는 선교적 동기의 약화에 대한 우려에 대해 성경은 어떻게 말하는지 다음과 같이 설명한다.

---

36 John D. Ellenberger, "Is Hell a Proper Motivation for Missions?" in *Through No Fault of Their Own? The Fate of Those Who Have Never Heard*, eds. William V. Crockett and James G. Sigountos (Grand Rapids: Baker, 1991), 225.

37 Newbigin, *The Gospel in a Pluralist Society*, 121

38 Newbigin, *The Gospel in a Pluralist Society*, 121.

그리스도를 믿지 않고 죽는다고 해서 반드시 구원받는 것이 아니며, 세례받은 그리스도인이라고 해서 반드시 구원받는 것도 아니라면, 선교의 의미가 무엇이냐고 반문할 수 있다. 왜 선교활동을 그 활동의 목적대로 진행하지 않냐고 질문할 수 있다. 바울은 이 질문에 이렇게 답한다. "내가 복음을 위하여 모든 것을 행함은 복음에 참여하고자 함이라"(고전 9:23). 예수는 십자가로 가시는 길에 "나 있는 곳에 나를 섬기는 자도 거기 있으리니"(요 12:26)라고 말씀하셨다. 주님의 부르심과 그분의 사랑을 받은 사람, 그리고 주님을 사랑하고 섬기고자 하는 사람은 주님이 계신 곳에 있기를 원할 것이다. 그리고 그는 하나님 나라와 악한 자에게 억눌린 권세 사이에 서 있다. 예수가 제자들을 그의 사명을 가지고 보내실 때, 그는 자신의 손과 옆구리를 보여주셨다. 그 이후, 그들은 악한 힘의 가면을 벗기기 위해 그분을 따를 것이고, 그분의 열정을 공유하면서 그분의 사명에 동참할 것이다. 그분의 사명에 동참하는 것 외에 그분과 함께할 수 있는 또 다른 방법은 존재하지 않는다. 선교의 핵심은 그야말로 그분과 함께하고 그분께 우리 삶을 드리고자 하는 열망이다. 그리고 선교의 핵심은 감사와 찬양이다. 우리가 선교를 우리의 행위로서 선교활동을 정당화할 때, 우리는 선교의 핵심을 왜곡하게 된다.[39] (옮김이 역)

존 엘렌버거(John Ellenberger)는 '바울이 세계복음 전도에 자신의 삶을 던지도록 자극한 요인들'을 다음과 같이 요약한다.[40]

1) 하나님에 대한 순종(롬 1:1, 5; 고전 3:8-9; 9:16-17; 고후 5:11, 20)

---

39 Newbigin, *The Gospel in a Pluralist Society*, 122-3.
40 Ellenberger, "Is Hell a Proper Motivation for Missions?," 221.

2) 하나님의 영광을 높이고자 하는 열망(고후 4:13-15)

3) 그의 삶에서 하나님 사랑의 지배(고후 5:14-20)

4) 사람에 대한 책임감(롬 1:14-15)

5) 시간의 짧음으로 인한 긴박감(고전 7:29-30).

엘렌버거는 위의 바울의 선교동기들 중 세 번째, 즉 "하나님 사랑의 지배"가 가장 중요하다고 말한다. 그 이유는 세 번째 요인 하나님 사랑이 우리의 책무인 나머지 요인들을 자극하기 때문이다. 다시 말해, 앞의 두 요인은 그리스도의 사랑에 대한 우리의 감사 표현이고, 뒤의 두 요인은 헌신적인 봉사로 우리의 열정을 표현한다.[41] 이렇게 우리의 선교활동에 대해서 엘렌버거의 주안점은 바울의 명시적 진술들에 초점을 맞추었지만, 안타깝게도 현대의 많은 그리스도인들은 바울을 볼 때 그가 가진 복음의 중대성에만 주목하며 '복음의 역동적인 특성이 교회가 선교에 참여하는 동기를 이해하는 데 핵심'이라고 주장해 왔다.[42] 분명히 바울은 복음을 전하는 것이 하나님께서 인간을 하나님 자신에게로 이끄시는 수단이라는 것을 알고 있었다. 그러나 성령의 영감을 받아 쓴 편지에서 바울은 복음이 전파되지 않은 사람들에게 어떤 일이 일어날지 추측하지 않았다. 그는 자신이 할 수 있는 일을 하고, 다른 믿는 자들이 그 뒤를 따르는 것으로 충분하게 여겼다.

하나님의 도구가 되어 하나님과 함께 하나님의 선교의 동역자가 된다는 기쁨은 놀라운 선교적 동기를 부여한다. 그리스도인은 복음을 심고 사역을 통해 물을 주지만, 자라게 하는 것은 오직 하나님만이 하실 수 있다(고전 3:6-9). 하나님께서 그러한 성장을 이루시는 것을 볼 때 우리는 진정으로 기쁨을 누린다. 그리스도인들이 심고 물을 주는 것을 통해 결국 자라게 하는 것이 분명 하나님의 의지이다. 성경은 진정으로 이러한 기쁨과 찬양, 감사와 같은

---

41 Ellenberger, 221.
42 다음을 참고. Robert L. Plummer, "A Theological Basis for the Church's Mission in Paul," *Westminster Theological Journal 64* (Fall 2002): 255.

복음 전도와 선교의 동기를 제공하기 때문에, 그리스도인들은 스스로 선교적 동기가 부족할까 두려워할 필요가 없다. 이 시대에 하나님은 복음의 선포를 통해 사람들을 구원하기를 원하시며, 이 놀라운 구원계획에서 우리를 그분의 동역자로 은혜롭게 선택하셨다는 진실은 변하지 않는다.

4. 대화를 위한 동기와 행동

이 책의 앞선 장들에서 설명한 것들은 종교 간 대화에 대한 긍정적 동기를 제공할 수 있다. 종교 간 대화는 1970년대 이후 세계교회협의회(the World Council of Churches)의 주요 의제에서 지속적으로 중요하게 다루어지고 있다. 반면, 많은 복음주의자들은 종교 간 대화에서 일반적으로 행해지는 방식이 복음주의 신학과 우리의 선교학적 헌신을 약화시킨다고 인식하기에 종교 간 대화의 필요성에 의구심을 품어 왔다. 예를 들어, 1974년 로잔언약(the 1974 Lausanne Covenent)은 "우리는 그리스도가 모든 종교와 이데올로기를 통해 동등하게 말씀하신다는 것을 암시하는 모든 종류의 혼합주의(syncretism)와 대화(dialogue)를 그리스도와 복음을 경멸하는 것으로 보며 거부한다"고 명시하고 있다.[43]

종교 간 대화는 "다양한 사고방식 사이의 모순과 상호 배제를 인정하고 존중하는 당사자 간의 지속적인 대화"로 정의할 수 있다.[44] '지속적인' 대화이기에 종교 간 대화는 특정 의도를 가지고 임하는 자리이다. 이런 대화의 주요 목표는 합의를 이루는 것이 아니라 서로를 향한 이해를 얻는 것이다. 모든 종교가 동의할 수 있는 교리적 최저 공통분모를 찾는 것이 아니고, 인도

---

43 "Lausanne Covenant," in *New Directions in Mission and Evangelization 1: Basic Statements 1974–1991*, eds. James A. Scherer and Stephen B. Evans (Maryknoll, NY: Orbis, 1992), 254–55. 옮김이 역.
44 John V. Taylor, "The Theological Basis of Interfaith Dialogue," in *Faith Meets Faith, Mission Trends*, eds. Gerald H. Anderson and Thomas F. Stransky (Grand Rapids: Eerdmans, 1981), 5:94.

주의(人道主義)나 사회정의와 같은 공동의 관심사에 대해 공통점과 차이점을 확인하고, 공동의 행동으로 이어질 수 있는 지점을 찾아내는 것이다. 종교 간 대화가 복음 전도의 활동을 대신할 수는 없지만, 복음 전도 활동만이 이 땅을 살아가는 우리의 유일한 과업은 아니다. 앞서 말한 1974년 로잔언약의 기조와는 사뭇 다르게, 다음 해에 선언된 1975년 로잔언약(the 1975 Lausanne Covenant)에서는 잠언 18장 13절 "듣기 전에 대답하는 것은 어리석고 수치스러운 일"을 근거로 복음을 전하는 우리의 삶은 타 종교인들과 서로를 이해하기 위해 민감하게 듣는 것을 목적으로 하는 대화를 포함한다고 말한다.[45]

종교 간 대화에 복음주의적 참여

예수 그리스도의 성육신과 기록된 성경에 담긴 하나님의 계시가 결정적이지 않다고 가정하거나, 예수 그리스도는 원칙적으로 다른 종교의 영적 지도자들보다 우월하지 않다고 가정하거나, 다른 종교의 신자들이 그리스도만을 통해 하나님께 다가갈 필요는 없다고 가정하는 이러한 종교 간 대화의 방식은 분명 존재한다. 종교 간 대화에 존재하는 이러한 다원주의적 담론들은 어느 한쪽이 자신의 종교적 전통만이 최종적인 진리라고 확신하는 경우는 진정한 대화가 이루어질 수 없다고 말한다. 예컨대, 다원주의 신학자 폴 니터는 다음과 같이 말한다.

> 대화는 모든 종교 안에 각자의 진리가 존재한다는 인식에 기초해
> 야 하며, 이 사실을 인정하는 역량은 모든 종교의 공통된 근거와
> 목표에 대한 가설에 근거해야 한다... 따라서 대화에서 어느 한
> 쪽이 다른 한쪽에 대하여 "불완전한" 진리를 가지고 있다고 가정

---

45   John Stott, "Dialogue, Encounter, Even Confrontation," in *Faith Meets Faith, Mission Trends*, eds. Gerald H. Anderson and Thomas F. Stransky (Grand Rapids: Eerdmans, 1981), 5:172; Cf. paragraph 4 of the Lausanne Covenant.

하거나, "나의 진리"에 부합하는 한에서만 상대방도 진리를 소유할 수 있다고 가정하면 대화 가운데 진정한 경청은 불가능하다... 진정한 대화는 "사과와 오렌지"(즉 양자택일)의 문제가 될 수 없다. 이것이 의미하는 바를 세심히 표현해내기 위해서는 우리가 모든 종교에 생기를 불어넣고 대화의 궁극적인 토대와 목적을 제공하는 동일한 궁극적 실재(the same ultimate Reality), 동일한 신적 존재(the same divine presence), 동일한 충만(the same fullness), 즉 기독교 용어로 하나님이라 부르는 신이 모든 종교 가운데 존재해야 한다고 말할 수 있어야 한다.[46]

앞서 논의했듯, 복음주의자들도 종교 간 대화가 기독교 선교의 중요한 요소라는 사실을 인정하고 있지만, 위에서 니터가 말하는 다원주의적 가정을 종교 간 대화의 필수적인 전제로 간주하지는 않는다. 1989년 제2차 세계복음화 국제회의(the Second International Congress on World Evangelization)에서 선언된 '마닐라 선언문(the Manila Manifesto)'은 복음 전도와 함께 종교 간 대화를 그리스도인의 증인됨의 일부로서 다음과 같이 명시적으로 연결한다.

과거 우리는 때때로 다른 종교를 믿는 사람들에 대해 무지, 오만, 무례함, 심지어 적대감의 태도를 보였었기에 무거운 죄책감을 느끼고 있다. 이제 우리는 이를 회개한다. 하지만 그럼에도, 우리는 종교 간 대화를 포함하여 복음 전도 활동의 모든 측면에서 우리 주님의 삶과 죽음, 부활의 유일성에 대해 긍정적이고 타협하지 않는 증언(딤전 2:5-7)을 지속적으로 하기로 결의한다.[47] (옮김이 역)

---

46 Knitter, *No Other Name?*, 208–9.
47 "Manila Manifesto," in *New Directions in Mission and Evangelization 1: Basic Statements 1974–1991*, eds. James A. Scherer and Stephen B. Evans (Maryknoll, NY: Orbis, 1992), 297.

복음주의자들의 종교 간 대화 참여에 대한 중요한 한 사례는 2005년 미국 캘리포니아 패서디나(Pasadena, California)에 있는 풀러 신학교(Fuller Theological Seminary) 교수진에 의해 제공된 사례이다. 풀러 신학교는 '살람 평화와 정의 연구소(the Salam Institute of Peace and Justice)'와 '북미이슬람협회(the Islamic Society of North America)'에 소속된 기관들과 함께 '무슬림과 복음주의 기독교인들과의 대화에 관한 갈등 전환 프로그램(the Conflict Transformation Program of Dialogue with Muslims and Evangelical Christians)'에 참여했다. 미국 법무부가 후원한 이 3년 프로젝트의 목적은 "종교 간의 갈등 감소, 해결 및 변화를 위한 공동의 관행과 패턴 및 경로를 모색하고, 개별 종교들 간의 차이를 해소하는 보다 좋은 방식을 배우는 것"이었다.[48]

과거에는 복음주의자들이 종교 간 대화에 예민하게 반응하는 경향이 있었음을 부인할 수 없다. 그러나 현대에 들어서 점점 많은 복음주의자들이 비공식적인 방식과 공식적인 제도적 차원, 양방향으로 다른 종교 공동체들과 다리를 놓고 있다. 복음주의자들은 종교 간 대화가 다른 종교에 대한 이해를 깊게 하고, 타 종교에 대한 존중을 증진하며, 긴장을 완화하고, 공동선(the common good)을 위한 적절한 방식으로 협력을 촉진하는 등 여러 가지 긍정적인 목적을 달성할 수 있다는 점을 인식하고 있다. 이에 대해 스토트는 다음과 같이 말한다.

> 대화는 진정한 기독교의 사랑 표시이다. 대화는 우리 마음에서 다른 사람들에 대해 품은 편견과 왜곡을 없애겠다는 의지이며, 타 종교인들에게 복음을 듣지 못하고 그리스도를 보지 못하게 만드는 것이 무엇인지 알고자 그들의 귀를 통해 듣고 그들의 눈을 통해 보려고 애쓰겠다는 표현이며, 또 그들의 온갖 회의와 두려

---

48 Mohammed Abu-Nimer and David Augsberger, eds., *Peace-Building By, Between, and Beyond Muslims and Evangelical Christians* (Lanham, MD: Lexington, 2009), xii. 옮김이 역.

움과 '거리낌'에 공감하겠다는 확고한 다짐을 보여주기 때문이다. 그러한 공감에는 듣는 것이 포함될 것이고, 듣는 것은 대화를 의미한다.[49]

스토트의 위 진술은 종교 간 대화에 관한 복음주의적 관점이 무엇인지 적절히 보여주는 유용한 해설이 될 수 있다. 그리스도인은 다른 종교를 믿는 사람들과 대화를 나눌 때, 그들이 자신들의 신념에 따라 믿고 실천할 권리를 존중하고 옹호해야 하며, 강압적인 태도를 삼가야 한다. 그리스도인이 다른 종교를 믿는 사람들의 권리를 존중한다는 이러한 존중의 자세는 "그들이 믿는 바를 우리의 진리와 똑같은 참된 것으로 받아들인다는 것이 아니라, 우리가 우리에게 동일한 권리를 부여하기를 그들에게 바라는 것처럼, 그들에게 그들의 신념이 옳든 그르든 그들 자신의 신념을 가질 권리를 부여한다는 의미인 것"이다.[50] 예수는 제자들에게 이웃(막 12:31)과 심지어 원수(마 5:44)까지 사랑하라고 당부하셨으며, 여기서 이웃을 사랑한다는 것은 "하나님의 형상을 지닌 우리의 인류 동료인 피조물로서 그들을 존중하는 것"을 포함한다.[51]

종교 간 대화의 영향

종교 간 대화의 중요한 목적 중 하나는 평화를 만드는 것(peace-making)이다. 중세 십자군 전쟁 시기, 기독교 국가들은 무슬림의 영토를 10번 이상 침공하였고, 무슬림들은 이 십자군 전쟁을 현재까지도 잊지 않고 있다. 반대로, 기독교 단체인 '오픈도어즈'(Open Doors)의 보고서에 따르면, 나이지리아에서 지난 15년간 최소 9,000명에서 최대 11,500명의 기독교인들이 무슬림에 의해

---

49 존 스토트, 크리스토퍼 라이트, 『선교란 무엇인가』, 142.
50 Tiessen, *Who Can Be Saved?*, 428. 옮긴이 역.
51 Tiessen, 428. 옮긴이 역.

살해당했으며, 1만 3,000개의 교회가 폐쇄되거나 파괴되었다. 종교 간 갈등은 이렇게 폭력과 심지어 전쟁으로 번지기도 한다.[52]

2001년 9월 11일 세계무역센터(the World Trade Center)와 미 국방부 청사인 펜타곤(Pentagon)에 대한 끔찍한 테러가 발생한 지 9주년이 되기 일주일 전, 미국 플로리다의 작은 교회 목사인 테리 존스(Terry Jones)는 하나님께서 2010년 9월 11일에 코란의 사본들을 불태우라 지시하셨다고 일방적으로 발표했다. 무명의 이 특이한 목사는 순식간에 미국 언론의 집중적인 조명을 받는 대상이 되었다. 당시 데이비드 페트레이어스(David Petraeus) 장군, 힐러리 클린턴(Hillary Clinton) 국무장관, 심지어 오바마(Obama) 대통령까지 공개적으로 존스 목사에게 그의 계획을 포기할 것을 촉구하였고, 존스 목사가 선언한 날이 다가올수록 미국 전역이 들썩였다. 다양한 국가적인 노력에도 불구하고, 2011년 3월 21일 존스 목사는 코란에 대한 자체적인 모의재판을 열고 결국 공개적으로 코란 사본들을 거침없이 불살랐다. 자신들의 신성한 경전을 불태운 것에 격분한 아프가니스탄의 칸다하르(Kandahar, Afghanistan)와 마자르에 샤리프(Mazar-e Sharif)의 신도들은 유엔 건물을 포함한 미국의 주요 건물들을 공격하여, 총 16명이 사망하고 90명 이상이 큰 부상을 입었다.[53]

기독교와 무슬림 사이의 길고 폭력적인 역사를 고려할 때, 위 비극적인 사건은 이 시대의 불안정하고 복잡한 세계를 들여다볼 수 있는 '창(window)' 역할을 한다. 종교 간 대화가 오늘날 우리 세계에서 매우 현실적이고 중요한 역할을 하고 있음을 다시 한번 상기시킨다. 서로를 향한 이해를 목적으로 하는 대화는 이러한 종교적 긴장들을 해소하는 데 중요한 역할을 할 수 있다. 1968년 1월 27일, 기독교 일치를 위한 기도주간이 끝나 갈 무렵, 영국 버밍

---

52 Arne Mulders, "Crushed but Not Defeated: The Impact of Persistent Violence on the Church in Northern Nigeria," *Open Doors* (February 2016): 5.
53 Kevin Sieff, "Florida Pastor Terry Jones's Koran Burning Has Far-Reaching Effect," Washington Post, April 2, 2011,
http://www.washingtonpost.com/local/education/florida-pastor-terry-jones-koran-burning-has-far-reaching-effect/2011/04/02/AFpiFoQC_story.html.

엄(Birmingham)의 셀리오크 대학(Selly Oak Colleges)에서 로마 가톨릭, 정교회, 기독교인으로 구성된 한 그룹과 무슬림 그룹이 모여 모임을 했다. 그 모임에서 채택된 한 보고서는 이렇게 말한다.

> 무슬림과 기독교인으로서 우리의 공통된 목적들에 대한 사회적 인식을 높이고 지속적으로 서로 논의할 필요성이 크다는 것을 우리는 함께 인정했다... 우리는 서로 더 많은 접촉을 할 것을 기대하며, 인간과 하나님에 대한 봉사, 서로 간의 대화, 그리고 하나님과의 대화에서 무슬림과 기독교인의 더 깊은 화해를 위해 일하고 기도할 수 있기를 고대한다.[54]

우리 주 예수께서 "너희에게 평강이 있을지어다"(요 20:19)라고 말씀하셨기에, 그리스도인들은 이미 하나님 임재의 의미 중 하나가 평화라는 것을 알고 있다. 그래서 그리스도인들은 종종 서로를 향해 "하나님의 평화가 여러분과 함께하길 바랍니다"라고 말한다. 이렇듯, 우리는 타 종교와의 대화를 통해 그들에 대한 고정관념을 극복하고 종교 간에도 하나님의 평화를 만들어갈 수 있다.

타종교 신자들에게서의 배움

존 스토트는 비기독교 체계들에도 진리의 요소가 있다는 것을 부정할 수 없다고 말한다.[55] 스토트의 말을 인정한다면, 우리는 타종교 신자들의 신앙에도 참된 부분이 있을 수 있고, 그들과의 대화를 통해 그들의 신앙으로부터 배울 수 있는 점 또한 있다는 것을 인정할 수 있다. 토마스 핑거(Thomas Finger)

---

54 다음을 참고. Stanley J. Samartha, *Courage for Dialogue*, 4.
55 존 스토트, 크리스토퍼 라이트, 『선교란 무엇인가』, 129.

가 말하듯, 보편적 진리는 내가 이미 부분적으로 소유하고 있는 것이며 아직은 완전히 알려지지 않았기에 내가 알도록 노력해야 하는 것이라면, 상대와의 진실한 대화는 상대의 신앙뿐만 아니라 나의 신앙도 스스로 더 깊이 이해하는 데 도움이 된다.[56]

1928년, 국제선교협의회(the International Missionary Council)는 예루살렘에서 열린 회의에서 다른 종교들의 다양한 체계 내에도 진리에 대해 다음과 같은 긍정적인 요소들이 있다고 언급한다.[57]

1) 이슬람교에서 보이는 신의 위엄에 대한 감각과 그에 따른 예배 안에서의 경외심

2) 불교의 핵심인 세상의 슬픔에 대한 깊은 동정심과 해탈의 길에 관한 비이기적인 탐구

3) 힌두교에서 영적인 것으로 생각되는 궁극적인 실존과의 접촉에 대한 열망

4) 유교에서 발견되는 우주의 도덕적 질서에 관한 믿음과 그에 따른 행위에 대한 요구

5) 세속 문명을 옹호하는 이상주의적 사람들에게서 종종 발견되는 진리와 인간 복지에 대한 사심 없는 추구.

더 많은 예시는 맥더모트의 흥미로운 책 『기독교는 타종교로부터 무엇을 배울 수 있는가?』에서 찾을 수 있다. 그 책에서 맥더모트는 기독교인들이 불교, 도교, 유교, 이슬람교의 특징에 관심을 기울이면 그리스도 안에 계신 하

---

56 다음을 참고. Thomas Finger, "Confessing Truth in a Pluralistic World," in *Practicing Truth: Confident Witness in Our Pluralistic World*, eds. David W. Shenk and Linford Stutzman (Scottdale, PA: Herald Press, 1999).

57 "The Christian Life and Message in Relation to Non-Christian Systems of Thought and Life," in *The Jerusalem Meeting of the International Missionary Council: March 24–April 8, 1928*, 8 vols. (New York, NY: International Missionary Council, 1928), 1:410–11.

나님에 대한 기독교적 이해에도 기여할 수 있다는 주장을 설득력 있게 설명한다.

존 골딩게이(John Goldingay)와 크리스토퍼 라이트(Christopher Wright)는 구약의 이스라엘 백성이 이웃 종교들의 종교적 표현을 관찰하고, 그것들에서 관찰된 것의 도움으로 그들의 종교, 즉 여호와 종교가 "그 자체로 성숙한 표현에 도달할 수 있었다"고 말한다.[58] 그리고 D. A. 카슨은 골딩게이와 라이트의 통찰에 대해 "놀라운 수사학"이라 부르며, 어느 정도 논의의 소지가 있기는 하지만 완전히 틀린 말은 아니라고 한다. 그러면서 카슨은 하나님의 은혜로운 자기계시는 구체적인 역사적 상황들 가운데 특정 사람들에게 주어지는데, 그 안에서 벌어지는 역사적 관련성을 굳이 혼합주의적 신호로 받아들일 필요가 없다고 말한다.[59] 이러한 카슨의 견해를 고려하면, 그리스도인들은 하나님의 은혜로운 자기계시에 반응하는 타종교 신자들의 경건한 종교적 경험들을 배움으로써 일정 부분 분명 유익을 얻을 수 있다.

그리스도인이 배움의 정신으로 다른 종교 신자들과 대화할 때, 다원주의자들의 주장과는 달리 자신의 신앙적 신념을 애써 부정할 필요가 전혀 없다. 그리스도인은 대화 가운데 길이요 진리요 생명이신 예수 그리스도를 개인과 이 세상의 주님으로 고백하는 지점에서 출발해야 한다. 뉴비긴이 지적하듯, 이러한 '고백'과 '진리의 추구'를 이분화할 필요는 없다.[60] 그리스도인들은 이미 깨닫게 된 진리를 스스로 더 잘 이해하기를 바라지만, 그들은 타종교 신자들과의 대화와 교제 가운데 필연적으로 자신의 진리를 더욱 숙고하고, 판단하고, 가치를 매기면서, 그 진리의 더욱 새롭고 심오한 측면을 찾을 수 있다.

---

58 John E. Goldingay and Christopher J. H. Wright, "Yahweh Our God Yahweh One," 41.
59 Carson, *The Gagging of God*, 251.
60 Lesslie Newbigin, *The Open Secret*, 168.

5. 맺는말

복음을 받아들이지 못한 자들의 운명에 관찰과 이 책의 제안들은 복음 전도와 선교적 활동들에 상당한 시사점을 준다. 우리로 하여금 회심(conversion)의 진정한 의미를 재고하도록 만들어서 성경의 가르침에 따라 그 의미를 바로잡는 데 도움을 줄 수 있고, 이 세상에서 그리스도인의 증인 됨의 의미를 다시 성찰하도록 도와줄 수 있다. 하나님의 은혜는 매우 놀랍다. 그러나 특별히, 이 마지막 때에 예수에 관한 좋은 소식을 세상 끝까지 전하기 위해 우리를 그분의 증인으로 사용하시기로 택하셨다는 것은 더욱 놀라운 일이다. 그분의 영을 교회에 보내서서 권능을 주시는 그리스도께서는 이제 우리를 그분의 증인으로 세상에 보내신다. 더욱이, 이 책의 제안들은 그리스도인들로 하여금 종교 간 대화의 장(field)으로 주저 없이 나갈 수 있도록 권면한다. 대화 가운데 우리는 서로를 더 잘 이해할 수 있고, 서로에게서 배우고, 서로에게 유익한 것을 가르칠 수 있다. 우리는 하나님이 아직 예수를 주로 인정하지 않는 우리 이웃들의 삶 속에서도 일하신다는 것을 믿기에 그렇게 할 수 있는 것이다. 그렇게 함으로써 우리는 하나님께서 나와 내 공동체가 아닌 타인들의 삶에서 어떤 일을 하셨는지 발견할 수 있고, 하나님께서 그분의 은혜로운 목적을 이루기 위해 그들을 어떻게 사용하시는 다양한 상황들을 볼 수 있다.

성경 그 어디에도 복음을 전달받지 못한 사람도 하나님의 구원을 받는다고 명시되어 있지 않다. 그러나 복음을 전하는 활동, 즉 그리스도에 대한 우리의 순종에 있어서 이는 우리에게 큰 영향을 끼치지 않는다. 사도 바울이 그랬던 것처럼, 우리 또한 전도하지 않는 사람들을 하나님께서 구원하실 수 없다는 두려움에 사로잡힐 필요가 없으며, 우리가 오히려 압도되어야 하는 마음과 태도는 하나님 이름의 영광과 우리 이웃에 대한 사랑이다. 그러면 하나님의 영이 복음 전도와 선교의 열정을 가진 자들 위에 일하실 것이다. 그렇기에 우리는 우리가 가는 곳마다 하나님께서 그분의 이름을 위해 그분의 자녀를 직접 부르실 것이라는 소망을 가질 수 있다.

우리는 "각 족속과 방언과 백성과 나라 가운데"(계 5:9)에서 구원받은 자들과 함께 서서 "능력과 부와 지혜와 힘과 존귀와 영광과 찬송을 받으시기에 합당"(계 5:12)하기에 죽임 당하신 어린 양을 다 함께 경배할 그때를 간절히 고대한다. 우리는 하나님이 놀라운 은혜와 무한하신 자비로 그들을 구원하신다는 사실보다 그들이 어떻게 그곳에 가는지에 더 관심이 있다. 그러나 우리가 그 위대한 하나님의 모든 백성 중에서, 어둠 가운데 있기에 우리가 빛을 증언하고 간절히 기도하며 선교활동을 수행했던 그 대상자들을 보게 될 것을 특별히 더 기뻐할 것임은 의심할 수 없다.

에필로그

1910년 스코틀랜드 에딘버러(Edinburgh)에서 열린 세계선교대회(the World Missionary Conference)는 그간 기독교의 선교활동들에 대해 면밀히 검토한 후, 기독교가 향후 갖추어야 할 생각과 태도에 대해 몇 가지 결론을 내렸다. 레슬리 뉴비긴은 그 대회에서 나온 보고서들 중에 타 종교에 대한 보고서의 일부를 자신의 책에 인용한다.

> 우리는 앞서 선교사업의 다섯 가지 대분야들의 전체를 살펴보았다. 여기서 두 가지 아주 중요하게 주목해야 할 만한 점들이 있다. 첫째는, 타 종교에 대한 기독교 선교사들의 진실한 태도는 (그 종교들에 대한) 참된 이해와 지대한 공감을 지니고 있다는 것이다. 분명 모든 종교 안에는 우리가 공감할 수 없는 요소들이 있는 것도 확실하고, 어떤 종교에는 끔찍한 악이 있다는 것도 명백하다. 그러나 다음과 같은 것들은 우리가 동의해야 한다. 참된 선교적 방법은 (창조주에 대한) 지식과 자비를 추구해야 한다는 것, 기독교 선교사들은 타 종교 안에 있는 고결한 부분을 찾고 또한 그러한 것들이 더 높이 고양되기 위해 적극 활용해야 한다는 것, 사실 타 종교들은 모두 예외 없이 기독교만이 만족시켜 줄 수 있는 인간 영혼의 갈망을 들추어낸다는 것, 그리고 모든 만물 가운데 하나님의 영이 하시는 일을 그대로 드러낸다는 것이다. 이러한 것들을 간과한 채, 그저 타 종교를 우상 파괴적인 태도로 일관하는 것은 어리석고 부당하다.[1]

---

1 레슬리 뉴비긴, 종결자 그리스도: 예수 그리스도의 유일성과 종결성에 대한 강의, 김지호 펴냄, 도서출판100, 24에서 인용됨.

위 내용은 100년 전 해당 보고서가 작성되었을 때보다 오늘날의 현실에서 더 간곡하게 들린다. 1910년 에딘버러의 목소리와 같이, 필자는 이 책에서 복음주의적 관점으로 여러 가지 제안을 했다. 기독교인은 복음을 받아들이지 않은 비기독교인이나 타 종교의 신자들에 대한 교회의 신앙을 적절히 구성하기 위해서 구원론적 문제에 특별히 더 많은 관심을 기울여야 한다. 하나님께서는 그분의 영광과 세상을 그분의 섭리로 다스리기 위해 선택하신 이 땅의 그리스도인들과 교회 공동체를 사용하실 것이라 믿는다.

1. 이 책의 핵심 내용

복음을 듣지 못했거나 복음에 적절히 반응하지 못한 자들의 운명에 대해 다섯 가지 결론을 내릴 수 있다.

첫째, 성경에서 말하는 구원은 하나님께 속한 것이다. 따라서 그리스도인은 하나님만이 허락하시는 구원에 대해 다른 사람들을 위협하는 오만한 태도를 가져서는 안 된다. 그들에게 구원이 절대로 허용될 수 없다고 단정 지을 수도 없다. 구원은 오직 하나님의 결정이자 하나님의 선물이기 때문이다.

둘째, 하나님께서 한 개인의 인생 가운데 하나님의 일반적인 은혜만 경험하게 하셨다면, 구원의 은혜는 그것을 받은 지식에 따라 믿고 순종해야 한다. 그러나 이러한 일반계시가 구원의 은혜가 되어서 실제로 구원을 받았다는 자들의 성경적 사례는 존재하지 않는다.

셋째, 그리스도인은 성령의 능력으로 성자 예수 그리스도의 십자가와 부활에 의지하여 성부 하나님께 예배하지 못하는 종교들을 참 종교로 간주할 수 없다. 하지만 그러한 종교들의 모든 요소가 쓸모없고 악한 것이라고 치부할 수도 없다. 그리스도인들이 성경을 통해 이해하는 하나님의 진리에 부합하는 종교적 믿음과 실천의 측면을 그 종교들을 통하여 접한다면, 하나님을 찬양하고 이 땅 위에 하나님의 샬롬(shalom) 회복에 기여하는 모든 요소를 긍정할 수 있다. 그러나 분명한 것은, 종교 자체가 구원의 은혜를 전달하는 하나님의 수단이 될 수 없다. 따라서 복음주의자들은 타 종교에 있는 하나님의 자기계시가 하나님께서 이스라엘 갈보리에서 가장 완전히 계시하신 십자가와 동일한 의도를 가지고 있다는 것을 인정할 수 없다.

넷째, 그리스도는 창세 전부터 하나님과 함께 계셨던 삼위일체의 하나님이고, 지금으로부터 2천 년 전 이스라엘 땅에서 죽임을 당하신 어린양이다. 모든 시대와 장소에서 세상 모든 민족을 향한 하나님의 모든 구원 사역은 분명한 인류의 역사 가운데, 즉 객관적으로 십자가 위에서의 나사렛 예수의 순종적 행위 안에서 성취되었다. 따라서 십자가는 하나님의 명백한 구원의 은혜가 드러난 장소이기에, 모든 종교의 신자들은 결국 각자의 신에 대한 헌신으로 인해 전부 구원을 받는다는 보편주의자들의 주장은 정당화될 수 없다.

마지막으로 다섯째, 그리스도인들이 선교활동을 고려할 때, 교회가 전도하지 않은 사람들을 하나님께서 구원하실 수 없다는 두려움에 사로잡힐 필요가 전혀 없으며, 그건 하나님이 하시는 일임을 기억해야 한다. 오히려 그런 두려움보다 모든 피조세계를 향한 하나님의 사랑에 이끌려 우리의 선교는 진행되어야 한다.

2. 다원주의 세계 가운데 복음주의 신념

성경은 아담이 하나님께 불순종했을 때 모든 인간이 그 안에서 죄인이 되었음을 분명히 알려준다(롬 5:12). 그 죄의 결과로 인간은 하나님의 생명에서 멀어졌으며, 하나님께서 그들의 칭의와 성화를 위해 직접 그분의 은혜로 개입하지 않으시면 그분이 기뻐하시는 어떤 것도 할 수 없는 상태가 되었다(롬 5:10). 따라서 모든 인간은 구원자가 필요하다. 그래서 하나님께서 직접 이 땅에 성자 예수로서, 즉 인간의 모습으로 오셔서 인간의 본성을 취하시고 인간으로서 완전한 삶을 사셨으며, 이 성자 예수는 성부 하나님께서 사랑하시는 사람들을 위한 완전한 대속물로 그 생명을 아버지께 바친 구세주가 되었다 (롬 5:8). 구원받은 사람, 현재 구원받고 있는 사람, 또는 구원받을 사람은 모두 예수 그리스도께서 그들을 위해 죽으시고 다시 살아나셨기 때문에 구원을 받는 것이다(롬 5:10).

누군가는 이 책에서 설명한 구원에 관한 불가지론적 입장이 자칫 교회의 세계선교에 대한 동기를 떨어뜨린다고 생각할 수 있다. 하지만 앞서 설명했듯이 신학적 판단과 현실은 그렇지 않다. 하나님께서 나사렛 예수 안에서 행하신 구속사건의 그 복음이 각 세대마다 전 세계 모든 사람에게 전달해야 하는 사명은 우리 그리스도인들에게 있다. 성경은 그러한 사명을 강력하게 보여준다. 그리고 그 성경적 근거를 우리의 선교 의지에 대한 근거로 삼아야한다. 하지만 동시에 우리는 하나님은 아직 복음을 듣지 못한 사람들에게 구원의 은혜를 주시기로 작정할 권한이 있는 절대적으로 자발적인 하나님임을 잊지 말아야 한다. 그렇게 구원을 받는 사람이 얼마나 있을지 우리가 판단할 수 없음에도 말이다. 비기독교인의 운명은 무한한 자비와 정의의 하나님 손에 맡겨야 한다.

그런데도 우리가 분명히 알 수 있는 것은 우리 그리스도인들은 이 세상에서 구원의 기쁨이 충만함은 하나님께서 그리스도 안에서 자신을 받아 주셨음을 알고, 하나님의 새 언약의 영을 경험하며, 자신이 하나님의 자녀임을 증언하는 사람들이라는 것이다. 이처럼 온전한 구원의 경험을 가진 하나님의 택함받은 자의 수, 즉 예수 그리스도만을 주라 고백하며 삼위일체의 하나님께 경배하며 그 나라에 들어갈 것을 꿈꾸며 살아가는 하나님의 수많은 백성을 꿈꾸는 것이 기독교 선교활동이 지향해야 하는 지점인 것은 분명하다.

우리는 다른 종교인들이 유일하고 전능하신 창조주 하나님에 대해 완전히 무지한 것은 아니라는 사실을 알아야 한다. 각자의 삶에서 하나님의 진리가 그들에게 계시된 대로 전유 되거나 혹은 반대로 억압되는 모습이 있을 수 있으며, 각 사람과 하나님과의 관계의 본질은 그들의 삶과 그들의 종교적 헌신을 우리가 주의 깊게 경청하는 과정을 통해서만 확인할 수 있다. 그것이 대화이다. 그리고 이런 대화 속에서 우리의 확신을 내려놓을 필요는 전혀 없다. 우리의 확신은 하나님께서 나사렛 예수님 안에서 자신을 가장 온전히 계시하셨고, 그분에 대한 신뢰할 만한 증언은 오직 하나님 영의 영감에 의해 써진, 즉 하나님이 자신을 직접적이고 분명하게 계시하신 기독교의 성서를 통해서 주어졌다는 것이다.

인간의 죄로 인해 하나님과 멀어진 이 세상에서 그리스도인은 다른 종교적 신념을 가진 사람들과 더불어 살아가고 있다. 그리스도인은 그들과 함께 살며 이 땅 가운데 하나님의 평화를 이루고 하나님의 선하심을 드러내기 위해 그들과의 상호이해를 증진하도록 노력해야 한다. 이를 위해 공식적이든 비공식적이든 대화와 포용적 태도는 매우 중요하다. 대화와 그리스도인의 포용적 삶의 모습은 성령의 역사 가운데 대화 상대들로 하여금 진정한 하나님의 은혜가 무엇인지 깨닫게 할 수 있다. 대화와 포용적 삶의 모습은 교회 울타리를 넘어 모든 세상을 향한 하나님의 은혜와 선하심을 보지 못하게 하는 장벽을 제거하는 데 도움이 될 수 있다. 우리는 죄로 인한 분쟁으로 아파하고 고통받는 이 세상에서 하나님께 선택받은 하나님의 백성이자 예수 그리스도의 제자로 부름을 받은 소명자들이다.

3. 마지막 한 마디

신학적 탐구는 인간의 심오한 질문에 대해 이미 완성된 답을 단순하게 적용하는 것이 아니다. 그것은 항상 그리스도의 빛을 향해 나아가는 정직한 태도이며, 그 빛 속에서 진정한 어둠과 씨름하는 것, 즉 인간 실존의 고통과 번

뇌에서 비롯된 질문이며, 진정 당혹스러운 질문들과 씨름하는 것이어야 한다. 따라서 복음을 듣지 못한 자들이나 복음에 적절히 반응하지 못한 자들의 운명에 대한 문제 또한 나의 신념에만 따라 가볍게 해답을 내놓을 수 없다. 성경은 이 복잡한 문제에 대해 절대로 명쾌하게 답하지 않는다. 그렇기에 이 책의 내용이 현대 기독교인들에게 그 문제에 대한 난제들을 진지하게 고민하게 하고 사유의 지평을 넓혀줌으로써 성경적 진리의 빛에 더 가까이 다가가는 데 도움이 되기를 바란다. 그래서 이 땅의 만물 가운데서 하나님의 영광과 능력을 경험하길 바란다.

부록

로잔언약 (The Lausanne Covenant)[1]

머리말

로잔에서 열린 세계 복음화 국제대회에 참가하기 위해 150여 개 나라에서 온 예수 그리스도의 교회 지체인 우리는, 그 크신 구원을 주신 하나님을 찬양하며, 하나님이 우리로 하나님과 교제하게 하시며 우리가 서로 교제하게 해주시니 매우 기쁘다. 우리는 하나님이 우리 시대에 행하시는 일에 깊은 감동을 받으며, 우리의 실패를 통회하고 아직 미완성으로 남아 있는 복음화 사역에 도전을 받는다. 우리는 복음이 온 세계를 위한 하나님의 좋은 소식임을 믿고 이 복음을 온 인류에 선포하여 모든 민족을 제자 삼으라고 분부하신 그리스도의 명령에 순종할 것을 그의 은혜로 결심한다. 그러므로 우리는 이 신앙과 그 결단을 확인하고 이 언약을 공포하려 한다.

1. 하나님의 목적

우리는 세상의 창조주이시며 주되신 영원한 한 분 하나님, 곧 성부, 성자, 성령에 대한 우리의 신앙을 확신한다. 하나님은 그의 뜻과 목적에 따라 만물을 통치하신다. 그는 자기를 위해 세상으로부터 한 백성을 불러내시고 다시 그들을 세상으로 내보내시어 그의 나라를 확장하고, 그리스도의 몸을 세우

---

1 다음 인터넷 사이트에서 원문을 볼 수 있다.
https://lausanne.org/ko/statement/lausanne-covenant-ko

고, 그의 이름의 영광을 위해 그의 부름받은 백성을 그의 종과 증인이 되게 하신다. 우리는 종종 세상에 동화되거나 세상으로부터 도피함으로 우리의 소명을 부인하고 우리의 사명에 실패하였음을 부끄럽게 생각하며 이를 고백한다. 그러나 비록 질그릇에 담겼을지라도 복음은 귀중한 보배임을 기뻐하며 성령의 능력으로 이 보배를 널리 선포하는 일에 우리 자신을 새롭게 헌신하려고 한다.

(사 40:28; 마 28:19; 엡 1:11; 행 15:14; 요 17:6, 18; 엡 4:12; 고전 5:10; 롬 12:2; 고후 4:7)

2. 성경의 권위와 능력

우리는 신구약 성경이 하나님의 영감으로 기록되었음을 믿으며, 그 진실성과 권위를 믿는다. 성경 전체는 기록된, 하나님의 유일한 말씀으로서, 그 모든 가르치는 바에 전혀 착오가 없으며, 신앙과 실천의 유일하고도 정확무오한 척도임을 믿는다. 우리는 또한 그의 구원 목적을 이루는 말씀의 능력을 확신한다. 성경 말씀은 온 인류를 위한 것이다. 그리스도와 성경에 나타난 하나님의 계시는 불변하기 때문이다. 성령은 오늘도 그 계시를 통해 말씀하신다. 성령은 어떤 문화 속에서나 모든 하나님 백성의 마음을 조명하여 그들의 눈으로 이 진리를 새롭게 보게 하시고, 하나님의 각종 지혜를 온 교회에 더욱 더 풍성하게 나타내신다.

(딤후 3:16; 벧후 1:21; 요 10:35; 사 55:11; 고전 1:21; 롬 1:16, 마 5:17, 18; 유 1:3; 엡 1:17, 18; 3:10, 18)

3. 그리스도의 유일성과 보편성

우리는 전도의 방법은 다양하지만, 구세주는 오직 한 분이요 복음도 오직 하나임을 확신한다. 우리는 자연에 나타난 하나님의 일반계시를 통해 모든 사람이 하나님에 관한 어느 정도의 지식이 있음은 인정한다. 그러나 우리는 사람이 이것으로 구원받을 수 있다는 주장은 부인한다. 이는 사람이 자신의 불의로써 진리를 억압하고 있기 때문이다. 우리는 또한 모든 종류의 혼합주의를 거부하며, 그리스도께서 어떤 종교나 어떤 이데올로기를 통해서도 동일하게 말씀하신다는 식의 대화는 그리스도와 복음을 손상시키므로 거부한다. 유일한 신인(神人)이신 예수 그리스도는 죄인을 위한 유일한 대속물로 자신을 주셨고, 하나님과 사람 사이의 유일한 중보자이시다. 예수님 외에 우리가 구원받을 다른 이름은 없다. 모든 사람은 죄로 인해 멸망할 수밖에 없다. 그러나 하나님은 모든 사람을 사랑하시기 때문에 한 사람도 멸망하지 않고 모두가 회개할 것을 원하신다. 그럼에도 불구하고 그리스도를 거절하는 자는 구원의 기쁨을 거부하며 스스로를 정죄함으로써 하나님으로부터 영원히 분리된다. 예수님을 '세상의 구주'로 전파하는 것은 모든 사람이 자동적으로 혹은 궁극적으로 구원받게 된다는 말이 아니며, 또 모든 종교가 그리스도 안에 있는 구원을 제공한다고 보장하는 것은 더욱 아니다. 예수님을 '세상의 구주'로 전하는 것은 오히려 죄인들이 사는 세상을 향해 하나님의 사랑을 선포하는 것이며, 마음을 다한 회개와 신앙의 인격적인 결단으로 예수님을 구세주와 주로 영접하도록 모든 사람을 초청하는 것이다. 예수 그리스도는 모든 이름 위에 높임을 받으셨다. 우리는 모든 사람이 그 앞에 무릎을 꿇고 모든 입이 그를 주로 고백하는 날이 오기를 고대한다.

(갈 1:6-9; 롬 1:18-32; 딤전 2:5, 6; 행 4:12; 요 3:16-19; 벧후 3:9; 살후 1:7-9; 요 4:42; 마 11:28; 엡 1:20, 21; 빌 2:9-11)

4. 전도의 본질

전도는 기쁜 소식을 널리 전파하는 것이며, 기쁜 소식은 예수 그리스도께서 성경대로 우리 죄를 위해 죽으시고, 죽은 자들 사이에서 다시 살아나신 것과, 만물을 통치하시는 주로서 지금도 회개하고 믿는 모든 사람들의 죄를 용서하시고, 우리를 자유하게 하시는 성령의 은사를 공급하신다는 것이다. 전도하기 위해 그리스도인이 이 세상에 존재하는 것은 필수불가결하며, 상대방을 이해하려면 상대방의 이야기를 경청하는 대화도 매우 중요하다. 그러나 전도 자체는 사람들이 인격적으로 하나님께 나아가 하나님과 화목하도록 설득하기 위한 목적으로, 역사적이고 성경적인 그리스도를 구세주와 주로 선포하는 것이다. 복음에 초대할 때 우리는 제자도의 대가를 치러야 한다는 사실을 무시해서는 안 된다. 예수님은 여전히 그를 따르는 모든 사람으로 하여금 자기를 부인하고, 자기 십자가를 지고, 그가 새로운 공동체에 속하였음을 분명히 하도록 부르신다. 전도의 결과는 그리스도께 대한 순종과 그의 교회와의 협력, 세상에서의 책임감 있는 섬김을 포함한다.

(고전 15:3, 4; 행 2:32-39; 요 20:21; 고전 1:23; 고후 4:5; 5:11, 20; 눅 14:25-33; 막 8:34; 행 2:40, 47; 막 10:43-45)

5. 그리스도인의 사회적 책임

우리는 하나님이 모든 사람의 창조주이시요, 동시에 심판자이심을 믿는다. 그러므로 우리는 인간사회 어느 곳에서나 정의와 화해를 구현하고 인간을 모든 종류의 억압으로부터 해방시키려는 하나님의 관심에 동참하여야 한다. 사람은 하나님의 형상대로 창조되었기 때문에 인종, 종교, 피부색, 문화, 계급, 성 또는 연령의 구별 없이 모든 사람은 천부적 존엄성을 지니고 있으며, 따라서 누구나 존경받고 섬김을 받아야 하며 착취당해서는 안 된다. 이 사실을 우리는 등한시해 왔고, 때로 전도와 사회 참여를 서로 상반된 것으로 여겼던 것을 뉘우친다. 물론 사람과의 화해가 곧 하나님과의 화해는 아니며 또 사회 참여가 곧 전도일 수 없으며 정치적 해방이 곧 구원은 아닐지라도, 전도와 사회 정치적 참여는 우리 그리스도인의 의무의 두 부분임을 인정한다. 이 두 부분은 모두 하나님과 인간에 대한 교리와 이웃을 위한 사랑 그리고 예수 그리스도에 대한 우리의 순종을 나타내는 데 필수적이다. 구원의 메시지는 모든 소외와 억압과 차별에 대한 심판의 메시지를 내포한다. 그러므로 우리는 악과 불의가 있는 곳 어디에서든지 이것을 고발하는 일을 두려워해서는 안 된다. 사람이 그리스도를 영접하면 하나님 나라 백성으로 거듭난다. 따라서 그들은 불의한 세상 속에서 그 나라의 의를 나타낼 뿐만 아니라 그 나라의 의를 전파하기에 힘써야 한다. 우리가 주장하는 구원은 우리로 하여금 개인적 책임과 사회적 책임을 총체적으로 수행하도록 우리를 변화시켜야 한다. 행함이 없는 믿음은 죽은 것이다.(주11)

(행 17:26, 31; 창 18:25; 사 1:17; 시 45:7; 창 1:26, 27; 약 3:9; 레 19:18; 눅 6:27, 35; 약 2:14-26; 요 3:3, 5; 마 5:20; 6:33; 고후 3:18; 약 2:20)

6. 교회와 전도

하나님 아버지가 그리스도를 세상에 보내신 것 같이, 그리스도 역시 그의 구속받은 백성을 세상으로 보내신다는 것을 우리는 믿는다. 이 소명은 그리스도가 하신 것 같이 세상 깊숙이 파고드는 희생적인 침투를 요구한다. 우리는 우리 교회의 울타리를 헐고 비그리스도인 사회에 스며들어가야 한다. 교회가 희생적으로 해야 할 일 중에서 전도가 최우선이다. 세계 복음화는 온 교회가 온전한 복음을 온 세계에 전파할 것을 요구한다. 교회는 하나님의 우주적인 목적의 바로 중심에 서 있으며, 복음을 전파할 목적으로 하나님이 지정하신 수단이다. 그러나 십자가를 전하는 교회는 스스로 십자가의 흔적을 지녀야 한다. 교회가 만일 복음을 배반하거나, 하나님에 대한 산 믿음이 없거나, 혹은 사람에 대한 진실한 사랑이 없거나, 사업 추진과 재정을 포함한 모든 일에 있어 철저한 정직성이 결여될 때, 교회는 오히려 전도의 걸림돌이 되어 버린다. 교회는 하나의 기관이라기보다 하나님 백성의 공동체다. 따라서 어떤 특정한 문화적·사회적 또는 정치적 체제나 인간의 이데올로기와 동일시되어서는 안 된다.

(요 17:18; 20:21; 마 28:19, 20; 행 1:8; 20:27; 엡 1:9, 10; 3:9-11; 갈 6:14, 17; 고후 6:3, 4; 딤후 2:19-21; 빌 1:27)

7. 전도를 위한 협력

교회가 진리 안에서 눈에 보이게 일치단결하는 것이 하나님의 목적임을 우리는 확신한다. 전도는 또한 우리를 하나가 되도록 부른다. 이는 우리의 불일치가 우리가 전하는 화해의 복음을 손상시키는 것 같이, 우리의 하나 됨은 우리의 증거를 더욱 힘 있게 만들기 때문이다. 그렇지만 조직적인 일치단결은 여러 형태가 있고, 그것이 반드시 전도를 진척시키지 않을 수도 있음을 인정한다. 그럼에도 불구하고 동일한 성경적 신앙을 소유한 우리는 교제와 사역과 전도에 있어서 긴밀하게 일치단결해야만 한다. 우리의 증거가 때로는 사악한 개인주의와 불필요한 중복으로 인해 훼손되었던 것을 고백한다. 우리는 진리와 예배와 거룩함과 선교에 있어서 좀더 깊은 일치를 추구할 것을 약속한다. 우리는 교회의 선교 사역을 확장하기 위해, 전략적 계획을 위해, 서로서로 격려하기 위해 그리고 자원과 경험을 서로 나누기 위해 지역적이며 기능적인 협력을 개발할 것을 촉구한다.

(요 17:21, 23; 엡 4:3, 4; 요 13:35; 빌 1:27; 요 17:11-23)

8. 교회의 선교 협력

선교의 새 시대가 동트고 있음을 우리는 기뻐한다. 서방 선교의 주도적 역할은 급속히 사라지고 있다. 하나님은 신생 교회들 중에서 세계 복음화를 위한 위대하고도 새로운 자원을 불러일으키신다. 그렇게 해서 전도의 책임은 그리스도의 몸 전체에 속해 있음을 밝히 보여 주신다. 그러므로 모든 교회는 자기가 속해 있는 지역을 복음화 함과 동시에 세계의 다른 지역에도 선교사를 보내기 위해 무엇을 해야 하는지 하나님과 자신에게 질문해야 한다. 우리의 선교 책임과 선교 역할에 대한 재평가는 계속되어야 한다. 이렇게 해서 교회들 간의 협동은 더욱 강화될 것이며, 그리스도 교회의 보편성은 더 분명하게 드러날 것이다. 우리는 또한 성경 번역, 신학 교육, 방송매체, 기독교 문서 사역, 전도, 선교, 교회 갱신, 기타 전문 분야에서 일하는 여러 단체들로 인해 하나님께 감사한다. 아울러 이런 단체들도 교회 선교의 한 사역자로서 그 효율성을 평가하기 위해 지속적인 자기 검토를 해야 한다.

(롬 1:8; 빌 1:5; 행 13:1-3; 살전 1:6-8)

9. 전도의 긴박성

인류의 3분의 2 이상에 해당하는 27억 이상의 인구(1974년 자료)가 아직도 복음화 되어야 한다.(주13) 우리는 이토록 많은 사람을 아직도 등한히 하고 있다는 사실을 부끄럽게 생각한다. 이는 우리와 온 교회를 향해 끊임없이 제기되는 비판이다. 그러나 오늘날 세계 도처에서는 주 예수 그리스도에 대해 전례 없는 수용 자세를 보이고 있다. 지금이야말로 교회와 모든 선교 단체들이 복음화 되지 못한 이들의 구원을 위해 열심히 기도하고, 세계 복음화를 성취하기 위한 새로운 노력을 시도해야 할 때임을 확신한다. 이미 복음이 전파된 나라에 있는 해외 선교사와 그들의 선교비를 감축하는 일은, 토착 교회의 자립심을 기르기 위해 혹은 아직 복음화 되지 않은 지역으로 그 자원을 내보내기 위해 때로 필요한 경우가 있을 것이다. 선교사들이 겸손한 섬김의 정신으로 더욱더 자유롭게 육대주 전역에 걸쳐 교류해야 한다. 가능한 모든 수단을 총동원해서, 되도록 빠른 시일 안에 한 사람도 빠짐없이 이 좋은 소식을 듣고, 깨닫고, 받아들일 기회를 얻는 것이 목표다. 희생 없이 이 목표를 성취하는 것을 기대할 수는 없다. 수많은 사람들이 겪는 빈곤에 우리 모두가 충격을 받으며, 이 빈곤의 원인인 불의에 대하여 분개한다. 우리 중에 풍요한 환경 속에 살고 있는 이들은 검소한 생활양식을 개발해서 구제와 전도에 보다 많이 공헌하는 것이 우리의 의무임을 확신한다.

(요 9:4; 마 9:35-38; 롬 9:1-3; 고전 9:19-23; 막 16:15; 사 58:6, 7; 약 1:27; 2:1-9; 마 25:31-46; 행 2:44, 45; 4:34, 35)

10. 전도와 문화

세계 복음화를 위한 전략 개발에는 상상력이 풍부한 개척적 방법이 요청된다. 하나님의 뜻을 따라 전도한다면, 그리스도 안에 깊이 뿌리내리면서도 자신들의 문화에 적합하게 맞추어진 여러 교회들이 일어날 것이다. 문화는 항상 성경을 기준으로 검토하고 판단해야 한다. 사람은 하나님의 피조물이기 때문에 인류 문화의 어떤 것은 매우 아름답고 선하다. 그러나 인간의 타락으로 인해 그 전부가 죄로 물들었고, 어떤 것은 악마적이기도 하다. 복음은 한 문화가 다른 어떤 문화보다 우월하다고 전제하지 않는다. 오히려 복음은 모든 문화를 그 자체의 진리와 정의의 표준으로 평가하고, 모든 문화에 있어서 도덕적 절대성을 주장한다. 지금까지의 선교는 복음과 함께 이국의 문화를 수출하는 일이 너무 많았고, 때로는 교회가 성경보다 문화에 매이는 경우가 많았다. 그리스도의 전도자는 다른 사람의 종이 되기 위해, 개인적인 순수성을 제외한 나머지 부분에서 겸손히 자신을 온전히 비우기를 힘써야 한다. 또한 교회는 문화를 변혁하고 풍요롭게 만들고자 애쓰되, 모든 것을 하나님의 영광을 위해서 해야만 한다.

(막 7:8,9, 13 창 4:21, 22; 고전 9:19-23; 빌 2:5-7; 고후 4:5)

11. 교육과 지도력

우리는 때로 교회 성장을 추구한 나머지 교회의 깊이를 포기하는 결과를 가져왔고, 또한 전도와 신앙적 양육을 분리해 왔음을 고백한다. 또한 우리 선교 단체들 중에는, 현지 지도자들이 그들의 마땅한 책임을 감당할 수 있도록 준비시키고 격려하는 일에 매우 소홀했음을 인정한다. 그러나 이제 우리는 토착화 원칙을 믿고 있으며 모든 교회가 현지 지도자들을 세워, 지배자로서가 아닌 봉사자로서의 기독교 지도자상을 제시할 수 있기를 갈망한다. 우리는 신학 교육, 특히 교회 지도자들을 위한 신학 교육이 개선되어야 할 필요가 있다는 점을 인정한다. 모든 민족과 문화권에서 교리, 제자도, 전도, 교육 및 봉사의 각 분야에 목회자, 평신도를 위한 효과적인 훈련 프로그램이 수립되어야 한다. 그러한 훈련 프로그램은 틀에 박힌 전형적인 방법에 의존할 것이 아니라 성경적 기준을 따라 지역적인 독창성을 바탕으로 개발되어야 한다.

(골 1:27, 28; 행 14:23; 딛 1:5, 9; 막 10:42-45; 엡 4:11, 12)

12. 영적 싸움

우리는 우리가 악의 권세들과 능력들과의 부단한 영적 싸움에 참여하고 있음을 믿는다. 그 세력들은 교회를 전복시키고 세계 복음화를 위한 교회의 사역을 좌절시키려고 한다. 우리는 하나님의 전신갑주로 자신을 무장하고, 진리와 기도의 영적 무기를 가지고 이 싸움을 싸워야 한다는 것을 안다. 우리는, 교회 밖에서 잘못된 이데올로기를 통해서뿐만 아니라, 교회 안에서 잘못된 복음, 즉 성경을 왜곡시키며 사람을 하나님의 자리에 올려놓는 일을 통해서도 적들의 활동하는 것을 감지할 수 있기 때문이다. 따라서 우리는 성경적인 복음을 수호하기 위해 깨어 있어야 하며, 분별력을 갖고 있어야 한다. 우리는 우리 자신이 세속적인 생각과 행위, 즉 세속주의에 대항할 수 있는 면역력을 갖고 있지 않다는 사실을 인정한다. 예를 들면, 숫자적으로나 영적으로 교회 성장에 대해 주의 깊게 연구하는 것은 정당하고 가치 있는 일임에도, 우리는 종종 이런 연구를 게을리 하였다. 반면, 어떤 경우에는 복음에 대한 반응에만 열중한 나머지 우리의 메시지를 타협했고, 강압적 기교를 통해 청중을 교묘히 조종하였고, 지나치게 통계에 집착한 나머지 통계를 부정직하게 기록하는 때도 있었다. 이 모든 것이 세속적인 것이다. 교회는 세상 속에 있어야 하지만, 세상이 교회 속에 있어서는 안 된다.

(엡 6:12; 고후 4:3, 4; 엡 6:11, 13-18; 고후 10:3-5; 요일 2:18-26; 4:1-3; 갈 1:6-9; 고후 2:17; 4:2; 요 17:15)

13. 자유와 핍박

교회가 간섭받지 않으면서 하나님께 순종하고, 주 그리스도를 섬기며, 복음을 전파할 수 있도록 평화와 정의와 자유를 보장해야 할 의무는 하나님이 모든 정부에게 지정하신 의무다. 그러므로 우리는 국가 지도자들을 위해 기도하며, 그들이 사상과 양심의 자유를 보장하고 하나님의 뜻을 따라 그리고 유엔 인권 선언에 규정한 바와 같이 종교를 믿으며 전파할 자유를 보장해 줄 것을 요청한다. 우리는 또한 부당하게 투옥된 사람들, 특히 주 예수 그리스도를 증거한다는 이유로 고난받는 우리 형제들을 위해 깊은 우려를 표한다. 우리는 그들의 자유를 위해 기도하며 힘쓸 것을 약속한다. 동시에 우리는 그들의 생명을 담보로 한 협박을 거부한다. 하나님이 우리를 도와주시기 때문에, 우리는 어떤 대가를 치르더라도 불의에 대항하고 복음에 충성하기를 힘쓸 것이다. 핍박이 없을 수 없다는 예수님의 경고를 우리는 잊지 않는다.

(딤전 2:1-4, 행 4:19; 5:29; 골 3:24; 히 13:1-3; 눅 4:18; 갈 5:11; 6:12; 마 5:10-12; 요 15:18-21)

14. 성령의 능력

우리는 성령의 능력을 믿는다. 아버지 하나님은 아들을 증거하라고 그의 영을 보내셨다. 그의 증거 없는 우리의 증거는 헛되다. 죄를 깨닫고, 그리스도를 믿고, 거듭나서 그리스도인으로 성장하는 이 모든 것이 성령의 역사다. 뿐만 아니라 성령은 선교의 영이다. 그러므로 전도는 성령 충만한 교회에서 자발적으로 일어나야 한다. 교회가 선교하는 교회가 되지 못할 때 그 교회는 자기모순에 빠져 있는 것이요, 성령을 소멸하고 있는 것이다. 온 세계 복음화는 오직 성령이 교회를 진리와 지혜, 믿음, 거룩함, 사랑과 능력으로 새롭게 할 때에만 실현 가능하게 될 것이다. 그러므로 우리는 모든 그리스도인들에게 요청한다. 주권적인 하나님의 성령이 우리를 찾아오셔서 성령의 모든 열매가 그의 모든 백성에게 나타나고, 그의 모든 은사가 그리스도의 몸을 풍성하게 하기를 기도하기 바란다. 그때에야 비로소 온 교회가 하나님의 손에 있는 합당한 도구가 될 것이요, 온 땅이 하나님의 음성을 듣게 될 것이다.

(고전 2:4; 요 15:26, 27; 16:8-11; 고전 12:3; 요 3:6-8; 고후 3:18; 요 7:37-39; 살전 5:19; 행 1:8; 시 85:4-7; 67:1-3; 갈 5:22, 23; 고전 12:4-31; 롬 12:3-8)

15. 그리스도의 재림

우리는 예수 그리스도가 친히 권능과 영광 중에 인격적으로 또 눈으로 볼 수 있게 재림하셔서 그의 구원과 심판을 완성하실 것을 믿는다. 이 재림의 약속은 우리의 전도에 박차를 가한다. 이는, 먼저 복음이 모든 민족에게 전파되어야 한다고 하신 그의 말씀을 우리가 기억하기 때문이다. 그리스도의 승천과 재림 사이의 중간 기간은 하나님 백성의 선교 사역으로 채워져야 한다고 우리는 믿는다. 그러므로 종말이 오기 전에는 우리에게 이 일을 멈출 자유가 없다. 우리는 또한 마지막 적그리스도에 앞서서 거짓 그리스도들과 거짓 선지자들이 일어나리라는 그의 경고를 기억한다. 그러므로 우리는 인간이 이 땅 위에 유토피아를 건설할 수 있다는 생각은 오만한 자기 확신의 환상으로 간주해 이를 거부한다. 우리 그리스도인들은 하나님이 그의 나라를 완성하실 것이요, 우리는 그 날을 간절히 사모하며 또 의가 거하고 하나님이 영원히 통치하실 새 하늘과 새 땅을 간절히 고대하고 있음을 확신한다. 그때까지 우리는 우리의 삶 전체를 지배하시는 그의 권위에 기꺼이 순종함으로 그리스도와 사람들을 섬기는 일에 우리 자신을 다시 드린다.(주16)

(막 14:62; 히 9:28; 막 13:10; 행 1:8-11; 마 28:20; 막 13:21-23; 요 2:18; 4:1-3; 눅 12:32; 계 21:1-5; 벧후 3:13; 마 28:18)

맺음말

그러므로 이와 같은 우리의 믿음과 우리의 결심에 따라 우리는 온 세계 복음화를 위해 함께 기도하고, 계획하고, 일할 것을 하나님과 우리 상호 간에 엄숙히 서약한다. 우리는 다른 사람들도 이 일에 우리와 함께 동참할 것을 호소한다. 우리로 하여금 하나님의 영광을 위해 이 언약에 신실하도록 그의 은혜로 도와주시기를 기도한다. 아멘. 할렐루야!

참고문헌

김신구, "행위예술의 관점에서 본 예수의 비언어적 표현들: 선교적 행위예술의 신학적 규정을 위한 한 시도"「선교신학」제71집, 2023.

김정훈, "구약성서의 선교적 해석 고찰: 창조 및 구원신앙과 포로기/포로기 이후 이스라엘의 자기이해를 중심으로"「선교신학」제69집, 2023.

김지인, "예수회 예술신학이 중국선교에 미친 영향에 관한 고찰: 중국화된 엠블럼북들을 중심으로"「선교신학」제37집, 2014.

나일건, "성령신학 관점에서 본 동아시아 토착화신학 연구"「선교신학」제71집, 2023.

박운조, "타종교 구원의 가능성에 대한 복음주의적 고찰,「선교신학」제71집, 2013.

제럴드 맥더모트, 한화룡 역,『기독교는 타종교로부터 무엇을 배울 수 있는가?』, 서울: IVP, 2018.

존 스토트, 크리스토퍼 라이트,『선교란 무엇인가』, 서울: IVP, 2018.

Anderson, Gerald H. and Stransky, Thomas F., eds,, Faith Meets Faith, Mission Trends, Grand Rapids: Eerdmans, 1981.

Ball, David M., "'I Am⋯': The 'I Am' Sayings of Jesus and Religious Pluralism," in One God, One Lord: Christianity in a World of Religious Pluralism, 2nd ed., ed. Andrew D. Clarke and Bruce Winter, Grand Rapids: Baker, 1992.

Barth, Karl, "The Revelation of God as the Abolition of Religion," in Christianity and Other Religions: Selected Readings, eds. John Hick and Brian Hebblethwaite, revised edition, Oxford, UK: Oneworld, 2001.

Bavinck, J. H., An Introduction to the Science of Missions, Grand Rapids: Baker, 1960.

Bavinck, J. H., The Church Between Temple and Mosque, Grand Rapids: Eerdmans, 1966.

Blocher, Henri, Original Sin: Illuminating the Riddle, New Studies in Biblical Theology, Downers Grove, IL: InterVarsity Press, 1997.

Bosch, David J, Transforming Mission: Paradigm Shifts in Theology of Mission, Maryknoll, NY: Orbis, 1991.

Bavinck, J. H, "Reflections on Biblical Models of Mission," in Toward the Twenty-First Century in Christian Mission: Essays in Honor of Gerald H. Anderson, eds. James M. Phillips and Robert T. Coote, Grand Rapids: Eerdmans, 1993.

Brueggemann, Walter, Genesis Interpretation: A Bible Commentary for Teaching and Preaching, Atlanta: John Knox, 1982.

Bavinck, J. H, Isaiah 40 - 66, Louisville, KY: Westminster John Knox Press, 1998.

Brundage, B. C., Empire of the Inca, Norman, OK: University of Oklahoma Press, 1963.

Calvin, John, Romans, Edinburg, UK: The Calvin Translation Society, 1849.

Carpenter, Mary Yeo, "Familism and Ancestor Veneration: A Look at Chinese Funeral Rites," Missiology 24, no. 4, 1996.

Carson, D. A., The Gagging of God: Christianity Confronts Pluralism, Grand Rapids: Zondervan, 1996.

Case-Winters, Anna, Matthew: A Theological Commentary on the Bible, Louisville, KY: Westminster John Knox Press, 2015.

Clendenin, Daniel, Many Gods, Many Lords, Grand Rapids: Baker, 1995.

Dalton, William, Salvation and Damnation, Butler, WI: Clergy Book Service, 1977.

D'Costa, Gavin, Knitter, Paul, and Strange, Daniel, Only One Way? Three Christian Responses on the Uniqueness of Christ in a Religiously Plural World, London, UK: SCM, 2011.

Demarest, Bruce A., General Revelation: Historical Views and Contemporary Issues, Grand Rapids: Zondervan, 1982.

Devanandan, P. D., Christian Concern in Hinduism, Bangalore, India: Christian Institute for the Study of Religion and Society, 1961.

Bavinck, J. H, Preparation for Dialogue, Bangalore, India: Christian Institute for the Study of Religion and Society, 1964.

Edwards , David L. and Stott, John, Evangelical Essentials: A Liberal-Evangelical Dialogue, Downers Grove, IL: InterVarsity Press, 1988.

Ellenberger, John D., "Is Hell a Proper Motivation for Missions?" in Through No Fault of Their Own? The Fate of Those Who Have Never Heard, eds. William V. Crockett and James G. Sigountos, Grand Rapids: Baker, 1991.

Ellsbert, Robert, ed., Gandhi on Christianity, Maryknoll, NY: Orbis Books, 1991.

Erickson, Millard J., "Hope for Those Who Haven't Heard? Yes, But…", Evangelical Missions Quarterly 11, August 1975.

Bavinck, J. H, How Shall They Be Saved? The Destiny of Those Who Do Not Hear of Jesus, Grand Rapids: Baker Books, 1996.

Farquhar, J. N., The Crown of Hinduism, London, UK: FB & Ltd., 2018.

Gandhi, Mahatma, The Law of Love, ed. Anand T. Hirigorami, Bombay, India: Christian Missions, 1962.

Bavinck, J. H, The Message of Jesus Christ, Herndon, VA: Greenleaf Books, 1980.

Geivett, Douglas R. and Phillips, Gary W., "A Particularist View: An Evidentialist Approach," in More Than One Way? Four Views on Salvation in a Pluralistic World, ed. Dennis L. Okholm and Timothy R. Phillips, Grand Rapids: Zondervan, 1995.

Gilbert, Greg D., "The Nations Will Worship: Jonathan Edwards and the Salvation of the Heathen," Trinity Journal 23, no. 1, Spring 2002.

Goldingay, John E. and Wright, Christopher J. H., "Yahweh Our God Yahweh One: The Oneness of God in the Old Testament," in One God, One Lord: Christianity in a World Religious Pluralism, ed. Andrew D. Clarke and Bruce Winter, 2nd ed., Grand Rapids: Baker, 1992.

Grenz, Stanley J., Renewing the Center: Evangelical Theology in a Post-Theological Era, Grand Rapids: Baker, 2000.

Gustafson, David M., Gospel Witness: Evangelism in Word and Deed, Grand Rapids: Eerdmans, 2019.

Hick, John, "The Non-Absoluteness of Christianity," in The Myth of Christian Uniqueness: Toward a Pluralistic Theology of Religions, ed. John Hick and Paul F. Knitter, Maryknoll, NY: Orbis Books, 1987.

Bavinck, J. H, God and the Universe of Faiths, Basingstoke, UK: Macmillan, 1988.

Bavinck, J. H, Death and Eternal Life, Louisville, KY: Westminster John Knox, 1994.

Bavinck, J. H, A Christian Theology of Religions: The Rainbow of Faiths, Louisville, KY: Westminster John Knox, 1995.

Bavinck, J. H, "A Pluralist View," in More Than One Way? Four Views on Salvation in a Pluralistic World, ed. Dennis L. Okholm and Timothy R. Phillips, Grand Rapids: Zondervan, 1995.

Bavinck, J. H, An Interpretation of Religion, 2nd ed., New Haven: Yale University Press, 2004.

Jeremias, Joachim, Jesus' Promise to the Nations, London, UK: SCM, 1958.

Jones, E. Stanley, Mahatma Gandhi: An Interpretation, London, UK: Hodder & Stoughton, 1948.

Knitter, Paul F., No Other Name? A Critical Survey of Christian Attitudes towards the World Religions, Maryknoll, NY: Orbis Books, 1985.

Bavinck, J. H, Jesus and the Other Names: Christian Mission and Global Responsibility, Maryknoll, NY: Orbis Books, 1995.

Bavinck, J. H, "Five Theses on the Uniqueness of Jesus," in The Uniqueness of Jesus: A Dialogue with Paul F. Knitter, ed. Leonard Swidler and Paul Mojzes, Eugene, OR: Wipf and Stock, 2007.

Köstenberger, Andreas J. and O'Brien, Peter T., Salvation to the Ends of the Earth: A Biblical Theology of Mission, New Studies in Biblical Theology, ed. D. A. Carson, Downers Grove, IL: InterVarsity Press, 2001.

Kraemer, Hendrik, The Christian Message in a Non-Christian World, 3rd ed., Grand Rapids: Kregel, 1956.

Liddell, Henry George, A Greek-English Lexicon, 8th ed., Clarendon, England: 1901.

Lindsell, Harold, A Christian Philosophy of Mission, Wheaton, IL: Van Kampen Press, 1949.

Longenecker, Richard N., The Epistle to the Romans, Grand Rapids: Eerdmans, 2016.

Longman III, Tremper, Psalms: An Introduction and Commentary, Downers Grove, IL: InterVarsity Press, 2014.

"Manila Manifesto," in New Directions in Mission and Evangelization 1: Basic Statements 1974 - 1991, eds. James A. Scherer and Stephen B. Evans, Maryknoll, NY: Orbis, 1992.

McDermott, Gerald R., Can Evangelicals Learn from World Religions? Jesus, Revelation and Religious Traditions, Downers Grove, IL: InterVarsity Press, 2000.

Bavinck, J. H, Jonathan Edwards Confronts the Gods, New York: Oxford University Press, 2000.

McDermott, Gerald R., and Netland, Harold A., A Trinitarian Theology of Religions: An Evangelical Proposal, New York: Oxford University Press, 2014.

Menacherry, Cheriyan, Christ: The Mystery in History, Frankfurt am Main, Germany: Peter Lang, 1996.

Moo, Douglas, "Romans 2: Saved Apart from the Gospel?" in Through No Fault of Their Own? The Fate of Those Who Have Never Heard, eds. William V. Crockett and James George Sigountos, Grand Rapids: Baker, 1991.

Netland, Harold A., Dissonant Voices: Religious Pluralism and the Question of Truth, Grand Rapids: Eerdmans, 1991.

Bavinck, J. H, Encountering Religious Pluralism: The Challenge to Christian Faith and Mission, Downers Grove, IL: InterVarsity Press, 2001.

Newbigin, Lesslie, The Finality of Christ, Richmond, VA: John Knox, 1969.

Bavinck, J. H, The Gospel in a Pluralist Society, Grand Rapids: Eerdmans, 1989.

Bavinck, J. H, The Open Secret: An Introduction to the Theology of Mission, Grand Rapids: Eerdmans, 1995.

Nidtch, Susan, Judges: A Commentary, Louisville, KY: Presbyterian Publishing Corporation, 2011.

Okholm, Dennis L. and Phillips, Timothy R., eds., More Than One Way? Four Views on Salvation in a Pluralistic World, Grand Rapids: Zondervan, 1995.

Origen, "Homilies on Joshua 3.5," in Patrologia cursus completes, series graeca, ed. J. P. Migne, vol. 12, Paris, France: Imprimerie Catholique.

Packer, J. I., God's Words: Studies of Key Bible Themes, Downers Grove, IL: InterVarsity Press, 1981.

Bavinck, J. H, "What Happens to People Who Die Without Hearing the Gospel?" Decision, January 2002.

Panikkar, Raimundo, Salvation in Christ: Concreteness and Universality, The Supername, privately published, Santa Barbara, CA, 1972.

Bavinck, J. H, "Category of Growth in Comparative Religion: A Critical Self-Examination," Harvard Theological Review 66, 1973.

Bavinck, J. H, The Trinity and the Religious Experience of Man, Maryknoll, NY: Orbis, 1973.

Bavinck, J. H, The Unknown Christ of Hinduism, Maryknoll, NY: Orbis Books, 1981.

Paternoster, Michael, Thou Art There Also: God, Death and Hell, London, UK: SPCK, 1967.

Peterson, Robert A., "Introduction," in Faith Comes by Hearing: A Response to Inclusivism, eds. Christopher W. Morgan and Robert A. Peterson, Downers Grove, IL: InterVarsity Press, 2008.

Pinnock, Clark, "Inclusive Finality or Universally Accessible Salvation," unpublished paper, Annual Meeting of the Evangelical Theological Society, San Diego, CA, 1989.

Bavinck, J. H, A Wideness in God's Mercy: The Finality of Jesus Christ in a World of Religions, Grand Rapids: Zondervan, 1992.

Bavinck, J. H, "An Evangelical Response to Knitter's Five Theses," in The Uniqueness of Jesus, ed. Leonard Swidler, Eugene, OR: Wipf and Stock, 2008.

Piper, John, Let the Nations Be Glad! The Supremacy of God in Missions, Grand Rapids: Baker, 1993.

Plummer, Robert L., "A Theological Basis for the Church's Mission in Paul," Westminster Theological Journal 64, Fall 2002.

Radhakrishnan, Sarvepalli, Eastern Religions and Western Thought, rev. ed., London,

UK: Oxford University Press, 1940.

Radhakrishnan, Sarvepalli., ed., The Bhagavadgita: With an Introductory Essay, Sanskrit Text, English Translation and Notes, New York, NY: Harper Colophon Books, 1973.

Race, Alan, Christians and Religious Pluralism: Patterns in the Christian Theology of Religions, Maryknoll, NY: Orbis, 1982.

Richardson, Don, Eternity in Their Hearts, Ventura, CA: Regal, 1984.

Ridderbos, Herman N., Paul: An Outline of His Theology, Grand Rapids: Eerdmans, 1975.

Robinson, John A. T., In the End, God: A Study of the Christian Doctrine of the Last Things, Cambridge, UK: James Clarke & Co., 1968.

Roy, Raja Rammohan, The English Works of Raja Rammonhan Roy, Australia, Sydney: Wentworth Press, 2019.

Samartha, Stanley J., Courage for Dialogue, Geneva, Switzerland: World Council of Churches, 1981.

Bavinck, J. H, "The Cross and the Rainbow," in The Myth of Christian Uniqueness: Toward a Pluralistic Theology of Religions, eds. John Hick and Paul F. Knitter , Maryknoll, NY: Orbis Books, 1987.

Bavinck, J. H, One Christ—Many Religions: Toward a Revised Christology, Maryknoll, NY: Orbis Books, 1991.

Sanders, John, No Other Name: An Investigation into the Destiny of the Unevangelized, Grand Rapids: Eerdmans, 1992.

Bavinck, J. H, "Idolater Indeed!" in The Uniqueness of Jesus: A Dialogue with Paul F. Knitter, ed. Leonard Swidler and Paul Mojzes, Eugene, OR: Wipf and Stock, 2007.

Sanneh, Lamin, Translating the Message: The Missionary Impact on Culture, 2nd ed., Maryknoll, NY: Orbis, 2009.

Satyavrata, Ivan M., God Has Not Left Himself Without Witness, Eugene, OR: Wipf and Stock, 2011.

Second Vatican Council, "Dogmatic Constitution on Divine Revelation," in Vatican Council II: The Conciliar and Post Conciliar Documents, ed. Austin Flannery, Collegeville, MN: Liturgical Press, 1975.

Schreiner, Thomas R., 1 Corinthians: An Introduction and Commentary, Downers Grove, IL: InterVarsity Press, 2018.

Smith, Gordon T., Transforming Conversion: Rethinking the Language and Contours of Christian Initiation, Grand Rapids: Baker, 2010.

Stransky, Thomas F., "The Church and Other Religions," in International Bulletin on Missionary Research 9, no. 4, October 1985.

The Cape Town Commitment: A Confession of Faith and a Call to Action, Peabody, MA: Didasko and Hendrickson, 2011.

Thomas, M. M., The Acknowledged Christ of the Indian Renaissance, London, UK: SCM, 1969.

Tiessen, Terrance L., Who Can Be Saved? Reassessing Salvation in Christ and World Religions, Downers Grove, IL: InterVarsity Press, 2004.

Til, Cornelius Van, "Nature and Scripture," in The Infallible Word: A Symposium, eds. N. B. Stonehouse and Paul Woolley, Phillipsburg, PA: Presbyterian & Reformed, 1946.

Toynbee, Arnold, An Historian's Approach to Religion, New York, NY: Oxford University Press, 1956.

Bavinck, J. H, "What Should Be the Christian Approach to the Contemporary Non-Christian Faiths?" in Attitudes Towards Other Religions, ed. Owen C. Thomas, London, UK: SCM, 1969.

Vivekananda, Swami, The Complete Works of the Swami Vivekananda, 5th ed., vol. 1, Almora, India: Advaita Ashrama, 1931.

Walls, Andrew F., The Missionary Movement in Christian History: Studies in the Transmission of Faith, Maryknoll, NY: Orbis, 1996.

Wright, Christopher J. H., Salvation Belongs to Our God, Downers Grove, IL: InterVarsity Press, 2007.

Wright, N. T., "The Letter to the Romans: Introduction, Commentary and Reflections," in The New Interpreter's Bible, Nashville, TN: Abingdon, 2002.

Yong, Amos, Beyond the Impasse: Toward a Pneumatological Theology of Religions, Grand Rapids: Baker, 2003.

구원은 누가 받는 것인가?

초판 1쇄 발행 2025. 03. 01.

지은이   박운조
펴낸이   방주석
펴낸곳   베드로서원
주 소   10252 경기도 고양시 일산동구 고봉로 776-92
전 화   031-976-8970
팩 스   031-976-8971
이메일   peterhouse@daum.net
등 록   2010년 1월 18일
창립일   1988년 6월 3일
ISBN   979-11-91921-35-9 03230
책값은 뒤표지에 있습니다.

베드로서원은 문서라는 도구로 한국교회가 복음의 본질을 회복하고
마을 목회와 선교적 교회로 나아가는 데 기여하고자 최선을 다합니다.

나의 힘이신 여호와여 내가 주를 사랑하나이다(시 18:1)